末日倖存者的獨白

劉曉波的「六四」回憶錄

劉曉波

我曾想用「最後一個理想主義者的獨白」命名此書。
我的朋友白杰明和琳達建議改用「末日」或「末代」，
果然感覺恰如其分，幸甚！幸甚！

目錄

除了謊言，一無所有

前言

這本書只是我個人的記憶和心態，並不能準確地再現「八九抗議運動」的全貌和深層心理。它所提供的僅僅是一個角度。

記憶總是有選擇的，淘汰一部分，保存一部分。而能夠保存下來的部分也肯定被整理過，某種程度的變形乃至歪曲是不可避免的。

儘管這本書帶有我個人的性格、侷限和偏見，但我決不掩飾這一切。純客觀是形而上學的假設，可惜得不到任何證明。我能做的就是盡量忠實於我自己的體驗。

如果書中的記述有歪曲事實之處，懇請其他當事人出面澄清，這也是對我的幫助。

本書的初稿在一些朋友中傳看過，他們的意見給了我各方面的啟發，有些接受了，有些拒絕了，但無論是接受還是拒絕，我都感到友誼的可貴。我想把這些意見公開，讓讀者自行判斷。

有的朋友幾乎毫無保留地肯定了這部稿子，認為它是到目前為止關於「八九抗議運動」的眾多文字中最有價值的一本書。它的真誠、它的嚴厲的自我剖析和對這運動的夾敍夾議的描述，使人們看到了「八九抗議運動」的本來面目。

有的朋友認為這本書對我自己的評價不客觀，殘酷到失去了起碼的公正，懷疑我是否有精神自虐症。所以說我對「八九抗議運動」的評價也必然不公正。「八九抗議運動」不是上帝的作品，不可能盡善盡美，我不應該用一種聖潔化的尺度來苛求它。從來沒有搞過大規模民主運動的中國人能夠達到「八九抗議運動」的水平已經相當不錯了。運動的意義決不像我所認為的那樣消極，灰色調不是運動的基調。

最後一種意見尤為尖刻，我剛剛聽到時真如五雷轟頂。這種批評不是針對書中關於運動本身的記述，而是直指我對自己「悔罪」的懺悔。這位朋友說：「你的懺悔儘管讀起來頗有震撼力，但這是不是一種更高級、更巧妙的自我解釋和自我辯護，其至是不是另一種方式的偽裝。你不是基督徒，懺悔從何談起。就連基督徒的懺悔都有虛偽的成分，何況我們這些根本不理解神聖價值為何物的人呢？」

我寫了這本書，並決定公諸於世，自然認為它有獨特的價值。否則的話，或乾脆不寫，或親手燒掉。我做不了卡夫卡式的作家。他曾在病中囑託一位最了解他的作品的價值的朋友燒掉其手稿。我不懷疑卡夫卡的真誠，但我認為這僅僅是意識層次的真誠。他的潛意識知道他的朋友不會毀掉那些手稿，因為他的朋友知道這些手稿的寶貴價值。如果卡夫卡真想把自己的作品付諸一炬，何不親自動手？

我寫這本書可以幫助人們從另一個角度了解「八九抗議運動」，了解那些運動中的風雲人物，呈現這場運動的參與者的內在動機和當時的心態。

這本書還可以幫助我恢復因悔罪所造成的心理傾斜，在某種程度上擺脫犯罪感的糾纏，無愧於自己的良心。懺悔是自我拯救。

但是，懺悔也有其邪惡的一面。上帝為人類的罪惡打開了一道暢通無阻的後門——懺悔，任何罪人都能因懺悔而得到自我的良心解脫和上帝的寬恕。同時，懺悔和真誠還能感動無數旁觀者，使他們由憎恨而憐憫，覺得此人儘管罪惡滔天，但還真誠，還有救，還能從此棄惡從善。懺悔是人類的另一種自我塑造。當人類求其完美的自我形象不可得時，就用懺悔來裝飾其弱點。這樣，會使人做起惡來也心安理得，因為人有退路了。

一個雙手沾滿他人鮮血的殺人犯，他的懺悔所贏得的原諒和寬恕是不是罪上加罪呢？人為什麼非要等作惡之後才懺悔，為什麼不能從一開始就不作惡呢？不作惡就不必懺悔。但是，這不可能。人性自有其惡的一面，犯罪從人類誕生之日起就無法避免。罪人除了要受到法律的制裁外，還要承受道德審判。減輕社會的道德壓力的最好方式就是懺悔。特別是那些能夠超然於法律之上的大惡人，唯有通過良心發現和懺悔自責才能獲得靈魂的解脫。每念及此，我都有一種生而為人乃最大恥辱的感覺。十全十美的上帝卻創造出罪惡纍纍的人類，豈不是莫大的諷刺。在心理上彌合這一裂痕的辦法只能是懺悔。完美的上帝同時也是世界上最完美的垃圾筒，懺悔就是清潔工。沒有人能像上帝那樣完美，更沒有人能像上帝那樣容忍罪惡。只有上帝才能超然於人類之上，以寬容的態度無限制地接受人類的一切罪惡。換言之，懺悔使上帝成了裝載人類罪惡的無底洞。

如果這世界沒上帝，人類也會變得聖潔，既不作惡也不懺悔。但這種僅僅是「如果」。沒有上帝，人的犯罪便毫無意義，上帝就是為人的罪惡而存在的。

那麼，人類只能在兩種現實中進行選擇：要嘛是有上帝、有罪惡，也有懺悔的世界；要嘛是只有罪惡而沒有上帝，也沒有懺悔的世界。

我選擇前者，故而寫了《末日倖存者的獨白》。

最後，我要感謝在我寫作本書的過程中給予我無私的幫助的朋友們：白杰明、琳達、卡瑪、周舵、顧仁全。由於眾所周知的原因，有些給予我幫助的朋友的名字，我無法寫在這裡，只能在適當的時間公開致謝了。

一九九二年四月

引 子

二十世紀已接近尾聲，共產主義制度隨之進入了世紀末。中國的「六．四」、東歐的「驟變」、蘇聯那極富有戲劇性的「政變」，特別是當全世界在電視畫面上看到列寧的塑像被起重機吊起，搖搖晃晃地懸在半空中之時，再不會有人懷疑，甚至連至今仍然大權在握的所有共產主義政權的領導層也不會懷疑：共產主義大廈的坍塌已成定局，任何人也無回天之力。也許，到下個世紀誕生之日，共產主義便成為記憶。

「世紀末」是個具有雙重意義的象徵，既意味著無可挽救的衰敗，也意味著充滿希望的新生。

我，正是共產主義末日到來之際的倖存者和見證人。特別是經歷過「六．四」，我更有資格稱自己為倖存者——一個負罪纍纍的倖存者。因為已有無數人在這末日到來之前含恨九泉，還有一些人正在飽嘗鐵窗之苦。

面對亡靈、面對獄中人、面對國內外關於「六・四」的彌天大謊、面對自己的「六・四」經歷和內心世界（特別是自己的陰暗和卑鄙），我別無選擇——必須而且只能自白。想對自己負責就要通體通明：赤身裸體，走向上帝。

謊言比暴力更可怕。特別是在中國，刺刀和謊言維繫著鐵一樣的專制秩序，謊言遍及目力所及、耳聽所聞的每一個地方，電視、廣播、會議、演講、聊天、談情……謊言滲透了中國的每一個細胞，我們已經達到了說謊的極致：不是迫於無奈而不得不說謊，而是自願地、本能地說謊——謊言即真實。不僅說謊，還會找出太多的義正辭嚴之理為說謊辯護。套用毛澤東的話，中國人的道理千頭萬緒，歸根結柢就是一句話：說謊有理。理直氣壯地說謊、理直氣壯地為謊言辯護，真真世界之最也。正如我的朋友周舵所言：說謊是中國人的精神癌症。我也是患者之一。

謊言之於維繫中國的專制，比刺刀更有效。有什麼樣的人民就有什麼樣的政府，如此這般的人民只配如此這般的政府，說謊的人民只配說謊的政府，統治者和被統治者在說謊這點上，真可謂合作得天衣無縫，確確是中國特色的「天仙配」。我也是這配合者之一。

「六・四」的槍聲驚呆了世界，中共的殘酷引起全球性義憤。但是，更猙獰者在於，「六・四」提供了一個以謊言來撈稻草、自我貼金的良好時機。各種人、懷著不同的動機，說著各異的謊言，此乃機不可失。政治性謊言、道德性謊言、求生性謊言、官方謊言、精英謊言、民間謊言……連篇累牘，見諸於海內外的各種傳播媒介。正如白杰明（Geremie Barmé）所言：中國在各方面都是一元化，只有謊言多元化[1]。「六．四」事件被謊言打扮得一塌糊塗，也被謊言強姦得人老珠黃。

在大陸，官方用那套屢試不爽的宣傳為開槍殺人進行拙劣而滑稽的辯護：在大清查的壓力下，絕大多數參與「六．四」的人為自我保護而真誠地用謊言來洗刷自己，一口咬定自己與八九抗議運動沒有任何關係，頗類似「文革」結束後，大多數參與者都在「純潔」自己。這種「純潔化」已經成為中國特色的運動主義的不可缺少的重要因素，每次運動必將伴有這種純潔化。這有各類「精英」（包括我自己）的謊言。淪為階下囚的大多數人都表示了悔罪，有幸流亡海外的人則為了自己的英雄形象而不著邊際地渲染天安門廣場的血腥場面，吾爾開希、李錄等人根本不管他們所經歷的事實是怎樣的，一味向國際輿論描述他們所說的和靠自己的想像創造出的流血場面，於是乎，他們就成了傲立於血泊中的英雄。

中國人有句口頭禪：「說句心裡話」。它是為了贏得他人的信任而說的，適用於各種場

1　與白杰明的談話，北京，一九九一年十一月十七日下午。

合，甚至成為一些雜誌的專欄。每當談話進入高潮，某人便會滿臉誠摯地湊近對方的臉，壓低聲音，頗為神秘地說：「我和你說句心裡話，我……」中國人已經完全習慣了這種表達方式，很少有人深究「說心裡話」這種表達方式的背後存在著一種多麼可怕的現實：謊言的公開性和合理性。當人只能在某些特定的、罕見的私下交談中才說心裡話（真話）時，那就意味著在一般的公開的情境下，人都不說心裡話（說謊）。「說心裡話」這種談話方式普遍地存在於中國人的日常交往中，它已經成為中國人的思維方式和生存方式。最後連「說心裡話」的句式也成為謊言。人們可要注意，誰以「說心裡話」的句式進行交談，我敢肯定，那人在說謊。我相信，在有關「六·四」的交談中，「說心裡話」的句式也會頻頻出現。

中國，除了謊言，你一無所有。

我想正視謊言、揭穿謊言，為自己的良心負責，為自己的罪惡負責。

一、我的悔罪和謊言

走下中共的法庭

只有問心無愧地面對自己，才能問心無愧地面對世界。

一九九一年一月二十六日下午，我走下了中共的法庭，獲得了自由。當我聽到「免於刑事處分」的宣判時，沒有絲毫心理準備，即便知道當局要從輕發落，估計最少也要判上二年或五年，這已經與官方對我的指控和為我製造的輿論差之千里了。打死我我也想不到他們會放我。極度的驚詫和極度的狂喜使我無法自持，真想仰天長嘯，管他喊的是什麼。我當時的表情一定極為可怕，大概接近於歇斯底里。但是有一點是肯定的，我沒有哭，官方出版的《北京周報》和香港的《文江報》所描繪的「淚流滿面」純屬造謠，總有一天，真相會大白於天下。

完全是出於本能，一出審判庭大門，我便不顧一切，旁若無人地跳起來，用手在空中打了個響，大叫道：「老子又贏了！」兩名押解——我的法警見我的失態狀，立刻握緊我的雙臂，貼在我的耳邊小聲說：「劉先生，這不是高興的地方，等到了屋裡再發洩，有的是時間。」

回到屋裡，兩名法警滿面笑容而又客氣地請我坐下，要我等一會兒，並主動給我菸抽。過了一會兒，審判長譚京生和北京師範大學中文系的劉慶福、王憲達、黃智顯來了。譚京生拿出一系列有關我案情的審判材料：《北京市中級人民法院刑事判決書》、《北京市中級人民法院取保候審決定書》、《具保書》、《釋放證明書》，北師大中文系系主任劉慶福在《具保書》上簽了字。譚京生告訴我，十天之內不得離開北京，並去派出所落戶口。我當即在所有要我簽字、按手印的文件上簽字、按手印，然後要求回北師大去看望前妻陶力和兒子劉陶。但是，譚京生說，考慮到我的特殊情況，不宜在北京逗留，還是先回到大連我父母家待一陣為好，具體的事宜已安排好。

晚上，我和法院的人一起吃了餃子，法院的人感慨地說：「幹了這麼多年審判工作，還是第一次與被告在同一張桌子上吃飯。」晚上十點半左右，法院的車把我一直送到火車站站台上的軟臥車廂門口。我、王憲達和黃智顯一起上車，他倆負責把我送到大連。我們三人包了一個軟臥包廂。晚十一時三十七分，開往大連的二二九次列車起動了。望著窗外茫茫的夜色，我仍然沉浸在獲得自由的喜悅中，想像著和家人團聚的種種場面。

「我真的自由了嗎？我為自由付出過多少代價，才有資格享受這份自由？」

「我有充分的理由狂喜嗎?難道『六・四』的鮮血中沒有我的責任嗎?」

「難道蹲過近兩年的監獄就有資本了嗎?難道參加過『六・四』、待過秦城的人就可以心安理得地認為全世界都欠他點什麼嗎?」

「難道『六・四』之後中國的倒退與我無關,僅僅是專制政府所為嗎?」

「六・四在中國歷史上的意義究竟是積極、還是消極?它真是偉大的民主運動嗎?」

「為什麼『六・四』之後謊言滿天飛?」

「為什麼中國人那麼熱衷於評說誰英雄、誰懦夫?」

「為什麼許多與六四有關的人都抱著一種平反的期待而無所事事?好像除了期待之外再無其他?」

…………

出獄至今,已近一年,各種問號折磨著我。儘管在表面上我的生活是平靜的,但內心深處的掙扎一刻也未停止過。而最根本的問題是:我是否有足夠的勇氣和智慧面對自己,為自己的所作所為、所思所想負責?

近一年來,除了有兩個月待在大連我父母的家中外,我基本上是在北京德健的家中。我不接受任何記者的採訪,盡量縮小社交範圍,更不想多見那些因「六・四」而受到某種牽連的人。看書、唸英文、和女朋友相愛、和朋友聊天，時常去看看病中的前妻和八歲的兒子。

我似乎是在有意地淡化記憶中的「六．四」和近兩年的秦城生活。我也常常告誡自己：「六．四」已成過去，該做的已經做過，是非功過，任人評説。我沒有任何資格去吃「六．四」飯，沒資格品頭論足，更沒資格每天等待著平反，以分一杯羹。和那些死傷者、那些仍然在獄中的受難者相比，我所得到的已經太多，真有些不堪重負。關鍵的是現在和將來，要去為幹一番新的、好玩的、有刺激性的事做準備。在內心深處，我相信自己還會一鳴驚人，這是我的本能、天賦和命運。而對於我來説，最好的生活方式就是寫作。只有拿起筆，我才有自信，才能找到自己、主宰自己。

剛剛從大連回到北京時，我特別想去天安門廣場，長跪在紀念碑前久久不起，向「六．四」的亡靈們懺悔我的罪惡。死於槍口之下的市民和學生大都默默無聞。向名人和領袖獻媚是歷史最庸俗的本能，無論是現在還是將來，歷史只向那些有頭有臉的人物微笑，而殘酷地忘記這些平凡的死者。還有那些死去的戒嚴部隊的士兵，他們大都不到廿歲，剛剛開始人生，但是他們卻被利用，成為專制暴政的工具和犧牲品。與死去的市民、學生相比，士兵們的命運最悲慘。他們不但付出了年輕的生命，還要遭到歷史的唾棄，成為開槍屠殺的千古罪人。多不公正的歷史！我希望等「六．四」受到公正評價的那一天，人們在為死於「六．

四」的市民和學生獻花圈時，也能以寬容的心胸為那些死於「六．四」的士兵們默哀。

我幾次想去天安門而又不敢去，有兩次走到西單附近又回頭。我不敢一個人面對紀念碑，不敢再現記憶中的傷痕，多少與自己血肉相連的往事令我心痛欲裂，常常強忍住欲流的淚水。有一次，坐侯德健的「賓士」車去建國門。下了立交橋後，開車的小解沿東長安街向西疾駛。我開始沒有注意車外，和女朋友聊著其他的事。車到天安門廣場，正巧我偶向車窗外張望，突然看見了紀念碑。一種巨大的壓力排山倒海般地湧向我，好像正面臨滅頂之災，全身不住地顫抖，胸口一陣陣絞痛。我想低頭，但不能，目光像被釘在了紀念碑上，它的巨大吸引力似乎能把我整個人吸出車窗。淚水慢慢浸出。突然，我嚎啕大哭，全身不住地顫抖。女朋友和小解的安慰也無濟於事。

等我稍稍平靜之後，感到噁心，一種從未有過的對自己的厭惡。同是參加「六．四」，而我卻沒流血，被捕後關在秦城監獄，條件遠比大多數因「六．四」而坐牢的人好。現在，我還活著，還有個不大不小的臭名，還獲得了自由，得到朋友們和陌生人的關心、愛護。而那些死者和獄中人呢？他們的親人、朋友呢？那個隻身張開雙臂攔坦克的小伙子呢？你們的血是否白流了？你們的勇敢、良知和獻身精神是否在被戲弄？苦難會為某些人換來美名，犧牲會成為某些人撈取功名利祿的稻草，全民族的悲哀也許僅僅滋潤了幾個膽小鬼和騙子，而我正是其中的一個。我永遠無法原諒自己，直到進入墳墓，因為我居然可以用出賣良知來換取自由——悔罪。

北京市中級人民法院關於我的刑事判決書上清楚地說明了釋放我的理由：

本院認爲，被告人劉曉波用寫文章、發表演説、參加絕食等方法四處進行宣傳煽動，以抗拒、破壞法律、法令的實施，推翻人民政府和社會主義制度，其行爲已構成反革命宣傳煽動罪，且罪惡重大，應依法懲處。鑒於劉曉波在戒嚴部隊進入天安門廣場前，呼籲、組織學生、群眾撤離天安門廣場，阻止暴徒使用武器，有重大立功的表現；受審後能供認犯罪事實，確有悔罪表現，可依法從寬處理。根據被告人劉曉波犯罪的事實、犯罪的性質、情節和對於社會的危害程度和立功、悔罪的表現，依照《中華人民共和國刑法》第一百零二條、第五十九條，判決如下：

被告人劉曉波犯反革命宣傳煽動罪，免予刑事處分。[1]

1 《北京市中級人民法院刑事判決書》，（一九九〇）中刑字第二三七三號，一九九一年一月二十五日。

再清楚不過了，釋放我的重要原因之一就是我的悔罪。下了法庭後，法院的人告訴我，儘管我有重大立功表現，可以從輕發落，但是如果我不悔罪，絕不會放我，至少要判幾年，而且肯定要比王丹等學生判得重，也許和包遵信差不多。

誰都明白，我的悔罪是違心的，明明無罪可悔。我所做的一切都未違憲。開槍殺人的不是我，而是政府，真正應該對「六．四」血案負刑事責任的是政府，而不是其他任何人（包括那些士兵）。如果說對「六．四」血案我也應負一份責任，那也決不是刑事責任，而是良心責任，是道德上的自我懺悔。但，事實恰恰相反，我不但承擔了刑事責任，而且主動承認自己犯了刑事罪，自願地寫了《悔罪書》在監視居住證、拘留證、逮捕證上簽了字。現在回想起來，我的悔罪不是違心，而是真誠地說謊，為自我保存而向謊言、騙局和暴力低頭。不論我的內心怎麼想，行為本身最真實。我的悔罪行為就是對真實、對真理、對自我良心、對「六．四」死難者的褻瀆、甚至強姦。在自我保存和堅守真實之間，我選擇了前者，拋棄了後者。

我也曾經堅持過、掙扎過，多少次威逼和誘惑我都挺過來了，但是到最後，我還是妥協了，一九九〇年十一月份我寫了《悔罪書》。奇怪的是，在決定寫悔罪書之前，內心的掙扎非常激烈、殘酷，而一旦決定寫《悔罪書》了，我反而平靜了、坦然了、理直氣壯了。對，就應該寫，沒有什麼比自由更寶貴。違心又怎麼樣，在中國不是人人都在虛偽中生存嗎！鄧小平不也說過：「永不翻案」，結果還是翻了嗎？當時卡繆在《薛西弗斯的神話》中寫的一段話更堅定了我的悔罪有理。卡繆說：

我還從未見過爲本體論原因而去死的人。伽利略曾經堅持過重要的科學眞理，而一旦他窮困潦倒，就輕易地放棄了自己的主張。從某種意義上講，他做得對。爲這個眞理遭受火刑是不值得的。地球或太陽哪一個圍繞著另一個轉，從根本上講是無關緊要的。總而言之，這是個微不足道的問題。[2]

既然為任何信仰、包括為科學的真理而死都不值得，那我還有什麼要堅守的呢？何況我還不是真心放棄自己的信念，只不過是走走形式，講究一點兒自我保存的策略而已。任何主義的價值都不會超過生命本身的價值。

2　卡繆《薛西弗斯的神話》，生活．讀書．新知，三聯書店出版。一九八七年版，第二～三頁。

內心掙扎

寫《悔罪書》之前，我的內心掙扎和靈魂搏鬥主要集中在這種抉擇上：生命重要還是真實重要？自由可貴還是公眾形象可貴？對於我來說，前一個抉擇僅僅是表層的，在內心深處，後一個抉擇更為重要，因而也就更折磨人。我不想悔罪的主要原因不是為了尊重真實、保護良知、堅持正義，而是為了我的公眾形象、社會名譽和長遠的功利。這也是我出獄後為自己寫了《悔罪書》而悔恨的主要原因（關於出獄後的心靈歷程，我在後面還要詳述）。當我於一九八九年七月份看到官方指責我的文章《抓住劉曉波的「黑手」》[3]時，我的心情極為複雜，多種感情亂糟糟地纏在一起，現在的梳理只能接近我當時的心情，不可能準確無誤。在這種極為複雜的心情中，有憤怒——對官方如此不擇手段地造謠、說謊、捏造事實、無中生有的憤怒；有恐懼——對自己的未來命運的恐懼，我想到過死、想到這無期徒刑，想到過至少也要蹲廿年或十五年監獄；有內疚——對不起妻子、兒子、父母、兄弟以及那些特別關心我的命運的情人和朋友，我的存在將給他們帶來長期的政治陰影，甚至會教他們一輩子抬不起頭來，我的反革命「黑手」將遮住他們本應享受的陽光，毒化他們必須依賴的空氣；還有酸楚的、悲壯的欣喜——官方的主要新聞媒介把我作為此次運動的頭號「黑手」來指責，這就幫我樹立起一種高大完美的公眾形象，因為，「黑手」在公眾心目中意味著英雄，頭號「黑手」就是頭號英雄，為此付出代價（在別無選擇的情況下付出生命）是值得的。如果我被處死，那我就是中國歷史上的第二個譚嗣同，歷史的紀念碑上將永遠銘刻我的名字。從我勇敢地隻身回國投入運動、到我在嚴酷的恐怖下發起四人絕食、至我在最危險的時刻與周舵、德健、高新組織撤離廣場，我自己的所作所為只完成了我的公眾形象的一部分，其餘是由官方的卑鄙完成的，這一妙不可言的傑作怎能不使我感到欣慰。中國當代的反對派英雄都是由官方一手創造的，真希望那些英雄們有點清醒的自知之明，千萬別錯估了自己的分量。遺憾的是，很少有人自知英名的水分。如果共產黨稍稍聰明點，當代中國就不會有持不同政見的英雄。共產黨的愚蠢、不寬容和說謊虛構了、捏造了許多英雄，這些虛假的

3 王昭：《抓住劉曉波的「黑手」》，《北京日報》一九八九年六月二十四日。此文後來收入《劉曉波其人其事》，中國青年出版社，一九八九年版。

英雄是共產黨的謊言文化的重要組成部分。共產黨在欺騙自己的同時也欺騙了公眾。滑稽的是，那些英雄的良好的自我感覺也是被共產黨的謊言所迷惑的結果。英雄騙局的唯一特徵就是自欺欺人。這種自欺欺人甚至比魯迅筆下的阿Q的「精神勝利法」更可悲、更可笑、更荒謬、更具有中國特色。

由此看來，我內心的掙扎、磨難在很大的程度上是由官方的那種無中生有、無限上綱的宣傳造成的，正像導致「八九抗議運動」逐步升級的最主要的原因是官方的一系列錯誤決策一樣。現在反省真讓我無地自容：官方的虛構使我進入了一種當今之世捨我其誰的頂天立地的心態之中，真的以為我劉曉波一肩擔下「八九抗議運動」。我居然也被官方的謊言欺騙了（實際上是自我陶醉）!?居然也和官方一樣認定了自己是八九學運的頭號「黑手」!?這說明，無論是多麼卑劣的謊言，只要能於己有利，人不僅自願說謊，而且自願受騙。如果沒有官方給我戴的高帽，也許我會更心安理得地決定悔罪。

同時我也清楚，在事實上，儘管我在八九學運中扮演了重要的角色，儘管我與八九學運的核心層接觸密切，儘管在一段時間內吾爾開希、王丹等人確實聽我的話，儘管我在一九八九年六月一日的演講中宣稱「我不怕當黑手，反而以此為自豪、為榮光」儘管我與其他知識分子不同，始終和學生滾在一起，儘管我因發起四人絕食而成為這學運後期的中心，但是，我沒有對學運的決定性影響力，而且任何精英都沒有。我只能影響幾個所謂的學生領袖和朋友，而學生領袖根本左右不了學生。控制整個運動的是一種非常複雜的、多層次的不滿情緒以及為國捐軀的烈士欲、自我保護的本能、撈政治稻草的投機、瘋狂的仇恨、死要面子的虛榮心、權貴意識。更重要的控制力量便是政府的一系列錯誤決策，沒有「四·廿六」社論，不會有「四·廿七」、「五·四」的大遊行和「五·一三」的群體絕食；沒有戒嚴令，也就沒有運動向流血的升級。

從一九八九年七月分起，提審人員就要求我寫悔罪書，我始終沒答應。一直到一九九〇年十一月分我才答應寫。如果按照中國人的標準，我說服自己寫《悔罪書》的理由太充分了，簡直就是理直氣壯，不應受到任何非難。

理由之一：當代中國的歷次政治運動已經養成了人們說謊的惡習。人與人之間形成了一種可怕的默契：只要是迫於政治壓力而說謊，就能幾乎得到所有中國人的原諒、同情甚至認同。人們懂得，所謂的檢討、反省、悔罪只是表面文章，做做樣子，而在骨子裡、在內心深處則絕對不變。一九九一年上旬，全國各單位搞人人過關式的「社會主義問題問答」，在心底裡、私下交談中，沒人願意寫，甚至那些具體負責此事的頭頭們也知道這是官樣文章。但是，也是在心底裡，所有人都以這只不過是走走形式、應付交差為藉口而填寫答卷。同樣，我在秦城監獄時所受到的政治壓力要比其他人大得多，所以走走悔罪的形式沒什麼大不了的，完全正確。這也許應了孔老夫子的那句話：「不可為而為之」。這就是中國人屈從於專制暴虐的習慣性說謊。甚至到了如此地步：如果誰不走這個形式、不作這種官樣文章，誰就是混沌未開、不諳時事，整個兒一個傻瓜，挨整活該，很難得到社會的認同，更不要說公開伸張正義了。

理由之二：通過「六．四」血案以及「六．四」後政府的強姦民意、權力高壓，政府已經充分地暴露了它的殘忍、虛偽、低能和不擇手段的流氓本性。與一個不擇手段、慣於玩陰謀詭計的流氓講正義、真理、真實，無疑於對牛彈琴，倒楣的只能是自己。在這樣的政府所控制的秩序下坐牢，太不值得。所以，對搞陰謀的人只能應之以陰謀，對不擇手段的流氓只能更不擇手段、更流氓。為了崇高的目的可以不擇手段。在這種情況下，說點兒違心話、撒個謊是完全可以理解的，自我保存最重要。但是，如果一個反對專制而追求民主的人，為了達到民主的目標而不擇手段，甚至不惜採取專制者對付民主的手段，那麼這個民主還是民主嗎？結果只能是民主其外、專制其內的徒有虛名。民主目標的實現必須運用民主的手段。而如果按照中國人特有的邏輯——只要目的崇高就可以不擇手段，其結果如何呢？用流氓對付流氓只能更流氓，正像以暴易暴只能更暴力一樣，難道七十多年的共產主義實驗還不足以喚醒人們懂得這個起碼的常識——民主的ABC嗎？官方以捏造加害於我，我又違心地接受這種捏造，這不是同流合污、助紂為虐又是什麼？在說謊這點上，我與官方毫無區別。

理由之三：我是民主鬥士、中國的精英分子，肩負著民族的重任、人民的期望，我的思想、我的形象、我的聲音、我的一舉手一投足都將關係到中國的未來。如果我的聲音沉寂在獄中，豈不是對中華民族不負責任？豈不是國家的一大損失嗎？如此寶貴的財富怎麼能輕易地放棄而不惜之如生命、如自由呢？決不能！為中國的民主事業計，為中華民族的前途想，我一定要好好活著、精心地保護自己、用一切手段爭取自由。而我一旦自由了，就能夠繼續發揮作用，完成未竟的事業。就這樣，當我把自己的謊言與民族、國家的前途聯繫起來，似乎真的感到自己的生死存亡有著極為重大的意義，真的感到自己完全有資格、有理由氣壯如牛地說謊。因為我不是為自己的蠅頭小利而說謊，而是為社稷江山、為千秋萬代而說謊。於是，撼人心魄的奇蹟出現了——謊言的卑鄙、下流、在這種自我辯護中銷聲匿跡了，說謊非但不可恥，反而變成了一項高尚的事業、偉大的情操。此時我又想起了司馬遷筆下的韓信——這位叱咤風雲的驍將，不也曾經忍受過胯下之辱嗎？古來成大事者無不能屈能伸、無不翻手為雲覆手為雨，何況我所追求的事業那麼輝煌。就連有些對「六·四」抱同情態度的警察都苦口婆心地勸我：「留得青山在，不怕沒柴燒」、「三十年河東，四十年河西」、「大丈夫能進能退」。無論如何，只要能跨出秦城監獄的鐵門，我又是我，生活又屬於我，世界又屬於我。一九八六年年底，我在去北京各大學的演講中曾反覆引用過一位美國哲學家關於愛國主義的評論：「愛國主義是惡棍的最後一個避難所」。而現在對於我來說，民主是謊言的最佳避難所，樹起「爭取民主」的招牌，就可以隨心所欲地、心安理得地當懦夫。在當代中國，一個裡外通明的真實懦夫難以被公眾接受，但是扛著鮮紅旗幟的懦夫卻能引來成群的圍觀者，旗幟的金光燦爛既欺人又欺己。

理由之四：提審人員、監管人員以及站崗的武警戰士的同情、理解、關心和勸說。從一九八九年六月六日深夜我被攔路搶劫式地逮捕之後，一直到一九九一年一月二十六日我被莊嚴地、演戲般地釋放，除了極個別的提審人員對我採取粗暴的敵視態度之外，其他人對我都不錯，言談話語中、舉手投足中，或明顯或隱晦地流露出同情、關切和理解。提審人員對有利於我的事實調查得極為細致，盡量找到更多的人證物證。例如：他們對我的所謂的重大立功表現——組織、呼籲學生們和平撤出天安門廣場——調查得非常精細，取證多達十四人，而且找到了我根本記不住姓名和容貌的見證人（例如，我勸說的那兩個交出機槍的人）。在法庭調查宣讀證人證言時，我才依稀記起一些早已忘記的具體細節。現在回想起來，那些一而再，再而三地勸說我寫《悔罪書》的提審人員，在當時已經非常明確地暗示過對我將從輕發落。最後，他們感到所有的勸說都無效了，似乎是出於真誠的關切和無可奈何，他們對我說：「劉先生，我們為你著想、為你好，這需要你的配合，需要你也設身處地為我們的難處想想。如果你不寫《悔罪書》，對自己的問題沒有一個明確的認識，那我們的所有努力就會前功盡棄。無論如何，我們都不希望看到不好的結局。」這番話是他們大約在一九九〇年十月分講的，差不多是在同時，我入獄近一年半後第一次見到我的父親（後面我要談到這一點）。提審人員的關切確實打動了我，甚至使我感到：如果在這種情況下我還堅持不悔罪，豈不是太有點不近人情了嗎？其實，提審人員如果僅從自己的本職工作和自身利益出發，完全沒有必要如此為我想，他們這樣做說不定還要冒點兒風險。既然提審人員都清楚悔罪的虛假性質，還勸我寫《悔罪書》，我本身還有什麼顧慮呢。更何況，悔罪對於改變自己的處境又至關重要，何樂而不為呢？實際上，提審人員的勸說是我的潛意識所期待的，這等於為我鋪設了一個理由充足的台階，使我擺脫內心的掙扎，恢復心理平衡，不必再為是否寫《悔罪書》而矛盾、而自責。與其說提審人員的態度感動了我，不如說自己的內心渴望征服了我，只不過這種征服需要自認為充足的理由。既寫《悔罪書》而不必自責，又能在將來向人們解釋我為什麼、在什麼樣的情況下、出於無奈才寫了《悔罪書》，使人們相信寫《悔罪書》不是因為我怯懦，而是由於其他的種種原因。顯然，提審人員的勸說為我達到這一目的提供了最佳藉口。既要說謊又要為說謊辯解、開脫，一個人如此不負責任，還有什麼資格自視為民主的鬥士或英雄呢？現在，對我來說，一聽到別人稱我是「精英」，就下意識地反胃、作嘔。

理由之五：親情。這也許是最有說服力的理由。如果一個人必須面對這樣的抉擇：要嘛是妻兒、父母、兄弟，要嘛是真理、信仰、正義，那麼無論此人選擇哪一方面都是可以理解的。兩者之間既沒有價值判斷上的高下之分，也沒有是非抉擇中的對錯之別。為愛情而放棄真理同樣需要勇氣，甚至比為真理而放棄愛情更需要勇氣。因為為愛情而放棄真理，所得到的僅僅是另一個人的愛，除了她或他的愛之外將一無所有；而為真理放棄愛情，則會得到社會的肯定、讚美，得到名譽、地位、權勢、金錢，也許還有隨之而來的浪漫史。前者是不被社會認同的私情，後者是得到社會認同的公益。所以，在歷史上，為真理獻身的典型在任何社會、任何時期都能找到，而為愛情放棄真理者往往被歷史所遺忘。但是這種現象也不能視為歷史的不公正，因為歷史的目光首先注意的是那些社會性事件，而非私人事件。

然而，在中國這個非人化的社會裡，自我犧牲和獻身精神也被非人化了。無論在儒家文化占正統地位的古代中國，還是在馬列主義占主宰地位的當代中國，基於群體和社會高於個體和私情的正統價值觀，都極力提倡自我犧牲和無私奉獻。一九四九年之後，這種價值觀成為共產主義教育的核心內容之一。從三過家門而不入的古代聖人大禹到當代中國的聖人雷鋒、焦裕祿、甚至周恩來，都被塑造成無私忘我的典型。這種典型使人們懂得了只有打著一切為公的旗幟才能最有效地謀取個人私利。在這種虛假的價值觀念占統治地位的社會中，人不能公開地理直氣壯地為自己謀取合理的私利，只能在為國家為人民為事業的幌子的保護下暗地裡謀取私利。這種現象是公有私最為殘酷的一面：「個人的公有化」。在周恩來式的典型的觀念中，國家、事業、人民、黨這些大而空的字眼兒永遠高於男女之戀、父子之情、兄弟之誼。他們把最沒有社會效益——默默無聞地埋頭於最瑣碎、最浪費精力、最折磨人的家務之中——的一切留給自己的親人，卻把最有社會效益（出人頭地、受人尊敬、獲得讚美、當救世主）——的一切留給自己。他們陶醉於當社會眾人的好爸爸的天降大任之中，但就是不甘於當自己的親生兒子的好爸爸。從《人到中年》到近兩年風靡全國的電影《焦裕祿》皆如此。在骨子裡，這種捨棄親情的奉獻卻是一種冠冕堂皇的卑鄙、自私和獻媚。而中國婦女的傳統美德就是完全認同這種卑鄙、自私和獻媚，並把自己的一生無條件地奉獻給它們。「丈夫把一切獻給黨、國家、民族、人民和事業，妻子把一切獻給丈夫」。在這種雙重奉獻中，人被化解了、取消了、閹割了。共產主義文化最成功的一個方面就是把這種非人性的卑鄙、自私普及化、公開化、神聖化，使之成為人們獲取功名利祿的最佳手段之一。「周恩來情結」表面上看是共產文化的傑作，但在深層上則是大陰謀家老子的傳人——無私方能大私。

這些題外話並不是為我的説謊進行辯護，因為我從不認為一個人在某種特定的情境中、因某種特殊的理由、採取某種特別的方式而説謊是可以被原諒的。更何況我在秦城監獄裡的説謊是從根本上背叛了自己、背叛了那些「六．四」血案中的死難者，即便理由再充分也不能説謊。

一九九〇年春節前夕，我入獄半年後第一次見到親人——我的妻子（一九九〇年八月分我們正式離婚，我在秦城監獄接到了離婚協議書）、我的岳母和岳父。他們談到了因我的行為而給家人帶來的麻煩和痛苦，談到了我兒子的前途，也為我的未來憂心。他們一再勸我別犯傻，別再固執，無論如何要爭取從寬處理。儘管妻子那有氣無力的病態和痛苦的淚水使我心如刀絞、淚流滿面，但是他們的勸説對我幾乎沒起什麼作用，並沒有動搖我堅持到底的決心。我對妻子表示：我與這個野蠻的專制制度不共戴天，除非我死，只要活著就決不妥協。現在想來，我當時的堅硬完全是由於對自己的前途喪失信心所致。那時，我暗自估計，即使官方寬大無邊，我至少也要蹲十五年監獄，任何的妥協和讓步都毫無意義。既然如此，何不破斧沉舟，死保一頭——我的英雄式的公眾形象。而且，我當時總覺得即使判廿年，我也不會在獄中待那麼長時間，這個專制社會的壽命絕不會太長，世界發展的趨向決不會容忍這麼蠻橫不講理的制度長久存在，也許在不遠的將來，歷史就會重新評價「六．四」，那時，我便是名副其實的英雄。為自己的長遠利益著想，在必須忍受失去自由、生命沒有保障的煎熬中，做個鐵錚錚的男子漢是必要的。換言之，在當時的氣氛和心情之下，我只能有一種選擇——不妥協，因為妥協的結果也不會比不妥協的結果強多少。如果我當時就知道悔罪可以使我獲得自由，那麼我想我會妥協的，至少要動搖或作局部的讓步。

一九八九年九月份，官方安排了一次採訪，讓我談談一九八九年六月四日清晨我所目睹和經歷的清場過程。當時，我的思想還處在堅硬到底、死不認罪的時期。所以，接受官方的採訪也經過了一番內心的掙扎。我非常清楚，即使清場的事實是沒有死人，這種採訪的目的也主要不是為了澄清事實，而是官方為自己開槍殺人做辯護，沒有死人的事實僅僅是達到官方的政治目的的手段和工具。我如果接受採訪，就等於甘願充當官方的工具，其社會影響肯定極壞。因為當時的全世界都相信戒嚴部隊血洗了天安門廣場，一些流亡海外的「六．四」參與者也為了樹立自己的英雄形象而有意歪曲事實、撒謊，漫無邊際地渲染天安門廣場的血流成河（吾爾開希、柴玲、李錄等人皆如此）。我出現在電視上證明沒看見打死人，豈不是要觸怒全世界，對我的公眾形象極為不利。既然我已經下決心堅持，就乾脆拒絕採訪。這種拒絕一可以表明我不與官方合作的姿態，二可以增加我自己的殉難光輝，但是，面對歷史事實的沉默也近於說謊。

基於我對政治影響和自身形象的考慮，我拒絕了兩次提審人員的勸說。但是，他們拿出了《人民日報》所登載侯德健關於清場過程的訪問錄，並勸說道：「事實永遠是事實，既然你沒有看見打死人，沒有看到血流成河，為什麼不敢澄清事實，講真話呢？難道講真話也要顧慮重重，這可不是你劉曉波的性格。再說，我們一直認為你們四人組織的和平撤離是立功表現。講出事實，對誰都沒有壞處。」

提審人員的話打動了我。我一下子找到了接受採訪的充分理由。**1.** 清場時我沒見到打死人是事實，講事實是對歷史負責、對自己負責。我最討厭中國人為樹立道德美名而寧願歪曲事實的道德至上主義，吾爾開希正是在道德美名和尊重事實的抉擇中，選擇了道德美名而拋棄了尊重事實。在一定意義上，特別是在此次運動中，選擇尊重事實的確需要勇氣。因而，儘管這次採訪可能會損害我的道德名譽，但我寧可如此也不歪曲事實，相信總有一天歷史會清澄的。**2.** 德健已經講出了清場事實，他正在受到巨大的社會輿論的壓力，人們的盲目和狂熱足以淹沒侯德健的真誠的聲音。既然講出事實要承擔全世界的指責，那麼作為事實目擊者的我決不能讓侯德健一人承擔這種指責。如果我保持沉默，只能加強世人對謊言的盲目相信和對德健的指責。因為我和德健都是清場過程的目擊者。德健講出沒死人的事實而我卻保持沉默，這等於在證明德健為保存自己而為政府作偽證，等於把德健一人推向萬夫所指的前台，獨自承擔所有指責。如果我出面作證，講出目擊事實，一可以增加事實的可信度，二可以和德健共同承擔不公正的指責和消極的社會影響——由謊言所煽動起來的公眾義憤。3.官方證明了清場過程中天安門廣場沒死人，並不能證明北京沒死人，開槍殺人是鐵案，決不會因為清場過程中沒死人而改變。而且，沒有導致天安門廣場大屠殺的主要原因是因為學生們的和平撤離，其功勞在學生們一邊，而不在政府方面。所以，講出事實沒有絲毫為官方開脫責任的意味。如果學生們不主動和平撤離，而像六部口、木樨地等處那樣進行反抗，天安門廣場肯定要死人，血染廣場的可能性也不是沒有。

基於上述理由，我接受了官方四十多分鐘的採訪，如實敍述了我目睹的清場過程。但是，在採訪結束後回秦城的路上，我非但沒有坦然，反而因想到這次採訪對自己的損害而心情沉重。如果沒有侯德健的率直，沒有他不計任何後果和政治影響地講出事實，那麼我或許也為了保持自己的公眾形象和道德名譽、而沉默、甚至說謊。這使我想起安徒生的童話《國王的新衣》，那些老於世故的成年人都睜眼睛說謊，只有天性完整的孩子才一針見血地道破事實。侯德健就是那個孩子，卻不被謊言的世界所容，這已經不僅僅是中國人的悲哀，各國的新聞媒介也加深了這種悲哀。不負責任的某些流亡精英為個人功利而誤導世界的新聞媒介，媒介又誤導公眾，謊言一旦深入人心，就會變成鐵案如山的事實。

所以，直到今天，我對自己出現在官方電視螢幕上講述清場事實的抉擇非常坦然和滿意，因為我只有在這個抉擇中才完全拋開一己的公眾形象，為歷史、為朋友、為自己負責。令我不安的倒是我兩次拒絕接受採訪，這種拒絕完全是出於個人的功利的考慮，正像我出獄後為寫了《悔罪書》而後悔不已一樣。更何況我當時對自己前途的悲觀估計所產生的死硬對抗心理，並不是一種為信仰、為良知而捨棄一切的堅韌呢。否則的話，我不會在血腥味逐漸淡化之後寫下《悔罪書》。

漸漸地，嚴峻的、血腥的氣氛在淡化，官方開始陸續釋放一些人，特別是一九九〇年五月分，我從監獄的有線廣播中得知周舵等人被無罪釋放的消息之後，我心中一陣狂喜，這是我被捕後第一次如此欣喜。一為自己的朋友獲得自由而慶幸，二對自己的前途產生了信心，覺得我也可能得到從寬處理。雖然不敢妄想被釋放，卻堅信頂多被判上十年，如果爭取一下，說不定只判五年左右。差不多在同時，提審人員拿著報導周舵等人被釋放的消息的報紙來找我，讓我認真地讀讀，他們特別強調報紙上的這樣一段話：無論是哪一個層次的人，只要認罪服法，都可以從寬處理（大意如此）。接著提審人員說：「你應該了解國情、了解黨的政策，常常是雷聲大、雨點小，只要態度好，量刑的尺度很寬，特別是對你們這樣的政治犯和知識分子，態度的好壞非常重要。」我心中清楚，提審人員是在比較明確地暗示：儘管我被官方的新聞媒介指責為八九學運的頭號「黑手」，但是這樣做說不定反而對我有利，很可能為了搞個悔過自新、從寬處理的典型而大幅度地減輕對我的懲處。官方這樣做也能得到一些好處：可以安撫海內外的輿論，多少挽回一點「六．四」所造成的惡劣影響，往自己的臉上貼金。我們這些牢籠中的、任人擺佈的囚徒只是中共政治賭博中的籌碼，無論怎樣處理，我們都是工具，何不順水推舟，撈點實惠呢。

外面漸趨鬆弛的氣氛和裡邊漸趨輕鬆的內心緊張使我的強硬態度發生了動搖，一點點地接近悔罪。又恰恰在此時，我見到了我的父親，他的探監為我鋪好了走向悔罪的最後一個台階，我可以問心無愧地出賣良知了。一九九〇年十月上旬，提審人員帶我去北京市公安局半步橋看守所。我已有一年半沒見過父親了。他穿著一本正經的軍服，提著兩個大包，臉上的表情極為複雜：期望、陌生、恐懼、悲痛，而這一切又都被一種悲痛欲絕的焦慮所籠罩。他見到我，彷彿是見一個陌生人或有特別身分的人，尷尬地一笑。他給我帶來了水果、衣物和菸（父親不知道，監獄中不讓抽菸）。父親只是簡單地介紹了一下家裡的情況，接下來的就是勸我好好認識自己的問題的長篇大論。他說：「只要你該承認的承認，該認罪的認罪，黨和政府是會正確處理你的問題的。你要相信黨和政府的實事求是的作風。」當時，我真的搞不清父親的話是發自內心還是說給提審人員聽的。父親是黨員，儘管近幾年變化很大，但蘇聯式教育在他們這代人身上所留下的痕跡是深入骨髓的。在中國的幾代知識分子中，我父親這一代（五〇、六〇年代成長起來的人）是悲劇性最強的。他們幾乎在政治運動中渡過了自己最好的年華。論待遇，他們遠不如一九四九年以前大學畢業的知識分子；論思想，他們與老一代（四九年以前）和新一代（一九七六年後）相比都更僵化。他們盲目、狹隘、保守、膽怯，即使反對黨文化也是滿腦子的黨文化。命運的殘酷在於：即使有機會，他們也不會擺脫黨文化的束縛。他們的知識結構、人格修養、思維方式和生活方式已經黨化，深陷其中而無力自拔。儘管如此，我還是懂得父親是在用這種方式表達他對我的愛。

意識到這一點使我更傷心。用一種沒有任何愛的氣息的意識形態語言來表達父愛，這種父愛也就變成了黨文化的一部分。這種愛中沒有家庭的溫暖和關切，只有政治性的冷冰冰的教訓。那些身為黨員的父母們（從工人到主席），表達父愛的方式就是居高臨下的教訓，就像上級對下級訓話或傳達上級的指示（我們可以回憶電影《焦裕祿》中焦裕祿與家人吃飯的那場戲。因為兒子不願吃棒子麵窩頭而大動肝火的父親焦裕祿。在飯桌上對全家發了一大通宏論，完全像在縣委會上一樣。他的妻子、女兒、兒子就像那些縣委幹部，傾耳聆聽）。由此可見黨文化的無孔不入。當一個民族的家庭氣氛被黨化、政治化之後，就很難有正常人的生活了。要是有興趣看看有關毛澤東、周恩來等人在電影中、書刊中怎樣表達他們對親人的愛，就會更清楚黨的文化是怎樣吞噬了家庭、吞噬了夫妻之愛、父子之情的。

令我欣慰的是，父親的長篇訓詞還沒有完全結束之時，他突然轉變話題，提起了我的母親。他的語調開始溫暖，聲音開始低緩：「小三（我在家中排行老三），你知道你媽從小就最疼你。你這次出事，受打擊最大的是你媽。她幾乎每天都哭，沒睡過一個安穩覺，常常在噩夢中驚醒，哭到天亮。我很少讓她出家門。只要一出家門，逢人便講你的事，都快變成祥林嫂了。這次我到北京，她哭鬧著一定要跟來，我不知費了多少口舌才把她勸住。我臨走前，你媽一再叮囑我，讓我一定好好勸你，無論如何要轉變態度。」父親停了一下，哀怨地看著我說：「小三，你不為自己的半輩子著想，也要為你媽、為我、為陶力和劉陶、為親人們著想。你如果坐牢，你坐多長時間就等於你的親人們坐多長時間，你的牢房是有形的，而親人們的牢房是無形的，你在為自己設置四面高牆的牢房的同時，也為你的親人在心靈上設置了四面高牆。你如果一意孤行毀掉自己，也就等於毀了你的親人，特別是你媽，她從小最疼你。你要是蹲個十年八年，我看她肯定活不到你出來那天。」爸爸不說話了，我抬起始終低著的頭，猛地看到爸爸老淚縱橫，拿菸的手不停地顫抖。見我凝視他，他非但沒有擦眼淚或掉過頭去，反而死死盯住我，淚水無聲地流，肯定已經模糊了他的雙眼。我活到卅五歲，第一次看見爸爸哭，哭得如此悲痛欲絕；第一次看見爸爸發抖，抖動得無法自持。小時候，爸爸是一家之主，說一不二，從不與孩子們聊天、談心，管教我的方法不是斥喝就是動手打，似乎挺男子漢的。在我幼小的心靈中，爸爸是個讓我咬牙切齒的惡魔，恨得我常幻想要是沒有爸爸多好。可是現在，爸爸的所有威嚴都不見了，眼淚說明了他的善良、他的愛。面對受難的兒子，他徹底被擊垮了。此時此刻，他不再是黨員、教授，而只是一個為兒子憂心如焚的父親。我想，只要我能獲得自由，他可以去做任何事，哪怕是不要黨票、背叛信仰以至放棄生命。平生以來，我第一次意識到真正的父愛是什麼，第一次感到父子之情的可貴，它的深邃難以窮盡。雖然是在公安局的看守所，但我還是覺得溫暖，一種帶有酸痛和內疚的溫暖。

爸爸的淚水和顫抖所給予我的愛粉碎了我所剩無幾的堅硬。一個多小時的會見，我只講過幾句話，心靈和重負使我只能沉默。我不知道怎樣才能安慰父親，手足無措得什麼也不想說、不會做。雖然我的內心已經決定悔罪，爭取寬大，但是有公安人員在場，我實在說不出口，只能在心裡默默地對父親說：「親人們，放心吧，我不會辜負你們的期望。」臨分手時，父親全身顫抖地抱住我，因流淚而有些發涼的面頰緊貼著我的臉，幾乎是乞求式地說：「小三，為親人、為你自己，你千萬別再耍你的倔脾氣了，別再一條道跑到黑了。你能答應我、答應你媽、你奶奶、你的哥哥弟弟、你的妻兒嗎？你一定要答應我。」我無言以對，重重地點了點頭。

爸爸走後不久，我開始寫《悔罪書》。

《悔罪書》

寫《悔罪書》，首先需要確定自己的罪名和走上犯罪道路的思想根源，這不是靠冥思苦想所能做到的。於是，我向監管人員要來官方要員們有關「八九抗議運動」的各種講話（包括鄧小平、楊尚昆、江洋良、李鵬、李瑞環、李錫銘、陳希同、袁木等人），學會了諸如「大氣候」、「小氣候」、「和平演變」、「穩定壓倒一切」、「要像珍惜眼睛一樣珍惜來之不易的安定團結的局面」、「不論國際風雲如何變幻」、「民族虛無主義和全盤西化是產生資產階級自由化和暴動的主要思想根源」、「改革是社會主義的自我完善」……等官方套語。看過幾篇講話後，我發現官方的文章在談到「八九抗議運動」的根源時，頗為一致地指出了三個方面：**1.**所謂以《河殤》為代表的黨內改革派，即趙紫陽派；**2.**方勵之的「全盤西化論」；**3.**劉曉波和「民族虛無主義」，特別強調我提出過的「三百年殖民地」和中國的「人種」。看來，我已經成為三個罪惡根源之一，被指控為主要黑手是理所當然的。看那些批判我的文章，我的心情頗為愉快，因為這些文章之拙劣只能成為宣揚我的理論的墊腳石，對我的理論卻毫無損害。

官方關於「八九抗議運動」的評價就是我的《悔罪書》的基調。基調一確定下來，剩下的事就是找材料填充。我又向監管人員要來見諸於報刊的批判我的文章和《中華人民共和國刑法》，把批判文章上所列舉的「罪名」和《刑法》中的「反革命罪」相對照，大致確定自己犯了「反革命宣傳、煽動罪」，即「利用寫文章、演講、標語等形式進行旨在推翻社會主義制度和人民民主專政的宣傳、煽動。」我又把那些批判文章的內容大致分了類，逐類檢討，每一類構成我的《悔罪書》的一部，共四類：政治上的反黨反社會主義、文化上的民族虛無主義、道德上的極端個人主義、思想方法上的形而上學。對我最有啟發的是發表於《人民日報》、署名聞平的文章《從民族虛無主義到賣國主義——評劉曉波的資產階級自由化謬論》，後來此文收入中國人民大學出版社，一九九〇年九月出版的《民族文化虛無主義評析》一書中。此文的開頭寫道：

「狂人」劉曉波由於插手學潮、煽動動亂和反革命暴亂，已經成爲反黨反社會主義的歷史罪人。劉曉波走到這一步，不是偶然的，是他的極端個人主義、唯心主義、形而上學世界觀和頑固堅持資產階級自由化思想的必然結果。[4]

基調、材料、思路都有了，寫起來便下筆如飛，僅用二小時，便一稿定乾坤。作為以寫作為職業的人，我還是第一次不必深思熟慮、甚至不必動腦子就筆走龍蛇般地一氣呵成一篇文章。這也許是我的寫作生涯中第一篇、但願也是唯一的一篇不費吹灰之力的草就之作。如此看來，出賣良知並不難，只要能說服自己就會易如翻掌。這，或許就是我那漫長的內心掙扎的結果吧。從這個意義上講，我的《悔罪書》又是經過深思熟慮的。這種深思熟慮是恐懼和沒有信仰神聖感的結果。

這使我憶起了在秦城監獄時的夢。自從被捕之後，只要睡覺，無論什麼時間都會作夢，大腦似乎一刻也未休息過。其中的許多夢都是以我的恐懼和渴望為主題的。夢中經常出現極為可怕的情景：我被追趕、被拷問、被押赴刑場、被分屍、被閹割、被萬人唾罵。有一次夢見我全身赤裸地被吊在紀念碑上示眾，四周全是沒有臉的人，我的生殖器被一隻失血的手用鋼絲勒住，睾丸脹得像兩隻薄如蟬翼的大汽球。漸漸地，我才猜出，那隻慘白的手是我的妻子或情人的手，那勒住生殖器的鋼絲就是她們的指紋……同時，夢中又常常出現令人興奮、淚流滿面的情景；我的情人裝成蒙面人用直昇飛機來營救我、我被無罪釋放，受到空前隆重的歡迎，我在演講，無數人熱淚盈眶地向我歡呼，一瓶像紀念碑一樣高大的香檳酒「呯」然噴開，白色的泡沫、桔黃色的液體直射向飄滿旗幟的天空，引起群情激昂……顯然，對蹲監獄、對死亡、對名譽掃地的恐懼和對自由、對新生、對英名的神往，已經潛在地決定了我最終將走向悔罪。所有的理由和藉口只不過是一種自我安慰、自我欺騙罷了。

剛進秦城監獄時，監管人員要搜身。更絕的是不讓犯人身上有一根帶子。他們拿走我的皮帶、鞋帶、棉毛褲帶，最後連貼身短褲的帶子也要抽走。兩個監管員用剪刀剪開我的短褲，一節節抽走短褲帶，我感到了平生所遭受的最大的侮辱。我突然發作，破口大罵，使用最高的嗓門和最惡毒、最下流的字眼兒叫罵著，用歇斯底里式的聲嘶力竭來形容一點兒也不過分。我的每根神經都繃得緊緊的，全身亂扭，雙手拚命地拽住短褲，彷佛我正面臨著死亡，企圖做最後的無望掙扎。整個過程只有一、二分鐘，我卻感到耗盡了全身的力氣。監獄的管理人員平和地說：「別急躁，別激動，別害怕，決不會傷害你。這是監獄的規矩，是例行公事，主要是為你的安全著想。好了，完事了，你可以提著褲子回房間了。過一會兒我們會給你繫褲子的東西。」這時，短褲帶已經被全部抽走，只要一鬆手，我的下身便赤裸裸一

4 《民族文化虛無主義評析》，北京，中國人民大學出版社，一九九〇年版，一九四頁。

覽無遺。我後悔在當時我為什麼不脫光所有的衣服，一絲不掛地站在他們面前。而在事實上，我已經被剝光。我呆呆地釘在地上，感到生命空空、一無所有，再也沒有力量做任何努力，哪怕是微弱的掙扎也不會發生。一種無處不在、無時不在的茫然滲透了我的身心。我是什麼？是人嗎？人怎麼能完全任人宰割而無能為力呢？自我尊嚴的崩潰於一瞬間完成。誰也救不了我，我當時的身心狀態已經不是軟弱、無力、消沉、頹廢這類字眼兒所能描述的，而是徹頭徹尾、徹裡徹外的癱瘓和痲木，對自己、對他人、對世界的無感覺，是一種比絕望更令人無能為力的狀態。

接下來的是對無法逃避的、步步緊逼的危險的恐懼，是對前途的捉摸不定的焦慮。無論多麼悲慘的前途——坐牢、死亡、毫無希望——只要有明確的結果，都會使人心安。最難承受的折磨就是這種捉摸不定感。行無所憑、思無所依則是行屍走肉般的生活，沒有任何價值。如果某人長時期地處於這種狀態中而不自殺，那麼此人的承受能力就是超天才。好在，我的這種精神狀態持續的時間不太長，且時有時無，後來又完全消失了。也許，正是由於我承受不了這種捉摸不定感的折磨，拚命想對自己的前途有個明確的期待，才逐漸地走向悔罪。被夾在恐懼和捉摸不定感之間而又沒有勇氣充當耶穌式的殉難者，悔罪便成必然。

非常遺憾，我手頭沒有《悔罪書》原文，原文在公安局、在法院，我無法索回，如果有，我太願意把它放在這裡，奇文共賞兮。不過，為了對自己負責，我盡記憶所及，複述一下《悔罪書》的大意，我不敢保證恢復語言的原貌，但是我敢保證至少不會太歪曲其主要內容。我的《悔罪書》的主要內容不是談犯罪事實，而是談使我走上犯罪道路的思想根源。「文革」時期的「靈魂深處爆發革命」至今仍然影響著我，似乎只讀事實、只認罪服法遠遠達不到官方的要求，不在「靈魂深處爆發革命」，不完成「世界觀的根本轉變」，便不足以洗清污垢，重新做人。記得我十三歲時，正值「文革」，因打仗調皮而被全校批鬥，「群眾專政指揮部」的人和工人宣傳隊的人都要求我要從思想上進行檢討。批判我的人也認為我中了劉少奇的修正主義路線和資產階級思想的毒，他們的批判稿從不涉及我的所作所為，而是深挖猛批我的思想根源。這也使我想起有一次幼兒園的阿姨向我報告我兒子劉陶的不軌的行為（上課時、做操時擅自離隊）時所用的語言。那時劉陶剛剛三歲。那位年輕的、梳著長長的披肩髮的阿姨對我一本正經地說：「你的兒子自由主義思想嚴重，要好好管教。不然的話，長大後就會無法無天，連爹媽都敢罵、都敢打。」我聽後大為驚駭，感到這位年輕的阿姨有點神經不正常。一個三歲的孩子，不但「自由」、還有「主義」、還「思想」、還「嚴重」，彷彿一頂高於我兒子千百倍的帽子扣在了身高不足一米的孩子頭上。好在，三歲的孩子對這套黨化的意識形態語言渾然不知，依然順從天性、我行我素，變本加厲地「自由主義思想嚴重」。

凡共產主義教育皆以「洗腦」為最後宗旨，思想政治工作從嬰兒呱呱墮地開始，滲透於一切形式中，不但開會、學習、寫匯報、談心是「洗腦」，而且分房子、提職稱、當幹部、穿衣吃飯都在「洗腦」，黨的關懷無微不至，其最終的關切就是使人成為「黨的人」。在中國，黨的「終極關懷」的普及和滲透的程度，要遠遠超過西方的基督教對人類的終極關懷。我是在黨的關懷下成長起來的，所謂「生在紅旗下，長在毛澤東思想的新時代」，無論我怎樣反叛，怎樣掙扎，深層的生命結構仍然是黨塑造的，我是黨的關懷的反面的點綴和裝飾。因而，我的《悔罪書》是「靈魂深處爆發革命」。大意如下：

在一九八九年春夏之交的動亂和暴亂中，我做了一系列違法行爲。我之所以走上犯罪的道路，決非偶然，而是有著深厚的思想根源的。

一、在政治思想上，我站在黨、國家和人民的對立面，反對黨的領導，反對社會主義制度，主張用多黨制代替一黨專制，用私有制代替公有制，用多元思想代替馬列主義的指導，總之，用資本主義代替社會主義。

二、在文化思想上，我提倡民族虛無主義，主張「全盤西化」，凡是西方的一切皆好，凡是中國的一切皆壞，甚至認爲中國人的人種是低劣的。儘管我去過西方，但那只是走馬觀花；儘管我讀過大量的西方著作，但那只是書本而已。我還不是太了解西方，卻以西方爲理想來否定中國的傳統和現實，想想實在對不起生我養我的土地。

三、在道德思想上，我提倡極端的個人主義，信奉「我升天，我入地，全靠我自己」。爲了滿足我個人的欲望，我不顧朋友和親人的勸阻，一意孤行，投身於動亂。在已趨於平靜的時候，去天安門廣場絕食，使本來快要結束的動亂發展爲暴亂。

四、在思維方式上，我堅持形而上學的思維方式。這主要表現在兩方面：一是走極端，好則全好，壞則全壞。二是脫離中國的現實，只根據西方的書本知識做判斷。這就只能導致片面性。對中國的問題提出不切實際的、極端錯誤的解決方案。

以上四個方面是我走上犯罪道路的思想根源。我認爲法庭對我的判決是公正的，我完全接受。

要多荒唐就多荒唐、要多可笑就多可笑。因為在我寫《悔罪書》時，我根本無從知道法院將怎樣判我，何談公正和接受。這是心甘情願的精神自虐或靈魂自殺。

據北京市中級人民法院的人透露，我的專案組的成員（公安局提審人員、檢查院起訴人員、法院審判人員）一致認為我的人格高尚，因為他們沒有在我身上發現運動的捐款，我也沒有躲進外國使館避難，被捕後只談自己不談別人。據此，我的專案組的成員在向上級匯報時，說我在本質上還是愛國的，並且反覆強調我的「重大立功表現」，強調我與任何反動組織無關，參與「八九抗議運動」完全是個人性的。同時，官方對我的《悔罪書》非常滿意，「靈魂深處」的「革命」震撼了他們，他們認為我的悔罪要比王丹等人的悔罪明顯高出一個層次，挖到了深層的思想根源。雖然談不上發自肺腑、字字真誠，但是起碼在思想認識上更為深刻。按照他們的標準，犯人的真正轉變不只是承認犯罪事實，也不只是老老實實地遵守監獄規定（我不太遵守監獄規定，經常傳字條、利用下水道通話、大喊大叫，搞惡作劇），而是思想上的脫胎換骨。

正因為如此，北京市各主要高等院校在一定的範圍內宣讀了我的《悔罪書》，旨在為教育大學生們提供素材。據說，北京師範大學中文系的副系主任在向本系全體教職員工宣讀完我的《悔罪書》之後，無限感慨地說：「不愧為博士，連《悔罪書》都寫得才華橫溢，不同凡響。可惜！」

人們，睜大雙眼看看吧：這就是那個曾經在公眾心目中被譽為「黑馬」的天不怕地不怕的人；這就是那個敢於以極端的言辭向中國文化界的權威挑戰的博士；這就是那個不聽勸阻隻身由美國返回全身心地投入「六．四」、並在戒嚴令發布之後的白色恐怖下，在廣場學運日漸蕭條之時毅然發起絕食的所謂勇者；這就是所謂的學生運動的精神領袖、所謂的中國知識界的良心，所謂的喪心病狂的「黑手」。軟弱、卑鄙、無恥而至於此，也該是中國的一大奇觀，而恰恰正是此人，曾經多麼義憤填膺地、滔滔不絕地指責中國知識分子的軟骨症。善良的人們、長眠於地下的亡靈，你們沒有感到被愚弄嗎？沒有感到吃驚和失望嗎？其實，大可不必如此，這就是赤裸的真實，更令人毛骨悚然、噁心作嘔的陰暗心理還在後面呢。

可以說，在秦城監獄時我自認為寫《悔罪書》是理由充足的，自認為我所列舉的五條理由能夠產生感天地、泣鬼神的效果。如果有人了解這五條理由而還不原諒我，那就不是我的卑鄙了，而是他太不通情達理了。我甚至認為當劊子手舉起屠刀時，犯人的顫抖和乞求完全可以理解，任何旁觀者都沒資格說三道四。只有這種理解才是深明人性，才是寬厚的關懷和哲學思想上的高層次，才是上帝式的愛。我當時並沒有想起自己以前有關人性弱點的言論：正視和理解人的弱點與遷就和原諒人的弱點完全是兩碼事。正視並不等於遷就，理解也不同於原諒。恰恰相反，正因為不能遷就人的弱點才必須正視，正因為無法原諒人的醜惡才必須理解它。如果從遷就和原諒出發，就不會有正視和理解。必須理解人為什麼作惡，同時決不原諒人的作惡。即使在強調愛一切人、包括愛敵人的基督教中，也有煉獄的烈火焚燒人的罪惡，也有地獄的懲罰等待著邪惡的人。上帝就是為了審判罪惡而存在的。

正是基於我的混淆是非、顛倒善惡，我才能安然地度過嚴酷的精神危機。雖然談不上心安理得，但是絕對沒有清醒的自我剖析和嚴厲的良心自責。渾渾噩噩正是我當時的精神狀態，就像我在一九八六年因一篇談話錄而名揚全國時的失控狀態一樣。那時，我以為只有鮮花和掌聲能夠毒化靈魂，現在我才知道，恐懼和高壓也能粉碎人的意志。真正能同時抗拒兩方面的威脅的人，才堪稱大智大勇者。

出獄之後的心靈歷程

我被釋放後，在法院裡等待去大連的幾小時內，突然得到自由的狂喜使我暗暗慶幸悔罪的高明。太值得了，一紙官樣文章換來的居然是自由！吃過晚飯，便和法院的人天南海北地胡吹海侃，服裝、物價、治安、流行歌曲……就是不提有關我的案子的任何問題。晚上七點多鐘，來了一男一女，我以為也是法院的人。他們問我被釋放的感想，我說：「驚奇和狂喜。打死我我也不敢想能夠自由。」我坦率的回答使他倆以為我會接著談下去。他倆掏出證件，原來是新華社記者。我本能地感到厭惡，我知道他們想從我口中掏出什麼。我不耐煩地說：「如果不只是你倆，而是在北京的所有記者，特別是外國記者都坐在我對面，我也許會談點什麼。但是，現在我只能說，我怕記者、恨記者。」兩人見話不投機，便悻悻離去。（《北京周報》和香港的一些報紙關於我的審判經過、關於我淚流滿面地感謝政府的報導純屬造謠。）

一九九一年一月二十六日晚十一時三十七分，我被法院的人押送上開往大連的二二九次直快列車，由北京師範大學中文系的兩名老師負責將我送到大連陸軍學院我父母的家中。我的四個兄弟從長春、廣東回到大連，闔家共渡春節。親人們都認為我的悔罪做得對，甚至用搞經濟的人的口吻說：「太值了，這叫用最少的投資換取最大的效益。小三，咱們又贏了！」親人們的贊同加深了我的悔罪有理的心理。在大連的兩個月，我基本處在封閉狀態之中，除親人外很少見其他人，甚至拒絕了從外地風塵僕僕趕來看我的慕名者。周舵打來長途電話，高新寫來信，想來大連看我，我都沒有回音。在這種封閉的狀態中，每天和親人們聊家常，談談我參加「六．四」的過程，又是如何被捕、被關進秦城以及監獄中的生活、感受，津津樂道於自己在監獄中不遵守監規、戲弄看管人員的種種細節。聽親人們訴說他們在「六．四」中的所作所為，我被捕後全家人的擔心和焦慮以及外界關於我的種種傳聞，如我已被打成植物人等等。當時，我根本不知道、也不想知道社會輿論對我的被釋放的真實反應。加上親人們的關懷、疼愛、誇讚和教導，使我對自己的悔罪近乎於麻木。在大連時，最折磨我的是與妻子陶力的離婚和出獄之後沒能見到我的兒子。為此，我感到太對不起陶力，生活上對她的打擊還在劇痛之中，又加之政治上的巨大壓力，我為她帶來的大都是痛苦，若不是堅強的人，很難承受如此重負。每念及此，我都控制不住，失聲痛哭，寫信請求陶力帶孩子來大連過春節。但是，由於身體或其他原因（我被捕後，陶力的大部分時間是在病床上渡過的，現在仍然如此），石沉大海，杳無音訊。我只能默默地祈禱對她的祝福。

一九九一年三月中旬，我從大連返回北京，由半隱居的封閉狀態進入完全開放的環境。北京師範大學開除了我，北京市公安局不給我在北京落戶口，他們想把我弄出北京，大概是因為我的存在使他們感到不安定吧。這種無戶口、無工作的流氓生活對我的精神狀態幾乎沒影響，倒使我感到一種解放，再不必受單位和居民組的束縛了，我想幹什麼都行。更重要的是，所有的時間都屬於我自己，可以安靜地讀書、思考和寫作。

令我有些坐立不安的是社會輿論。情人、朋友、熟人、陌生人不斷地，以各種方式或明確或隱晦地傳達了社會輿論對我被釋放的反應。人們關心的主要焦點是我的「重大立功表現」。按照中國人的獨特邏輯，「立功」就等於出賣別人，「重大立功」肯定是嚴重地出賣他人，是八九學運的「叛徒」。這種猜疑的產生，一方面是因為官方玩陰謀的結果：官方在電視和電台公布這一消息時，省略了《判決書》上的「重大立功表現」的具體內容，而只講「重大立功表現」，故意混淆視聽，以達到他們敗壞我的名譽、不製造英雄的目的。而且中國人大都看穿了官方的新聞媒介的說謊本性，沒有人完全相信官方的電視、廣播、報紙和雜誌。但是，當人們看到有關「六．四」的主要參與者的新聞、特別是有損於這些人的形象的新聞時，就或確信不疑、或半信半疑，交頭接耳，廣為傳播。無論這種確信的深層動機是什麼（有人幸災樂禍、有人滿腹妒意、有人對心中的英雄失望、有人為八九學運中的死難者悲哀……），它都顯示出中國人的心理的陰暗和不健康——總是把人盡量往壞處想。這是長期的階級鬥爭文化所導致的一種被扭曲的心理變態。人與人之間的警惕、猜疑、陷害已經成為人際關係中的習慣性交往方式。毫不奇怪，在一個到處是陰謀詭計、時時會遇到陷阱的環境中，人怎麼能不處處提防，處在一種緊張的自我保護之中呢。另一方面，共產黨的政治文化是一種殘酷得不講任何公開規則的陰謀文化，一切都在暗中進行，沒有絲毫透明度和公開性。人與人之間相互暗算的現實和地下黨式的教育使中國人根本就不懂世界上還有完全公開化的、透明度極高的政治角逐——民主政治。民主政治的公開性防止了諸如「打小報告」、「隱瞞事實」、「出賣朋友」等惡劣現象的發生（當然不是百分之百）。所以，「叛徒」成為中國人特有的重要價值尺度。從文學作品《紅岩》中的叛徒形象甫志高到「文革」中對大叛徒劉少奇的聲討，曾經有無數人因背上叛徒的罪名而無臉見人，有的被整死，有的自殺，有的夾著尾巴做人。這樣，每一次運動結束後，人們最關心的似乎就是誰是叛徒。調查、追蹤、發現和確定叛徒的歸屬是中國人的一大生活享受。見了判徒如同蒼蠅見血。這不僅能夠使被抓者聲譽掃地，而且使抓奸者立功請賞。最積極最擅長發現叛徒者恰恰是那些不擇手段地想當英雄的人，所有的叛徒都是他們走向英雄峰頂的鋪路石。這些人為了當英雄而虛構叛徒，有意製造叛徒，正像共產黨善於虛構敵人、有意製造敵人一樣。在中國，沒有敵人，共產黨便無所事事；沒有叛徒，英雄們便如坐針氈。每次政治運動都有一些虛構出的敵人被打倒（右派、走資派、九種人、自由化分子、暴亂分子）。中國的領導層的那種草木皆兵的恐懼感在很大程度上來自他們為自己虛構的敵人，中國的英雄在很大程度上依賴於虛構的叛徒。而官方的宣傳便有意識地引發、刺激、投合、滿足中國人的這種陰暗心理，以「立功」、「檢舉」等詞彙來敗壞人的名譽，同時也瓦解反對派的凝聚力。

從另一個角度看，僅就我個人在八九抗議運動中的經歷而言，官方所指控我的主要「罪行」都是公開化的，無人不知。我沒有參加過任何地下組織，進行過任何地下活動，更沒搞陰謀詭計，做過的事有目共睹，根本無需隱瞞。退一步講，即使想隱瞞也不成。擴而言之，八九抗議運動在整體上透明度極高，搞陰謀詭計的是官方，而不是學生和市民。奇怪的是，八九抗議運動被血腥的鎮壓之後，運動的透明性和真面目反而被層層謊言所遮掩，成了一個神秘之物。這種神秘主要不是官方造成的，而是「八九抗議運動」的每個參與者造成的。普通參與者的自我保護性洗刷自己的謊言還不是造成這種神秘的主要因素，主要因素來自精英們爭當英雄的道德性謊言。指責別人為懦夫和叛徒的恰恰是那些流亡海外和蹲過監獄的大小精英們。這種貶別人、抬自己的內部傾軋既可笑又卑鄙。寫到此，我感到漢語詞彙的貧乏，這種行為的可惡要遠甚於「卑鄙」所能指稱的。

至於人們指責和猜疑我的「重大立功表現」的社會輿論對我的影響幾乎等於零。因為我心中底蘊充足。「重大立功表現」就是指天安門廣場的和平撤離。所以，我完全可以坦然地、問心無愧地面對社會輿論。我回到北京後，有的朋友勸我公開發表我的《判決書》，以正視聽，我含笑拒絕。這使我體驗到了光明正大、心胸坦蕩的堅韌和幸福感。

真正令我騷動不安的是自己的悔罪。雖然社會上不會有太多的人知道我那篇「才華橫溢」的、「精彩」的《悔罪書》，雖然人們的指責和猜疑主要不是針對《悔罪書》，但是，無法控制的自我恐懼使我總是猜想全社會都要知道我的悔罪書，官方也可能以此大作文章，而我又沒有發言權，不能向社會陳述我之所以悔罪的特定情境和理由，《悔罪書》對於我的公眾形象來說是個致命的污點。於是，痛心疾首的悔恨籠罩著我。這種悔恨與在秦城監獄中的悔恨完全不同，前者是發自內心，後者則是違心。

悔罪已是既成事實，無可挽回，印在自己身上的這一污點將伴我終生。「如果讓我再進一次秦城監獄，給我重新選擇的機會，我將堅硬到底。」我的這種假設純屬自我麻醉。腐蝕靈魂的悔恨使我逢人便講爸爸探監時的眼淚和顫抖。我大概覺得骨肉之情最能打動人吧。

我剛回北京不久，一位朋友來看我。那些被重覆了無數遍的問候過後，他嚴肅地說：「曉波，我覺得你被釋放的代價太大了。現在社會上議論紛紛，你應該好好想想怎樣面對社會輿論。我勸你還是要見記者，起碼澄清所謂『重大立功表現』。我知道朋友是為我的公眾形象著想。但是我能澄清「重大立功表現」（根本不用我親自澄清，歷史會澄清的），卻無法收回我的悔罪。我沉默了很長時間，突然氣急敗壞地說：「我根本不在乎他媽的什麼社會輿論，該做的我全都做了。即使我再孫子，起碼我敢回國、敢絕食、敢在最最嚴峻的時刻不離開廣場，我在『六．四』中的所作所為完全可以問心無愧無悔。誰願意怎麼想就怎麼想，誰願意怎麼說就任他說，與我何干？我又不想玩政治，不想分『六．四』的蛋糕，公眾形象的有無、高下都無所謂。我的宿命是寫作，即使我是頭號懦夫，我還有我的筆、我的書，只要能寫出好東西，我就完成了。對我的筆我絕對自信。讓那些搞政治的、想吃『六．四』飯、想分蛋糕的人去在乎公眾形象吧，去爭當英雄吧，我不需要。再說，死了那麼多人，國家倒退，還有心思論說英雄與懦夫，多無聊，也好意思？」我煩躁不安地來回踱步，內心空虛得要命，甚至有種天塌地陷之感。

「你冷靜點兒，我不信你不在乎公眾形象和社會輿論，要面對現實，拿出勇氣。難道你放棄美國隻身回來，就沒有勇氣面對社會輿論嗎？」我的朋友說。

「我幹嘛要面對社會輿論？社會輿論是什麼東西我最清楚，社會是烏合之眾，社會輿論最不負責任，隨意吹捧人、糟蹋人、塑造人。他媽的，社會，你們也在機槍口前跪下試試，有那個膽嗎？你們也嘗嘗與世隔絕、任人擺布、無能為力、前途渺茫的滋味，有那份堅硬嗎？什麼都不幹，還有臉說三道四，妄評誰英雄、誰懦夫，夠資格嗎？呵，我在劊子手的屠刀下，你們在絕對安全的地方，手裡拿著望遠鏡，欣賞著我的發抖和乞求，還他媽的橫加指責，這公平嗎？那幫跑到國外的王八蛋們，更沒有理由評價我的功過。你小子挺住，別跑呀！我太清楚國外的民主鬥士們是怎麼回事了。有些人恨不得廣場上血流成河、橫屍遍野，恨不得我們這些在國內的階下囚都被判重刑，被槍斃，那樣他們才覺得過癮，有戲唱，才覺得他們自己價值連城，他們在外面就有得幹、有得吃、有得花、有得嫖了。不是有人說我們四個把學生帶出廣場是投降嗎？不是有人高喊不流血不足以喚醒民眾嗎？不是有人指責我們四人在電視上露面澄清清場事實是為政府說話嗎？媽的，流誰的血？你自己、你爹、你媽、你的小妞、孩子的血？主張流血的人就應該第一個面對槍口。中國人就這肏性，和這種人還能說什麼？還用浪費精力去解釋、去表白嗎？」

我的朋友說：「曉波，你又來勁了，冷靜點兒，事實和社會影響不是靠發脾氣能改變的，要有耐心，慢慢來。」

我說：「我承認，與那個隻身攔坦克車的小伙子相比，我是懦夫；與那些堵軍車而死於非命的人相比，我是熊包；與現在仍然蹲監獄的人相比，我無地自容，我是真正的罪人。但與有些精英們相比，我起碼還是個知道自己半斤八兩的有良知者。現在，不是有點兒文化的人就罵何新嗎？但與有些精英相比，我更欣賞何新。何新起碼透明，拿屁股當臉就是拿屁股當臉，當得不差不騷、底蘊充足。最起碼，何新有投機的勇氣和智商。白杰明曾對我說：「中國的精英們都想當殉難的耶穌，成為舉世矚目的大英雄。但是他們不願被永遠釘在十字架上，而是釘了一會兒就被扶下來，在人們的歡呼聲中走下十字架。這就是中國特有的或叫有中國特色的走下十字架的殉難者。」[5]

一陣不分東西南北的宣洩過後，我才感到有點輕鬆。斜靠在沙發上，點燃一支菸，但我能夠感到自己那劇烈的心跳。此後，這套話似乎成了我的擋箭牌，只要有人和我談公眾形象、社會輿論，我就重複這套話。而我自己最清楚我的內心世界因為在監獄中的悔罪而變得多麼蒼白、多麼脆弱。口頭上講不為自己的行為辯解、解釋，不管別人的評價，而實際上我

---

5 與白杰明的談話，北京，一九九一年四月。

總在為自己辯解，特在乎別人說什麼。外表的瀟灑超脫恰恰從另一方面昭示了我內心的沉重。我像一個長了頭瘡的人，忌諱別人看到或談起，當這頭瘡的存在世人皆知、無法隱瞞之時，索性就來個不掩飾，在光天化日之下招搖過市，以此來顯示自己的堅硬、個性，我行我素和飄飄欲仙，通過不掩飾來更隱秘地裝扮自己。每當夜深人靜，孤燈長明之時，我便對鏡垂淚、哀鳴，自怨自憐地舔著自己的傷口。只有在此時，我才真正地體驗到了心理變態的滋味，體驗到了明星隕落的悲哀。我是多麼痛愛自己的社會名聲啊。

回到北京後，我看了德健寫的《禍頭子正傳》和周舵在被關押期間寫的《血腥的黎明》，我感到有些地方寫得不好，特別是他倆都在解釋那些受世人非議的行為。我認為，在沸沸揚揚地縱論功過的海內外輿論面前，這種解釋只能帶來相反的社會效果，世人會以為他倆在為自己的軟弱辯解，帶有自我標榜的意味。或許是自認為我的與眾不同吧。和別人談起「六．四」，我很少自我標榜、自我辯解。我有意識地反覆地強調「我不是英雄」。這句話很快成了我的口頭禪，每日掛在嘴邊，逢人便講。出獄後和周舵第一次見面時、和德健第一次通電話時、和吳濱第一次聊天時、和白杰明、琳達、王朔、王培公、孫津……都講過，在給高新的第一封信中也講了一通不應該自視為英雄的大道理。見到我的前妻也反覆強調我不是英雄。我想，如果我的兒子再大點，能夠理解我在「六．四」中的經歷了，我也會對他講。

這句口頭禪也許是我一生中使用頻率最高的一句話，是一種被扭曲的變態心理的反映。

不能否認，這句口頭禪中包含著我懺悔、自責，特別是當我想起那些「六．四」血案中的死難者時，這句話所表達的自我懺悔是真實的，直到現在，我仍然認為流血事件的責任也有我一份，我犯了罪。但是在其他的情況下，特別是在那段我不分場合、不看對象地重覆著這句口頭禪的時間裡，它明顯地帶有自我表白、自我澄清、自我保護、自我塑造的性質。如果真的從心底裡老老實實地承認自己不是英雄、不應該以英雄自居，就沒有任何必要做「我不是英雄」的自我表白，就會不談這個話題或保持沉默。正像真正的參透人生者、真正的超凡脫俗者不會用任何行為、任何道理去影響和教導他人一樣。老莊式的隱逸者、禪宗式的不立文字的心傳心者，都是自欺欺人，因為從莊子開始，那些隱逸者一個個的都聲名卓著，由隱變顯，成為一種令人神往的人格典範和人生境界；禪宗則留下了多得看不過來的文字，去教導人們怎樣「不立文字，以心傳心」，這豈不是莫大的諷刺。而那位對西方觀、當代哲學產生了重要影響的哲學怪傑維根斯坦，也只能用著書立說來傳授他的沉默哲學。這確實是人類無法擺脫的自我矛盾的窘境。凡是自我表白想要如何如何的人，其內在的真實動機主要是做給別人看的，至於能否對自己的表白負完全的責任。那就很難講了。在某些情境中，自白是心虛的結果。我的自白正是因為我心虛。但是真實，無論動機如何，自白仍有其價值。關鍵在於：我的「我不是英雄」的自白並不真實，而是欺人之談。

秦城監獄的悔罪所形成的巨大心理壓力，使我悔愧交加，便想方設法地、有意無意地修補著自己的公眾形象。「我不是英雄」的表白，一方面在心理上彌補了悔罪所帶來的缺憾和空虛，另一方面在社會效果上挽回了悔罪所造成的對我的公眾形象的損害。英雄當不成就別再難為自己，只能退而求其次，當一個非英雄的高尚者。這樣，起碼還能保持心理平衡，認為自己雖然軟弱，還有自知自明，不那麼狂妄、不那麼下流、不那麼自我感覺良好。但是，這種表白是否又受到另一種更狂妄的心理支配呢：我一向欣賞蘇格拉底的格言「最高的智慧就是知道自己的無知」，這種表白是不是在告訴自己和別人：「最偉大的英雄就是知道自己不是英雄」呢？如果是，那豈不更噁心、更狂妄嗎？

有一次，大概已經是深夜十二點了吧，我騎自行車回家，路過政法大學的門口，忽然想起了陳小平。想要馬上見到他的衝動使我忘記了時間，拐進政法大學。在這之前，我倆通過一次電話，我當時並不太想見到他，儘管我們在秦城監獄時的放風場是緊挨著的，我們相互呼應，共同唱歌、背詩、起鬨、扔石塊，但出獄後沒有任何來往。足足費了近半個小時，才找到陳小平的住處，又足足敲了近五分鐘的門，他不在。我只好悻悻回家。第二天上午我又去找他。一路上，我問自己，為什麼有那麼多因為「六．四」而蹲過監的人我不想見，而偏偏心血來潮地找陳小平。「六．四」前我和他並不熟，連朋友都算不上，只見過一次面。「六．四」中，也只是在「聯席會」上和紀念碑上見過幾次面，他曾為我們四人的絕食主持過新聞發布會。我們之間並不了解，甚至連聊天都沒有過。那麼，我何以如此迫切地要見他呢？等我敲開門，見到他後，才恍然大悟我急於想見他的原因。在因參加八九抗議運動而被官方起訴的人中，我與陳小平的情況完全一樣。我們都上過法庭，都被官方指控為罪惡重大，又都被免於刑事處分。現在，我們都無工作、無戶口，更為息息相通的是，我倆的獲釋都被人們認為是懦夫行為，肯定出賣了朋友或他人，甚至有人直言不諱地指責我倆是「六．四」的叛徒。兩個叛徒、兩個懦夫湊在一起，四目相對，大概是為了互訴衷腸，在相互憐憫中發發牢騷，在相互安慰中罵罵街，在相互回憶中擺擺功。陳小平的處境比我還慘，在秦城監獄蹲出了肝炎，又沒任何經濟收入，所承受的心理壓力比我大得多。正如他自己所說：「曉波，不管別人怎麼說你，你還是師出有名，是因為『重大立功表現』而被放出來的，即使人們現在不知道你立的是什麼功，有些猜疑和議論，但是總有一天會澄清的。而我呢？被定了雙重罪名『反革命顛覆罪』和『反革命宣傳煽動罪』，前一個罪名起刑就是十年，後一個罪名起刑五年，加起來折合一下，也要至少判我十三年。但是，把我放了。社會上會怎麼想，這小子肯定出賣人了。即使官方說我主動投案自首和悔罪態度好，也不能成為放我的充足理由。這不是故意噁心人嗎？」陳小平的焦慮、悲哀和他的無可奈何以及他為自己的形象受到損害而產生的悔恨，我完全能夠理解，並且從他身上看到了自己，真有點「同是天涯淪落人，相逢何必曾相識」的親切感。坐牢，沒有勇氣和堅韌；爭取到了自由，又想貪得無厭地保持良好的公眾形象；面對英名墮落的既成事實，還要找各種理由做自我辯護。真是一場「六．四」，山風海雨攪人，弄得人人不知自己為何物，不知自己的半斤八兩。

反省對自己的公眾形象的焦慮，我看到了自己的內心世界的猙獰可怕。為自己的悔罪而悔恨，實際上是為自己的公眾形象的受損而悔恨。有時思到痛處，甚至荒唐地仇恨官方，恨得咬牙切齒。這種仇恨不是因為官方的蠻不講理，而是因為官方的寬大處理：他們為什麼放我？一方面是為了彌補他們的形象，另一方面是為了降低我的威望、敗壞我的名聲，叫我出獄後灰溜溜的無臉見人，讓我曾經冒過的風險和付出過的代價付之東流，讓我白白地蹲了近兩年的秦城監獄。開槍殺人、彌天大謊的殘酷和這種懷柔式的用軟刀子割心的殘酷沒有什麼實質性的區別。我第一次自艾自憐，覺得自己的處境可憐之極。我的存在只是共產黨的政治角逐中的一步棋。他們指責我是「黑手」是出於政治需要，他們恩賜給我自由也是出於政治需要。此一時彼一時，根據他們的政治需要，他們想把我怎麼樣我就只能怎麼辦，像隻待宰的羔羊，任其擺佈而無能為力。寫作也好，演講也好、絕食也好；不論以何種方式反抗，我仍然是「黨的人」、「國家的人」、「為官僚政治服務的人」。所以，我所獲得的自由是虛假的。這虛假的自由一方面來自官方的寬大為懷的恩賜，而恩賜決不是自由；另一方來自我出賣良知的謊言，雙方的默契合作製造了這虛假的自由。怨共產黨狡猾卑鄙殘忍流氓嗎？怨大眾的軟弱愚昧不敢承擔責任嗎？怨得著嗎！如果我不配合，拒不悔罪、保持良知，共產黨的這齣設計好的戲該怎麼出場呢？說到底，誰也怨不著，損害我的公眾形象的僅僅是我自己，一切惡果必須自我承擔。在我被捕之後，選擇坐牢就是選擇真實和良知，儘管代價巨大，但是值得；而選擇自由就是選擇謊言和背叛，代價更大，這代價是我一輩子都要支付的，一輩子也彌補不了的。

再進一步，我想要的到底是什麼？坐牢？還是自由？在秦城監獄時，兩者皆要不可能，而選擇自由就必須付出代價——放棄自己的公眾形象和真實，儘管與自由相比，公眾形象的分量要輕得多，但是放棄它也經過一番痛苦的掙扎。現在想來，我既不想放棄公眾形象也不想放棄自由，只能兩者相較取其重。我最想要的是既不承擔太大的風險，又能保持自己的英雄形象的兩全其美。否則的話，我決不會有一種因被釋放而受侮辱的吃虧感，決不會想到如果被判上兩年徒刑對我更有好處，而再多判就覺得虧了。我的這種如此具體的想法完全是基於極端功利的權衡：我已經在秦城監獄中忍受了將近一年零八個月的鐵窗生活，如果判兩年，再有四個月就出來了，代價又小，對我的公眾形象的保持又有利。而釋放我，就好像我沒蹲過監獄似的，近兩年的秦城牢房等於白坐了，還嚴重地損害了我的公眾形象。被剝奪了自由的時候那麼渴望自由，甚至不惜以出賣良知為代價換取自由；有了自由還覺得不夠，又渴望英雄美名、國際關注，巴不得讓共產黨判上我幾年，使我在無能為力的情況下，被迫走上殉難的十字架，成為八九抗議運動的英雄。這不正是我最痛恨的既當婊子又立牌坊的卑鄙嗎？不正是白杰明所說的那種「走下十字架的耶穌基督嗎」？不想付出任何代價，卻又什麼都想要，貪婪得好像這世界只為我一個人準備的。這就叫民主理想？這就是英雄？見鬼去吧！行文至此，我真的有點兒對自己喪失信心了，內心的墮落已經無法挽回，上帝的存在也毫無意義，像我這種人，消失得越早越好。僅就此而言，如果為中國的前途計，寧可讓何新式的透明趾高氣揚，也不能讓劉曉波式的「民主鬥士」的偽裝得志猖狂，在透明的惡和偽裝的善之間進行抉擇，要前者去後者是確定無疑的。

現在，我更清楚地意識到當自己聽到王軍濤和陳子明被判處十三年徒刑的時候，我所產生的那種五味俱全的心理感受是怎麼回事了。當我有勇氣面對這種感受時，我的內心趨於平靜。

我的第一個最直接的感受是吃驚，萬萬沒想到官方會對他們如此殘酷。從我自己被釋放的經歷看，我原以為官方能夠從寬處理所有的八九抗議運動的主要參與者，最重的懲罰也不會超過十年徒刑。瘋了，既然如此殘酷，幹嘛還要放一批人？這使我想起提審人員的一句話：「什麼叫政策，區別就是政策。對參加動亂的人的處理，暴徒嚴懲，學生們以教育為主，觸犯刑律的也要盡量爭取。至於你們這些知識分子，也要區別對待。」繼而的感覺是深深的慚愧和內疚，覺得自己所獲得的自由是建立在其他人的受難之上的，我的獲釋就是對死難者和獄中人的背叛。我回憶起在八九抗議運動那血雨腥風的日子裡，我和王軍濤等人在一起的日子，我們的相互配合、相互支持，我們之間激烈的辯論爭吵，王軍濤那善於作總結性發言的語調，他常常打斷別人講話的莽撞；回憶起陳子明默默無言地注視著每個與會者的表情，他和包遵信私下交談的神態；回憶起王軍濤在紀念碑上為我們的四人絕食主持第一次新聞發佈會……同樣是深深地捲入八九抗議運動，卻沒能與他們共同承擔惡果——牢獄之苦。這是不是一種變相的犯罪，抑或是中國人傳統的群體主義、哥們義氣、俠義精神和烈士欲？再接下來的感覺是憤怒和惋惜。官方指控王軍濤和陳子明的罪名是毫無道理的，捏造事實、顛倒黑白、完全不知廉恥，完全不顧法律。我太清楚了，包括我在內的八九抗議運動的主要參與者，從來也沒想要顛覆現政府，既無動機也無力量，何況王軍濤和陳子明還與政府中的開明改革派有一些內部聯繫呢（他們與吳稼祥及體改所的人很熟）。我們最大的願望也就是敦促李鵬辭職，爭取有限的新聞自由和民間政治力量的獨立。官方的欲加之罪簡直太離譜了。如此重判更是無視人權、無視正義。在今日世界，居然冒天下之大不韙到如此地步，只能以窮兇極惡稱之。惋惜的是，「六．四」血案已經造成了近十年來中國的最大倒退，只有吸取教訓才能慢慢地挽回損失。不論出於什麼動機，「六．四」之後，官方仍然強調改革開放，通過權力的調整（提升在「六．四」中比較穩健和不那麼臭名昭著的江澤民、李瑞環，卻冷落了最賣力氣的陳希同、李錫銘、袁木等人），逐漸地挽回「六．四」在國內外所造成的惡劣影響。對周舵、戴晴、曹思源、楊百揆、呂嘉民、王培公、李洪林、劉蘇里等人的免於起訴，對我和陳小平的免於刑事處分，對王丹等學生的從輕判處，多多少少改變了一些官方的形象。如果政府能夠沿著這個方向走下去，從寬處理所有的政治犯，那麼他們就為自己重新創造了一個完整的形象，對他們自己、對政治犯、對民心的穩定、對國家的發展，只能是利大於弊。可惜的是，他們偏不這麼做，偏要幹前功盡棄的事。「六．四」的槍聲使鄧小平的十年改革以及他為自己樹立的良好形象前功盡棄；重判王軍濤和陳子明，使他們在「六．四」之後企圖改變形象、穩定人心、討好國際社會的努力付之東流。我想，官方這麼做既是其專制本性使然，也是低智商和無能使然。它再一次表明世紀末的共產主義專制者在骨子裡的脆弱。暴力根源於無能和愚昧，它是弱者進行自我保護的主要手段，只有瘋狂地破壞生活、否定生活才能確立自己的強大：我要活，要掌權，就要屠殺，就要專政。「文革」如此，「六．四」血案如此，重判王軍濤和陳子明亦如此。

最後的感受是自己的內心世界的驚訝。聽到王軍濤和陳子明被判十三年重刑的消息後，心中酸溜溜的，不知是羨慕還是嫉妒，抑或兩者兼而有之。意識到這種感覺令我震驚；居然會對蹲監獄產生羨慕，這豈不是瘋了嗎？居然會在人家受難時充滿妒意，豈不是太卑鄙了嗎？聽到此消息不久，更接到周舵的一封信，他在信中談到了此事，幫我理清了自己的既羨慕又嫉妒的感覺：

> 軍濤、子明被判重刑，實出乎意料！令人憤怒痛恨！完全是大冤案。不過，這也成全了他們——他們成了廣大人民心目中的殉難的大英雄。[6]

「殉難的大英雄」，太準確了，這正是我酸溜溜的癥結所在。當我在秦城監獄時，知道了官方指責我是八九抗議運動的頭號「黑手」，並在中央電視台的黃金時間全文播放了《抓住

6 引自周舵於一九九一年三月九日給我的信。

劉曉波的「黑手」》一文時，我所產生的那種酸楚的欣喜（欣喜於自己成為頭號「英雄」），與現在聽到王軍濤和陳子明被判十三年時的酸溜溜的感覺之間，有種內在的相通之處：夢想成為八九抗議運動的頭號英雄而沒有當上。王軍濤和陳子明因為被迫接受十三年牢獄之苦而成為周舵所說的那種「殉難的大英雄」，我卻因為半被迫、半自願地接受了虛假的自由而成為叛徒式的大儒夫。我既慶幸自己沒有像他們那樣必須忍受失去自由的鐵窗之苦和專制度的不公正，又羨慕他們被共產黨的殘忍和愚蠢塑造成八九抗議運動的頭號英雄，成為人們談論中國人權狀況的核心話題，受到國內外輿論的優先關注。即使再過幾年時事發生重大變化，或是因為共產黨真的開明了，或是出於種種複雜的其他原因而大赦政治犯，也絲毫無損於他們的「殉難的大英雄」的形象。那時，他們將在鮮花、掌聲和激動的淚水、歡呼聲中凱旋而歸。我甚至想到，假如我被共產黨判十三年徒刑，任何人都沒戲了，頭號英雄的桂冠非我莫屬。但，我偏偏寫了「才華橫溢」的《悔罪書》，偏偏被免於刑事處分，真是老天無眼，己命多舛！我恨自己。同時，我又在內心深處祈禱，希望官方在二審時能夠改變判決，輕判或釋放他們。若如此，他們免除了牢獄之苦，官方改變了自己的形象，我也不必再為此而慚愧、內疚、感到自己對不起獄中人。更重要的是，若釋放他們，所有的英雄夢都被粉碎了，我也不至於因為自己的獲釋而焦慮不安、而悔恨不已，不至於因為王軍濤和陳子明成為

「殉難的大英雄」而羨慕、而嫉妒，而怨恨官方沒有判我幾年徒刑。

悔罪、為悔罪辯解和因悔罪而悔恨，我在秦城監獄和出獄後的這段心靈歷程，完全是由謊言的惡性循環構成的。悔罪是謊言，因為我無罪；為悔罪辯解也是謊言，因為謊言是任何理由都無法為之辯護的，為謊言辯護只能是謊上加謊；因悔罪而悔恨還是謊言，因為這種悔恨主要不是由於感到出賣良知的罪惡而產生的，而是由於意識到悔罪有損於自己的公眾形象而產生的，而我的公眾形象又是由官方的謊言和我自己的謊言塑造出來的。這種謊言的惡性循環把我所獲得的自由虛偽化了，因為我的自由等於虛偽的悔罪和官方的政治需要。

我不是走出了小監獄（秦城）而又進入了大監獄（專制社會），而是一直沒有走出自我設置的心靈牢房，不敢面對真實的心靈才是我的真正牢房，才是謊言的惡性循環的終極根源。擴而言之，正是我們每個人的心靈牢房構成了專制社會的大牢房。因而，衝破專制主義牢房的前提是砸碎我們自己的心獄。

二、我參加八九抗議運動

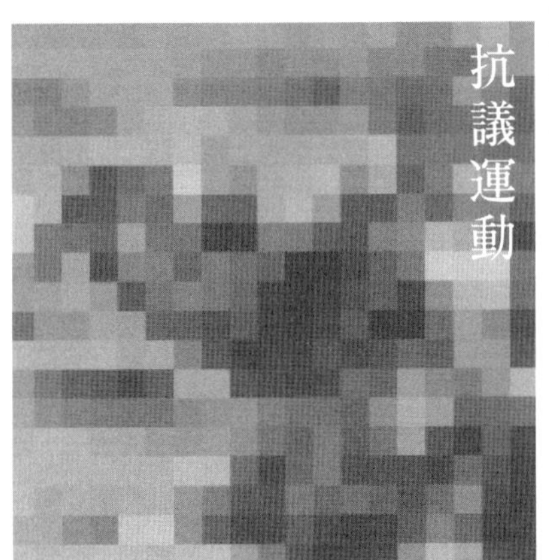

從一九八九年四月二十六日在紐約的登機回家，到一九八九年六月六日深夜十一時左右被捕入獄，算算只有四十九天的時間，但這時間卻是我三十四歲生涯中最驚心動魄的日子，每每想起，覺得那麼漫長而幽深。它是我靈魂中的一道無法癒合的傷口，歲月不但無法抹去它，反而更加鮮淋。我的生命彷彿永遠停滯在這段時間中，它是墳墓，埋葬了三十四歲的我，誕生了不知自己為何物的我。

遊行、演講、開會、募捐、寫聲明、接受採訪、絕食、和情人做愛……極度的興奮、激動、緊張、極度的自我感覺良好（使命感、英雄主義、成功感、功名心），極度的疲倦，極度的恐懼……每一種內心波動都達到了我三十四歲生命的最高點，現在想起，仍然戰慄，只是常常莫名其妙，不知道當時自己到底為什麼要那麼投入，甚至冒付出生命的危險，為民族？為自己？為出名？為當英雄？為體驗群眾運動？為考驗自己？為一睹千年不遇的盛況？為民主事業而獻身？……動機的複雜會使任何單一的解釋都會歪曲，即便現在的反省、梳理和剖析，也無法完全接近我那時的生命狀態。一旦追問到底，人對自己就是無能為力加無可奈何，除非上帝讓奇蹟發生，否則的話，我注定要被困惑釘在破碎的痛苦乃至瘋狂中。

無論多麼由衷和虔誠，為自己的過去懺悔或舉行葬禮都不能拯救罪惡的靈魂，哀樂的悲愴和花圈的覆蓋只能告訴我：這葬禮是荒謬的，甚至是虛幻的。傾聽來自另一個世界的呼喚，生命只能離我更加遙遠，對神聖價值的嚮往並不能洗刷塵世的罪惡。我對自己的追問猶如追逐地平線，遙遙在望而又不可企及。也許，生命的價值就在於徒勞的努力以及認定這徒勞意義無窮。

不慌張、不後悔、不沮喪、不憤怒、不詛咒、不哭泣，唯有心地坦然，直面一切。

如果不深入「八九抗議運動」的內部，而是僅僅著眼於外部，那麼這一運動肯定給人以高度的統一感。在「反腐敗」和「爭民主」的旗幟下，聚集起以大學生為主體的社會各階層。慣於「階級鬥爭」式的內部傾軋的中國人似乎真的凝成一個整體。特別是當運動處於高潮之時（從「四．廿七」大遊行到「五．一七」全北京市總抗議），全社會對大學生的高度一致的支持，確實給人以深刻的印象。

然而，在運動已經過去了三年之久的今天，回顧這場中國當代史上空前未有的自發的公眾運動，作為參與者之一的我清醒地意識到「八九抗議運動」一直是在深刻的矛盾中進行的。運動的口號變幻不定；運動的目標（民主）和運動操作的過程與手段（非民主）之間的尖銳矛盾；學生與學生、學生與市民、學生與知識界、知識分子和知識分子……之間都存在著難以調和的矛盾；整個運動與黨內開明派之間也有難以彌合的裂痕。在運動的每一關鍵時刻，參加運動的各種力量，在有關全局的重大決策上從未有過統一的共識。「八九抗議運動」

沒有符合實際的共同綱領，沒有整合各種力量的組織核心，表面上萬眾一心，實際上各自為政。不僅一般的參與者之間缺乏溝通，就是運動的幾大組織之間、運動的頭頭們之間亦難有一致的看法和行動。對現存體制和腐敗的強烈不滿，因沒有統一的引導而陷入盲目的仇恨情緒之中，運動像脫韁奔馬沒頭沒腦地一味前衝。

鑒於本書的主題，我不想對整個運動的內部矛盾展開討論，只想反省自身。從後面的記述中讀者可以清醒地看到，在整個「八九抗議運動」中，儘管表面上我始終站在學生一邊，但我的內心一直在矛盾中掙扎。在運動的某些時刻，情緒的高度激昂和行為的難以控制使我暫時忘掉了這些矛盾，但它們從未消失。只要一平靜下來，靈魂深處便開始激烈的扭鬥：理智與情感之間的矛盾，公眾利益與個人利益之間的衝突，自身能力和社會角色之間的對立，實際的我和虛構的我之間的差異，我和學生、和其他知識分子之間的矛盾，我和整個運動之間的矛盾，我和政府之間的矛盾（決不僅僅是對抗）……這些矛盾相互纏繞著，真是「剪不斷，理還亂」，時至今日，也時時為之苦惱。

一個我是理智的、清醒的，只想旁觀，不想捲入，因為我崇尚自由的天才的個人，而鄙視大規模的群眾運動，認為在中國搞大規模的群眾運動不會有積極的意義。而另一個我是情緒化的、盲目的，急切介入運動的每個環節，想在運動中占有突出的位置，貪婪地注視著狂熱的人群，認為如此空前的運動怎麼能不留下劉曉波的痕跡。

一個我從中國的現實出發，認為在目前的中國根本搞不了全民式的民主運動。在中國，全民運動只能重演「文革」式的悲劇。中國的民主化進程應該是英國式的，從上而下的貴族民主或精英民主，而不應該是法國式的，由下而上的平民民主。所以，我反覆呼籲學生們從一點一滴做起，回到學校去從事以思想啟蒙為核心的校園民主。另一個我則全力投入，慷慨激昂地強調人民的力量，主張中國的民主只能來自民間，希望運動保持超黨派的純潔性。我在運動中做一次次煽情的演講，最後又去絕食，唯恐運動的規模不夠大，參加的人數不夠多，恨不得全國總動員，逼迫政府讓步。

一個我時時意識到這將是又一次失敗的運動，公眾的覺悟水平和政治經驗根本無力將運動推向勝利，更何況，我們所面對的是一個強大的對手，目前的中國不可能形成可以與共產黨相抗衡的民間政治力量。而且，通過十年改革，共產黨得到了執政的合法性和民意基礎，儘管它有種種致命的弱點，需要根本改造，但這將是一個非常漫長的過程，中國的民主化和現在的改革還離不開共產黨自身的漸進式改良，改革之舉就是這種改良。這次公眾運動也是執政黨進行漸進改良（改革開放）的結果之一。而大規模的抗議運動很可能演變成暴力對抗，其結果只能是中斷、至少延緩中國正在進行的漸進式變革，也將埋下一顆具有摧毀力量的仇恨種子。而另一個我又感到這次運動非同尋常，它是中國當代歷史上第一次自發的如此大規模的公眾抗議運動，它與「文革」完全不同。國內的十年改革和國際上社會主義陣營的明顯轉向，為運動提供了良好的內外環境，它很可能開創中國歷史上的新天地。通過全民抗議，逼迫執政黨放棄經濟上、政治上、意識形態上的一黨專制，至少能夠加快中國的政治改革和言論自由的進程，加快經濟的私有化和社會的法治化。

一個我對學生在運動中所表現出的權貴意識、暴發戶心理、仇恨情緒、黨文化、爭權奪利、自視天下第一等現象非常不滿，難以忍受那些傲慢的學生領袖，屈辱和對運動的目標、口號、運作方式的不認同，使我多次萌生退出運動的想法。而另一個我又認為大學生們了不起，盡量克制自身的清高而與他們平等相處，硬著頭皮吞下一次次屈辱，一天也不想離開學運的領導層和廣場上的人群。在多次演講中把大學生們稱為中國的精英，民主的希望。

一個我非常鄙視其他知識分子參與運動的方式和行為：既想做政府的發言人，又想充當學生的代言人；既想主宰運動，撈取功名，又不敢走上前台，只在背後指手劃腳；既想參與，又不想混同於學生和市民；既自視甚高又膽怯軟弱；這一切使知識界在運動中扮演了一個非常拙劣、非常尷尬的角色：對政府和對學生兩面討好，結果是兩面不得好。政府指其為黑手，學生鄙視其膽怯無能。而另一個我幾乎具有知識界的全部毛病，也扮演過這種拙劣而尷尬的角色。

一個我出於自身功利的考慮，經常為自己將付出的代價而恐懼、而憂心重重，缺乏最起碼的安全感。甚而認為為此事坐牢、獻身太不值得，覺得中國是個毫無希望的民族，為它做任何事都是徒勞的。而另一個我根本不考慮安全，沉浸在英勇獻身的悲壯感之中，甚至想到如果我為此而坐牢而犧牲，我就是中國當代的譚嗣同。特別是在我回國和絕食的時候，我認為自己是中國最硬朗的男子漢。

一個我經常感到自己的無能，對運動、對學生、對公眾毫無影響力，不論我怎樣努力，我都無法左右運動，無法成為運動的主角。在一些具體問題的處理上，我常感到自己根本不具有這方面的才能，做還不如不做。我的宿命是找一塊淨土，讀書、寫作。我的確不是一個能夠組織公眾進行政治運動的人。而另一個我則陶醉於虛幻的社會角色中，無力自拔。從一九八六年我以一紙談話錄而名揚國內外之後，社會輿論（誇也好、罵也罷）便塑造出一匹野性十足、放蕩不羈、敢於向任何人挑戰的「黑馬」，什麼劉曉波是大陸的柏楊、大陸的李敖、什麼劉曉波是當代中國的尼采，什麼劉曉波是中國知識界反叛一代的代表，我似乎成了「徹底叛逆」的代名詞。雖然在遠離人群、自我反省之時，我能夠意識到自己的種種弱點，意識到社會輿論的放大乃至虛假，意識到我沉浸在這種虛假的角色中的可惡。然而，在內心深處、在具體的行為中，我卻相信這種角色的魅力，只要一走上講壇、一面對人群，面對閃光燈、攝影機和記者，我就無法控制自己，全力扮演這種虛幻的社會角色，向那些掌聲和歡呼獻媚，自以為我的宿命就是一言興邦，為愚民指點迷津，以救世主的姿態超渡眾生。這也是在「八九抗議運動」中離不開廣場的主要原因之一。

回國

無論是在秦城監獄，還是出獄之後，每每談起我放棄美國的訪問學者而回國參與八九抗議運動，許多朋友和熟人都認為我純屬傻帽。公安局的提審人員和監獄的看守在與我的私下閒聊時也覺得我回國只能有兩種解釋：要嘛是犯傻，要嘛是受人指使，別有用心。特別是當一些朋友知道了我對八九抗議運動的低調評價之後，更覺得我回國是犯了神經病。在不可阻擋的出國潮中回國，而且選擇了一個危險的時刻，這種舉動確實難以理解。當時在美國，幾乎所有的朋友都勸我不要冒險（因為我出國後發表了一系列政論性文章），或認為我只是說說而已。和前妻陶力通電話時，她也勸我別回來，太危險。但是，我一直認為回國既不是壯舉，也不是犯傻，而是我之為我的必然。對於我的個性來說，選擇這一時刻是正常的，如果沒有八九抗議運動的發生，我在那時回國才是反常的。從外在的現實的因素著想，的確沒有一條理由可以證明我的回國是明智之舉，但是，就我的個性而言，我的回國則理由充分，或者說，我當時根本沒有尋找說服自己的理由，想回來就回來了，根本不需要理由或壓根就毫無理由。要說理由，那只能是國內的時事和我之為我。至於冒險，我的天性就是喜歡冒險，這種冒險性並不必然地和為國犧牲之類崇高的事業相連，而只是偶然趕上了。冒險並不是一種崇高的事業、或總是與宏圖大業相關，冒險僅僅是一種本能或天性，只要有險，無論崇高與否都該冒，關鍵在於人的天性，而不是外在因素。平心而論，我決定回國時，並沒有感到這是冒險（儘管我出國後發表了一系列政論性文章、批評共產黨，如《混世魔王毛澤東》），也就更談不上這個險值不值得冒。想做一件事，決定了，就要義無反顧地去幹，管它春夏秋冬結果如何。

也有人當面質問我：「你回國是不是投機？」這問題很令人難堪，也不容易回答。但對於我來說，難以回答倒不是因為尷尬、而是因為我決定回國的動機是複雜的，決不是單純的為民主、為民族或為政治投機所能解釋的。但捫心自問，我不能排除投機的成分，因為機不可失，失不再來，中國的歷史所提供的機會本來就少得可憐，何況這次「八九抗議運動」所提供的機會千載難逢呢？對於我短短的一生來說，能遇上這樣千金一刻的機會，且投了這個機，該是多麼幸運。記得一九八九年五月下旬我在「學運之聲」廣播站演講時說：「這次運動不僅為政府，而且為在廣場的每個人提供了平等的機會，關鍵在於是否有勇氣、有智慧抓住時機並充分利用它。如果政府能夠利用這個機會反思近十年來的種種失誤，如果全中國的每個人都能自覺地抓住並利用這個機會來盡公民的參政責任，那麼，這次運動不僅能夠促進政府的進步，提高全民的政治素質，而且能夠使中國發生巨大的變化。投機需要勇氣，更需要智慧。」

在每個重大的歷史時刻，參與者都抱著個人的目的來利用歷史的契機，投機的成功者會由此贏得各種榮譽和利益，投機的失敗者將被指責，錯過機會者將悔恨。政治投機的貶義，一方面是指那些根本沒有任何信仰、僅僅是為了私利而隨風轉動的變色龍，另一方面也是由於失敗者或錯過機會者的悔恨交織的酸楚心境。正因為每一次歷史機會都有變色龍參與，且不乏成功的變色龍，所以人們指責投機者時往往理直氣壯，並且以此來宣洩悔恨與嫉妒，掩蓋真實的心理。「八九抗議運動」也一樣。無論是在運動中還是在運動失敗後，人們縱論功過是非，有人被譽為動機純正的無私英雄，有人被貶為滿肚子花花腸的投機者，特別是對那些出盡了風頭的人物，以政治投機為名進行指責，再義正辭嚴不過了。至於我自己，不管別人如何議論，我都堅信，「八九抗議運動」之機太值得投了，能夠投上此機，確乎上帝有眼，賜福於我，即使被指責為政治投機者，也心地坦然，無怨無悔。

以胡耀邦之死為契機的「八九抗議運動」開始時，我還在美國，剛剛接到哥倫比亞大學請我作一年的訪問學者的邀請信，完全可以吃穿不愁、心安理得地待下去。我在出國時，也未打算這麼早回去。但是，「八九抗議運動」一爆發，且聲勢浩大，使在美國的大陸中國人無不激動異常，支持者和反對者都高度亢奮，即使冷眼旁觀者也不能不關心。朋友的聚會的中心話題是國內的學運，每個人都躍躍欲試，打電話、串連、開會，互通信息，研究對策，尋找各種方式把自己和國內的學運聯繫起來。我和幾個朋友、熟人一起商量起草了《改革建言》和《致中國大學生的公開信》，並於當晚傳真給國內的朋友周舵，通過他轉給北京大學的學生。但是我回國後，周舵說這公開信的效果並不好，搞得大學生們進退兩難，因為上面有胡平的名字。（胡平當時是「中國民聯」主席）。我還給方勵之打過長途電話，了解國內學運的具體情況。方勵之說：「這次學運非常成功。學生們有組織策略，表現出高度的理性和成熟，其水平遠遠超過歷次學運」。方勵之的電話與各種輿論媒介，使我預感到此次學運的非同尋常。一九八九年四月二十二日，我在報紙上看見一張頗為激動人心的照片：天安門廣場上擠滿了參加胡耀邦追悼大會的人。我有些坐立不安了。遠在異國他鄉的疏離感和焦慮使我感到了一種落伍的、被拋棄的悲哀。

一九八九年四月二十一日晚，我因不滿於人們對胡耀邦的過分美化而開始寫作《胡耀邦逝世現象的省思》一文，筆走龍蛇，一氣呵成。第二天，文章以一整版的篇幅發表於紐約的

《世界日報》。晚上，幾位朋友和熟人打來電話，或讚揚或批評我的文章，劉賓雁來電話說：「曉波，我不要求你有正義感，但要有起碼的同情心。」我理解劉賓雁、阮銘等人對胡耀邦的感情，但我決不認同他們對胡耀邦的美化和臣子喪主式的揪心。幾天前，《中國時報》周刊在紐約召開的「紀念五．四運動七十周年」的座談會上，我的發言令劉賓雁、王若水、阮銘大為不快，以至於他們懷疑我的背景，調查我的身分，想阻止我去參加四月末在舊金山舉行的「中國文化討論會」。

人們對我的文章的毀譽使我重新把它通讀了一遍。文中對胡耀邦之死所引發出的狂熱崇拜的尖刻評論，以及對學潮的低調看法，令我進退兩難。不批評這種狂熱崇拜是助長中國人特別是中國文化人的奴性和權貴意識，批評了也只是坐而論道，對國內的學潮起不了什麼作用。更關鍵的是，我離國內的學運那麼遙遠，只能通過美國的新聞媒介和各種小道消息略知其一、二，完全不了解具體情況，有什麼資格以導師的姿態誨人不倦、指點迷津呢？莫名其妙地，一種被無聊浸透的空虛包圍了我，深感在大洋彼岸坐而論道的滑稽與怯懦，一時竟心中惶惶、手足無措，不知道此刻的我還應該幹點什麼，還能幹點什麼。如果我能為學術而超凡脫俗，像維根斯坦一樣，置民族存亡、眾生塗炭而不顧，在炮火紛飛的戰壕裡思考哲學問題，彷彿天塌地陷與己無關，那麼我就會心安理得地待在美國作訪問學者，孤獨地沉浸在有關哲學、美學和文化問題的思索中，垂直升騰，俯視芸芸眾生。但我深知這根本辦不到。我生活在一個缺乏宗教背景和形而上學思辯的文化傳統中，舊傳統士大夫的政治性人格通過共產主義新傳統使中國知識分子的生命高度政治化、功利化、甚至庸俗化了。我也擺脫不了這個傳統。儘管身在他鄉，但我對國內的政治動向極為敏感，每天瞪大眼睛注視，一有動靜便坐立不安，怎麼會甘於為學術而學術的寂寞呢。雖然我以前寫的文章大都是學術性的，但在學術性的背後卻深藏著對現行政治體制的強烈不滿和激憤批判，藉討論傳統文化之名抨擊一九四九年後的共產文化的新傳統。我當時的想法是，無論是哪個層次上的反叛，都將或直接或間接地構成對專制制度和官方意識形態的批判。這樣的我怎能面對國內前所未有的學運而逍遙海外呢？既然不能不關切，既然按捺不住，就應該實實在在做點具體事。就是回國看看，也比在大洋彼岸坐而論道要過癮得多。

第二天，朋友們的見面，談的自然是國內學運。我實在煩了，就說：「真無聊。要嘛回去參加學運，要嘛從此不再談學運。」這句無意中說出的話，使我豁然開朗，在心煩意亂的捉摸不定中突然抓住了什麼，由此獲得解脫。「回國」，多簡單的辦法，多妙的決定。馬上訂機票，盡快動身，一定要趕在「五．四」前回國，我猜想那時肯定有好戲看。本來，我計畫五月一號回國，因為四月底要去舊金山參加有關中國文化的討論會，會議的組織者已經為我訂好了往返紐約——舊金山的機票。但是，訂票處的人說，五月中旬以前飛往中國的機票已經全部訂滿，只剩下四月二十六號的一張。我別無選擇，要想趕在「五．四」前回國，只能四月二十六日走。機票拿到後，匆忙通知會議組織者我不能去舊金山，也沒有向邀請我在哥倫比亞大學作一年的訪問學者的 Andrew Nathan 教授打招呼，便心急如火地登上了回國的班機，送行的朋友們為我捏了一把冷汗，再三叮囑我，如在北京機場出現意外，立刻想辦法通知他們。

回國之前，我一直處於亢奮狀態，來不及細想為什麼要回去以及回國後幹什麼等問題。登上飛機後，急於到家的心情使旅途顯得格外漫長、格外無聊，是我有生以來最難忍受的旅途。靠著椅背，閉目思之，才想到有關回國的一系列問題。最本能的想法是：這個千載難逢的時機決不能錯過，不論回去後的結果如何，只要能走走看看、體驗體驗就值得。但是轉念一想，又有些茫然，回去後我能幹什麼呢？參加群眾運動嗎？如果這樣，豈不是違背了我的人生信念？以前，我一直自我標榜為「單打一」的孤獨者，討厭中國文化界拉幫結派的群體意識，採取只看作品不見人的方式，為了下筆時手不發軟。我蔑視人群，視社會為烏合之眾，崇尚天才個人的創造力，終生的目標就是想看看究竟是一個有創造力的孤獨天才強大、還是芸芸眾生強大。對共產主義教育所反覆灌輸的人民群眾創造歷史和人民群眾是歷史的發展動力的所謂的唯物主義歷史觀，我從中學時代起就不以為然。因為這種唯物史觀與我所看過的歷史著作的實際敍述恰恰相反。在每一本歷史書中、甚至在中國共產黨黨史中，我看到的只是一個個有創造力的個人，他們的活動具體翔實，而人民群眾呢？僅僅是一個抽象空洞的名詞，沒有任何特質和具體內容，至多是天才個人的襯托和背景而已。即便是廣大人民群眾參與其中的大規模歷史事件，也必須有領袖。經過時間的無情過濾，人民群眾被淘汰了，青史留名的只有天才的個人。毛澤東所提倡的所謂相信群眾、依靠群眾、人民萬歲的口號，完全是他製造個人崇拜的手段，最不拿人民當回事的就是他。他依靠盲從的群眾奪取政權、鞏固政權，最後登上了唯我獨尊的寶座。一旦大權在握，他就沒完沒了地折騰他的人民，直到他死，中國人民沒過上一天安穩的日子。正因為我崇尚「我升天我入地全靠我自己」的人生信念，所以在一九八六年底和一九八七年初的學運中，我老老實實地待在家中讀書、寫作、玩、幹家務，甚至連報紙上登載的有關學運的消息和報導我都漠不關心。儘管在當時，有許多人來信或登門勸我投入學生運動，登高一呼。並恭維我說：「以你在大學生中的影響力，只要肯站出來，肯定是眾望所歸的領袖。」但是我絲毫沒有動心。我從心底裡蔑視那種一哄而起又一哄而散的大規模的群眾運動，無非是人多勢眾，湊湊熱鬧，發洩不滿，完結了事，只有不具有獨創性的人群才能在運動中隨波逐流。

頗有諷刺意味的是，一九八六年學潮前夕，有一個自稱為流浪藝術家的人拿著一本詩集來北師大找我，說他代表貴州、四川、上海等地的詩人。一見他的自作多情我就厭惡，不客氣地把他趕走。可是此人真是招搖撞騙的老手，他居然以我的名義去找到我的一個朋友，請我的朋友幫忙。我的朋友信以為真，悉心關照，整整一周，他吃住在我的朋友那裡。我知道此事後非常氣憤，只好再次下逐客令。我對他說：「我欣賞誠實的乞丐，不立牌坊的妓女，但是決不買你這種藉藝術家之名招搖過市的人的賬。以後再來北京，先自食其力，安排好自己的吃住，別再滿天下的招搖撞騙。」一九八六年底到一九八七年初的學潮開始後，這位流浪藝術家上竄下跳，最後被公安機構逮捕，判了兩年徒刑（當然，此人的道德淪喪是一回事，因參加學潮被判刑是另一回事。政府沒有理由抓他判他）。他進公安局後供認，來北京找的第一個人就是我，並鼓動我鬧事。於是，我被懷疑為煽動學潮的幕後策劃者，公安局和國家教委派人來北京師範大學調查我的言行，結果一無所獲。調查結束後，校方不但向我作了解釋，而且讚揚我在此次學潮中的冷靜態度，還無中生有地編出我在學生鬧事時，曾經站在北師大校門口勸阻學生，不讓他們上街遊行，誇我盡到了一個人民教師的職責，不愧為人師表。也許就是這種無中生有的高帽，使北師大的頭頭在反自由化浪潮波及我時，替我說過好話。當時，國家教委幾次派人來北師大調查我，不給我提職稱，還要剝奪我的博士生資格。北師大的校方和我的導師黃藥眠、童慶炳替我講話，使教委的人雙手空空地悻悻而去。

所以，對於回國後幹什麼這一問題，我並沒有找到明確的答案。我真不知道在這種大規模的群眾運動中我能幹點什麼，我能否認同運動的綱領、口號、方式、組織和目標。即便是在我到家之後，即使在我目睹了「四．廿七」大遊行的盛大尾聲和滿校園的大小字報之後，我仍然不知道自己該幹什麼，似乎我千里迢迢地趕回僅僅是為了看熱鬧。當然，回國也是想看看妻子和兒子，履行我出國前對我的導師許下的諾言（一九八八年，我辦理出國手續時，國家教委和學校頭頭讓我的導師擔保我如期回國，如若不回，唯他是問。我的導師找我談了這個問題，我答應一定回來）。

在飛機上，想的最多的是自己的安全問題。出國後，我曾在境外報刊上發表了多篇直接批評中國的現行體制的政論文章，把我在國內藉討論傳統文化之名而行批判現行體制之實的遮遮掩掩完全公開化了，其觀點之坦率、言辭之尖刻、感情之激烈已經遠遠超過我在國內時發表過的任何文章和著作。就憑這些文章，官方想以「反革命宣傳煽動罪」收拾我，完全有藉口、有證據，加之我在國內時就曾被官方調查過，險些被取消博士生資格，所以，回國是有一定風險的。但是，我又感到近幾年來政府對異己分子持比較寬容的態度，至多也就像方勵之、劉賓雁、王若望等人那樣，受到行政處分，決不會訴諸於刑法。「文革」的時代已成過去，魏京生的命運亦難重演。一九八七年反自由化運動後，異己分子極為活躍，就連要求釋放魏京生等政治犯的三十三人公開信，也沒有導致強行鎮壓，官方還為此發表應答聲明，不管措辭如何，這起碼是一種願意對話的姿態。因而，回國雖有風險，但並不大，總不至於在北京機場就收拾我吧。況且，政府現在正忙於對付學潮，根本無暇顧及我。退一步講，就算政府要把我怎麼樣，也將造成轟動性社會效果，我會因此而受到國內外輿論的關注和保護，說不定還會成為學生們向政府提出的要求之一呢。因此，冒點風險值得。

一想到此，肩及重任的使命感和赴湯蹈火的英雄感便油然而生，「不幹則已，幹就要幹出點兒動靜來，名出得越大，安全系數越高」。我暗自得意，頗有荊軻赴難的悲壯感。顯然，從我決定回國的的那一刻起，英雄夢便纏糾著我，而且我認為這個英雄夢所付代價並不大，起碼在當時我沒想到會進監獄，會成為官方輿論指控的中心。我想，如果在我決定回國之時能夠感到生命的危險，我決不會那麼果斷地回來，甚至會放棄回國。我的安全感來自對國內局勢的估計：改革開放的十年來，雖然有兩次清洗異己分子的運動（清除精神污染和反自由化），但都是虎頭蛇尾，不了了之，非但沒能使異己分子沉默，反而使他們名揚海內外，越幹膽越大、氣越壯。人們從中發現，共產黨的不伴有殘暴壓制的公開批判和內部點名，既無對生命的實質性威脅，又能幫助人出名，何樂而不為呢。換言之，一九七九年的魏京生事件之後，共產黨的強制高壓開始具有彈性（主要集中在意識形態和行政處罰的層面上），它不會把皮球壓碎，而是恰到好處地壓制至足以使皮球反彈的程度。在這個界限內，壓力越大反彈越高。所以，這種高壓既是威脅，更是頗有魅力的誘惑，使那些異己分子在內心深處期望著被點名、被批判，批判的級別越高越好，唯恐不成為《人民日報》、中央廣播電台和中央電視台的新聞人物。彷彿受到那個級別的批判，其身價就隨之上升到那個級別。如果被鄧小平點名批判，就有種政治上、社會威望上與鄧小平平起平坐的感覺（例如，方勵之、劉賓雁等頭號異己分子在鄧小平的指令下被開除黨籍，他們便直稱鄧小平為政治對手、胡喬木、鄧力群等人已經處在他們腳下，需俯視方能見到）。八七年反自由化時，風傳官方內定了三十人的黑名單，上面有我。我當時沒有恐懼，只有得意，期望著被公開點名批判。這是畸型社會所培養的畸型政治自虐狂。

更有魅力的誘惑是出國。改革開放以來，出國成為一股不可阻擋的潮流，人們想方設法飄遊海外，而被官方點名批判成為受到國際關注、雲遊四海的捷徑。凡被官方視為異己者，都有開洋葷的機會。即使不能跨出國門，至少也能出入於以外國人為主人的「洋沙龍」[7]，吞雲吐霧、杯盞交觥於大使館、外交公寓和各大豪華飯店（我到北京後第一次去北京飯店、香格里拉飯店等處都是與「老外」同行、由「老外」請客。八九抗議運動中，我曾去外交公寓休息、吃飯、洗澡、換衣服，還在六月四號下午避難於外交公寓）。中國那源遠流長的伯樂發現千里馬的傳統，如今也同化了「洋沙龍」的主人。在有些「洋伯樂」和「土千里馬」之間幾乎形成了一種排他性的隸屬關係。「洋伯樂」所具有的幫助出國、贏得國際關注的優勢成了控制「土千里馬」的奔跑的方向、速度、範圍、姿態的權力。如果某一洋人貿然闖進已經形成的隸屬關係，那麼「洋伯樂」就會將他或她拒之門外，並且嫉恨於心，其痛心疾首好像有人挖了祖墳。

我一九八八年八月分去挪威就是一個典型的「洋伯樂」和「土千里馬」的故事。奧斯陸大學東亞系系主任杜博尼教授邀請我去她那裡作三個月的訪問學者。到奧斯陸後的第一天晚上，她就與我談起了東亞系的人事關係，指出那些是她的人，那些是另一個教授的人，並要求我一切聽從她的安排。她說：「你對這兒的一切都很陌生，所以有什麼事一定要問我，我會告訴你怎麼做，該見那些人。」她還讓我住在她的家中，一則可以為我省錢，二則可以與她為伴。我當時有種受侮辱的感覺，但初來乍到的不好馬上發作，只是委婉地表示我對人事關係不感興趣，並暗自決定盡快找到房子搬出去。後來，我的不就範的舉動好像傷害了她，

---

7 「洋沙龍」一詞來自白杰明發表於《九十年代》月刊的《北京的洋沙龍》一文。一九八七年四月號，香港。

衝突終於因一件小事而爆發。有一天晚上，我去朋友米丘住處，聊得太晚不準備回去，打電話通知杜博尼教授時，她竟勃然大怒，命令我一定要回去，並說她把我請來就要對我負責。接著她又要米丘聽電話，指責米丘不該留我住下，要求他放我走。最後她說：「我馬上叫出租車過去接你回來，錢由我付。」我莫名其妙地回到她家，她正滿臉嚴肅地坐在我的對面，問我為什麼接觸人不與她商量，為什麼想儘快搬走，並指責米丘的種種惡行。我回答說：「想搬走是為了少給您添麻煩，和誰接觸是我的自由。您和米丘的矛盾與我無關，我不能因為您討厭米丘就不把他當作朋友。」杜博尼教授憤怒了，她說：「你是第一個被我請出來而不聽我話的中國人，你怎麼敢用這種口氣與我講話，你還想不想待下去？」我也生氣了，我說：「博尼，你的話使我突然覺得自己不是出國，而是被您裝進您的手提箱，拎上飛機，您想把我放在哪就放在哪，我不是人，而是您的一件東西。」杜博尼教授冷冷一笑，頗為自信地說：「你不聰明。和我鬧僵對你沒好處。我能夠幫你很多的忙，延長簽證，甚至還能長期留在國外，也包括你的妻子出國。」我說：「您別太霸道，不是所有人都會為了出國而俯首貼耳的。我決不在這兒長待，期滿後就走。但您要記住，只要您想研究中國，您就無法忽視我。」這次談話後不久，我就搬出了她家。以後，我們見面，除了公事外，只是禮節性地打個招呼。我如期完成了三個月的授課任務，離開挪威去美國。萬萬沒想到，杜博尼教授四處發信，向邀請我的夏威夷大學，向一些我們共同認識的朋友告我的狀，說我沒禮貌、不講理、不負責任、在辦公室抽菸（不幸的是，她也在辦公室抽菸）、逃稅（我是按挪威的法律繳稅的）、搞女人、是個流氓，甚至把告狀信寄給了我的原單位北京師範大學中文系（可惜我回國後，系裡把信轉給了我）。儘管她通過電話和信對夏威夷大學的邀請人把我講得十惡不赦，勸他們收回對我的邀請，但是我在夏威夷大學時與那裡的人處得很愉快。

由此可見，有些「洋伯樂」的發現欲背後是占有欲，對跳槽的「土千里馬」恨之入骨，特別是那些名揚海內外的「土千里馬」的跳槽。致使「洋伯樂」慨嘆人心不古、忘恩負義，並把跳槽斥之為中國人難以鏟除的劣根性。但是，這種功成名就後的跳槽並未從根本上改變「土千里馬」們的屈從地位，只不過能夠不拘一格，廣交「洋伯樂」，使自己有更廣闊的海外空間。這也使我想起了近幾年來的「星星畫會」的先鋒畫家們，《今天》的詩人們、探索影片和探索戲劇的導演們和編劇們、持不同政見的方勵之和劉賓雁們，都一個個雲遊四海。「八九抗議運動」又造就了一大批流亡精英，為那些想延長簽證和拿綠卡的留學生和訪問學者大開綠燈。因而，持異議的反叛也走向了功利化、商品化，觸怒現行體制的反叛有意無意地變成了向「洋伯樂」獻媚。而最有權力的「洋伯樂」就是美國總統。布希來中國要見一些著名的異己分子，就像中國的皇帝召見冒死進諫的忠臣一樣。

反叛的商品化肯定對我的回國很有影響。在我決定回國時，我清楚而自信地知道，此次回國會為我將來更順利地雲遊海外鋪設一條陽關大道，也為我將來想延長簽證或拿綠卡積累資本。所以，我帶著哥倫比亞大學的訪問學者邀請信回來，到家後也曾經托朋友去北京市公安局辦過再次出國的「出境卡」。參與「八九抗議運動後」，我隨身帶著護照，萬一遇到不測風雲，可以馬上逃之夭夭。一九八九年六月四日清晨撤離天安門廣場時，我的護照忘在絕食棚中，再也找不到了。如果我在決定回國時感到以後再難出國，我肯定不會輕舉妄動，至少要猶豫不決。記得在決定回國前，我曾和在紐約的幾個朋友商量過能否再次順利地出國，結果是肯定性的。還記得我上飛機時，一位朋友開玩笑地說：「曉波，等我們再在這裡接你時，你可能已經是民主鬥士了。」正是我的個性、潛在的英雄夢、百分之八十的安全感和能夠再次順利出國的自信，構成了我果斷回國的心理背景，儘管我做決定時並未想得如此複雜。但是，在東京機場轉機時，和一位剛剛跨出國門、準備赴美的留學生聊天，聽他講起國內的緊張局勢和《人民日報》的「四·廿六」社論。「動亂」的定性確實使我猶豫了，並向機場的人詢問了是否還有當天去美國的機票，機場的人說沒有了。這時，飛往北京的航班已經開始登機，我沒有時間再猶豫了，提起行李走向登機口。

飛機起飛了。不論我怎樣想，既成事實我只能接受，索性完全放鬆，到家再說。

飛機到北京機場時已是晚上十點鐘左右了。我猛然想起離開紐約時，送行的朋友們再三囑咐說：「如在北京機場出事，要盡量想辦法通知我們。」我不禁倒抽了一口涼氣，坐在椅子上不動。機上的人差不多走完了，我緩緩起身，走向艙口，一點回家的興致勃勃都沒有，而是心情複雜地走下飛機。在出口處的燈光下，我看見了妻子陶力和好朋友周舵。妻子顯得有些憔悴、消瘦的臉上充滿了焦慮。我擁抱她時，她哀怨地說：「你真不該回來。」直到坐上出租車，我始終懸著的心才放下來。

在車上，妻子和她的妹妹向我講述了學潮的情況，特別描繪了今天大遊行的盛況。車到北太平莊時，正碰上遊行的學生，滿街都是人。

作為旁觀者的我

回到家的當天晚上，就接到朋友從美國打來的長途電話，問我是否安全到達。我既為朋友們的關心所感動，又覺得他們的擔心有點多餘。國內沒有任何危險性的威脅，反而充滿了喧鬧、希望和熱烈的氣氛。幾乎所有的人都在談論大學生們的壯舉和北京市民對大學生的行動的空前熱情的支持。我的妻子陶力，一方面激動地向我講述這些天的風風雨雨，另一方面又勸我千萬別介入，看看就行了。她的理由是，學生鬧鬧無所謂，而我一介入就會被官方指責為幕後策劃者，對學生運動也沒好處。她還說，有人透露，由於我在從美國發回的《致中國大學生的公開信》上簽了名，並且與胡平的名字在一起，我已經被官方注意，定性為海外反動勢力的國內代理人，隨時有被抓走的危險。我當即對妻子表示，我回來只想看看，對大規模的群眾運動不太感興趣。的確，直到一九八九年五月十三號之前，我基本上是旁觀，大多數時間待在家中，還去出國人員服務部買回了指標所限定的彩電、錄影機、電子琴等免稅品。但是，這期間有幾件事我必須交待一下，它們有助於了解我當時的心態和學潮。

我到家的第二天晚上（一九八九年四月廿八日）七點多鐘，一位自稱是北京師範大學學生自治會宣傳部長的人來找我。此人其貌不揚，小個子，長頭髮，戴副高度近視鏡。一開口便滔滔不絕，向我講述了這次學運的發生、發展、目標、口號、策略以及下一步的安排，講述了學生自治會的成立、組織結構、人事關係，一再強調他是學生自治會的發起人之一，流露出對吾爾開希、王丹、周勇軍等人的強烈不滿。他說吾爾開希架子大、生活腐化、一肚子稻草、有勇無謀，作風專制，是個頭腦簡單、不懂民主為何物的混子。我對他的話既感興趣又有些厭惡。感興趣的是他介紹了不少學運的情況，哪怕是歪曲的介紹也比什麼都不知道強。厭惡的是他總是突出自己、貶低別人，且一肚子怨氣，好像學運欠他點什麼。談話快結束時他說：「劉老師，以後你想了解情況或直接參與，最好找我。這次運動缺乏理論指導，自發而盲目，層次低，希望你能給予指導。你是我們北師大學生的精神領袖。」我說：「和你們學生比，我覺得自己很狹隘、很怯懦，只會說不會做，別對我抱什麼希望。而且我剛到家，不知學運的東南西北，沒資格說話，更談不上指手劃腳，只想多聽多看。希望你能多為我提供一些資料。」他臨走時，看到放在寫字檯上的〈胡耀邦逝世現象的省思〉一文，就要求借他看看。我不想借，因為這文章發表於台灣在美國辦的《世界日報》，容易被官方抓把柄。他再三要求，我借給了他，囑咐一定不要外傳。他向我保證，只他一人看，看完便還我。沒想到，他回去後就將此文複印數份散發，並且於當天晚上在北師大學生自治會廣播站全文播出，致使滿校園謠傳我回國後的第二天晚上就發表演說，全力支持大學生，並呼籲知識分子應該站出來，和學生們一起行動。為此事，我的妻子、岳母、岳父、導師和熟人，都說我太感情用事，勸我不要盲動。

一九八九年四月二十九日上午，我在校園中看大字報，感到學生們除了口號和不滿情緒之外，沒有什麼具體的想法，更難發現理性。我看到了劉賓雁等人發回國內的公開信。更有趣的是，看到了純屬虛構的謠傳。在北京師範大學學生宿舍區的水房的牆上，貼著一則醒目的「最新消息」，消息報導：一、劉賓雁、劉曉波等著名知識分子在美國召集會議，呼籲國內大學生關注欽本立事件，保衛新聞自由，反對官方非法查封《世界經濟導報》。二、劉曉波從美國回來，攜帶九千七百多美元支持學生運動（大意如此）[8]。我看完後想找學生自治會的頭頭，指出這純粹是謠言，但是轉了好一會兒找不到人。我只能親手撕下這則「最新消息」。還沒等我撕完，一群學生圍住我，高聲質問：「你是哪的？」、「你是誰？拿出證件！」、「你敢撕大字報，破壞學運。」、「這小子兒肯定是公安局的。」、「把他帶走，好好治治他。」……我沒理學生們，繼續撕。這時，三個男同學上來揪住我，怒目而視。我想掙脱，但兩手已被死死抓住。其中的一個學生惡狠狠地問：「你憑什麼撕？」我說：「這是造謠。」他說：「你才造謠。我們自治會的人昨天見過劉曉波老師，還拿回了他的文章。要是造謠，劉老師怎麼不出來說。」我又氣又笑，猛地甩開抓住我的人，提高聲音向在場的人說：「我就是劉曉波。」「說謊！」「騙人！」「冒充！」人群中的喊聲此起彼伏。還有一個人說：「劉老師是我們學校的，我聽過他的演講，還能不認識。他的頭髮長長的。你想冒充，先化裝再來！」（我當時留平頭，以前則留長髮）。人越聚越多，我不願與他們爭論，只想盡快走開。但他們決不放我走，非要弄清身分。後來幾個中文系的學生向他們證實了我就是劉曉波，才算完事。奇怪的是，如此明顯的造謠並沒有引起我的不安。我把它視為運動中的正常現象，沒想過由此深究這次運動的虛偽一面。這只能說明當時的我對謊言近於麻木。實際上，這次運動的重要推動力量之一就是滿天飛的謊言。

一九八九年四月廿九日晚上，看了袁木、何東昌和袁立本與學生的對話，很失望，不僅對政府也對學生。學生在對話中表現得非常幼稚甚至愚蠢。拿著趙紫陽打高爾夫球的照片來指責官僚的腐敗，有點兒太離譜了。在整個對話中，學生方面沒有提出一個有說服力的實證

8 官方指控我的文章《抓住劉曉波的黑手》中，指責我向學生捐贈數千元美鈔和萬餘元人民幣，也許就源於這則無中生有的消息。

材料，總是籠統地講一些陳詞爛調式的大道理，提出一些不關痛癢的問題，總是被官方的對話人鑽空子。儘管整個對話是在極不平等的氣氛中進行的（袁木他們自稱為父母官，把學生們視為晚輩的弟子），但是袁木還是個不錯的演員，說起話來有條有理，能把謊話說圓。雖無誠意，但是對付學生們還是綽綽有餘的。北京市委秘書長袁立本的話使我頗為驚奇，他除了為「四．廿流血事件」做拙劣的辯護外，居然說政府知道大多數學生是愛國的、動機是善良的，所以並沒有認真地阻止學生所採取的過激行動。比如「四．廿七大遊行」，如果政府認真對待，想攔住遊行隊伍是輕而易舉的，但是政府沒有認真地去攔，只是擺擺樣子。在這點上，袁立本是誠實的。教委副主任何東昌屬於低智商一類，他的發言除了高高在上的家長式教訓和狹隘的仇恨心理之外什麼也沒有。他稱對話的學生是「我們的子弟」，絕不會秋後算帳。但當他聲言要抓在學生背後煽風點火的長鬍子的黑手時，語調是惡狠狠的。但不管怎麼說，政府在進步，越來越開放的環境使政府不能不坐下來擺擺樣子。雖然對話的內容蒼白乏味，但是政府畢竟坐下來了，把學生所代表的民意當成談判的對手了。

看過「四．廿七對話」之後，我想搞一個關於這次對話的系列民意測驗。第一張問卷是在北京高校內針對何東昌的表演；第二張問卷是針對袁木的；第三張問卷是針對學生的表現的；第四張問卷是針對對話這種形式的。我請來北師大心理系專門搞過民意測驗的研究生幫我設計問卷。取樣範圍、計算方法，又找人幫我去和各高校的學生自治會聯繫。第一張問卷稿出來了，只發出去幾百份，收回率也不理想，加之精力不夠，便作罷。

一九八九年五月三日下午三時，北京市高校學生自治聯合會在北京師範大學「三．一八」紀念碑處舉行新聞發布會，宣布五月四日舉行大遊行的消息。從下午二時起，這裡就聚集了許多人，外國記者都在尋找最佳的攝影角度和採訪位置。一個多小時過後，幾個學生簇擁著一個人向會議地點走來，他們困難地分開人群，好不容易進入了會場中心，糾察隊員手挽手圍起一塊空地。我先是在人群最外圈看熱鬧，但是既看不見新聞發佈人也聽不清聲音，我便往裡擠，終於渾身大汗地擠到了人群中，找到了一個視野較好的位置。我第一次見到吾爾開希，既沒有看清他的長相，也沒聽清他說些什麼。雖然我想與他交談，但是欲望並不強烈。他講完話後，我並沒有見他的想法。新聞發布會結束後，一位自稱是北京大學學生自治會常委的人走過來，說：「你是劉曉波老師吧。」我點點頭。他接著說：「你以前來北大演講時我聽過。今晚十點高校自治會在北大開會，研究起草《新五．四宣言》，我們想請你參加，幫助出出主意。」我說：「好吧。」「用車接你嗎？」他問。我說：「不用了，我騎自行車去。」他告訴我開會的地點。他走後，我又碰到了一個朋友，她是香港《明報》的記者，她聽說今晚的會議我去參加，很感興趣，希望與我一起去。我們商定了見面的時間和地點。

晚上九點半左右，我坐著她的出租車一起去了北大。

會議在離北大三角地非常近的一幢宿舍樓中開。樓上有高音喇叭，正在廣播人們熱情洋溢的講話，樓周圍擠滿了人。我和那位記者找到開會的房間，敲門，一個男同學開門說：「這裡正在舉行絕密會議，誰也不准進。」我說：「我是劉曉波，是你們找我來的。」這時，我的學生、北師大中文系八四級的程真出來，熱情地說：「劉老師，真沒想到你來，快進來。」我又把那位朋友介紹給他們，他們一聽是香港的記者，就說：「記者一律不接待。」我的朋友只好悻悻而去，在樓下等我。

我一進屋，突然感到氣氛一下子變得緊張而陌生，正在唸「新五．四宣言」的人戛然而止，其他人用警惕的目光上下打量著我。那個請我來參加會議的人站起來說：「我給大家介紹一下，這是劉曉波老師，我請他來幫助起草宣言。」這時，有一個坐在他側面的、嘴裡叼著菸的人打斷他的話：「請人來為什麼不與我商量。」此人正是吾爾開希。請我來的人頗為尷尬，一時不知該說什麼好，呆呆地站在那。這時有一個戴眼鏡的、瘦瘦的學生說：「既來了，就說幾句吧。」後來我知道此人是王丹。我恨不得馬上就走，但又無可奈何，只好硬著頭皮說：「我希望這個宣言更理性、更具體，千萬不要僅僅是幾句口號，一堆不滿的情緒。『新五．四宣言』應該高於『五、四』運動的水平。」說完，我就出來了。在門口，一男一女跟出來。男的說：「劉老師，我叫王丹，以後有空找你聊聊。」我說：「在美國時就聽過你的名字，我也非常想與你談談。」女的說：「我叫王超華，以後有機會一定登門求教。」從進屋到離開，前後最多只有十幾分鐘。回家的路上，心中不免有些悲哀，感到我一貫奉行的自視甚高的孤傲受到了褻瀆，一種被忽視、被小看、被懷疑的酸楚包圍了我。我對自己的盲動回國有點後悔，下決心不再與這些學生們打交道，明天去辦出境卡，爭取早日返回美國。

回到家，和妻子聊了一會兒，就迷迷糊糊地睡去。大概是凌晨一點半左右，電話鈴聲驟然響起，我立刻起身接電話。電話是程真打來的，她說：「我和開希從北大回來，開希想找你聊聊，行嗎？」我幾乎未加思索地回答：「好。我馬上就去。」吾爾開希主動上門找我，一下子掃蕩了幾個小時前所感到的屈辱，自信和自尊立刻恢復，感到學生領袖們離不開我，需要我的支持和理論上的指導。

我和吾爾開希在北師大「三・一八紀念碑」下見面。他一見我就邀請我去他的宿舍，有酒有菜，可以邊喝邊聊。我拒絕說：「我不喝酒，還是在這兒聊吧，舒服點兒。」我倆坐在有點發冷的石台上，隨隨便便地聊起來。

他開始問我一些國外的事，我不想多講，草草應付了事。因為我願意這麼晚起來和他聊，一是為了認識這位學運領袖，二是為了了解他的想法和學運的具體情況。我特別想知道他們這批學運領袖是怎樣看待我們這些既想介入又顧慮重重的知識分子。

我問他：「你是什麼時候開始搞學運的？」他說：「四月十七號，我在群龍無首的情況下發表了演講，學生們認為我勇敢，有水平，我就成了北師大的學運領袖。四月廿號在新華門前我組織了學生們的請願活動，從此成為北京高校學運的組織者。四月廿七號的大遊行的成功可以說全繫於我一人的勇敢和智慧。我打著旗幟，由幾個學生高高舉起，衝破了層層警察的阻攔，成為『四．廿七』大遊行的先鋒。沒有我就沒有四．廿七的壯舉和成功。」儘管吾爾開希的自我欣賞令我感到此人的輕浮和狂妄，但他那絲毫不忸怩、不遮掩、不羞羞答答的率直卻非常可愛。他那麼不講分寸、不看對象的自誇，使他變得非常透明。在以後的接觸中，我愈發感到了他那種近乎於純粹、透明的無知和狂妄。他的無知和狂妄令人反感，但他的透明卻難能可貴，即便他說謊，也叫人一目了然。透明的自傲總要比虛偽的謙虛好。中國人的致命弱點就是說話辦事的不透明。

我問他：「這麼長時間，作為學運領袖，你體驗最深的是什麼？」他的回答實在出人意料，令我吃驚。他說：「在中國目前的情況下，領導學運只能和他們講專制，樹立個人權威，學生的民主素質太差。」我半天沒講話，一直聽他滔滔而談。他說：「民主，就是人民當家作主。」我說：「吾爾開希，人民當家作主是共產黨的語言，是個空洞而充滿欺騙性的詞彙。民主不是幾句口號或空洞的目標，而是具體的程序和操作。我建議你們這些學生運動的組織者，每週抽出幾個小時，分專題討論民主問題。例如：民主與政府運作、民主與人權、民主與經濟、民主與法律、民主與言論自由……等等，如果你們需要專家給你們講，我可以負責幫你們找人。」吾爾開希不耐煩地說：「得了得了。你們這代知識分子，只知空談，不敢行動。我所領導的學運所產生的影響，遠遠超過你的理論。你的成名是長期積累的結果，我的出名是一夜之間的事。」我說：「我承認中國知識分子有只動口而不動手的軟骨症，也承認大學生的行動能力比知識分子強得多。但是，要想成功地領導一次真正的民主運動，你們太需要提高民主素質，特別是像你這種學運領袖。用專制的方法領導民主運動，這不是自我嘲諷嗎？」吾爾開希說：「我們是在學運的實踐中提高民主素質。至於理論，等運動結束後再說。現在哪有時間坐下來學理論。噢，對了。我想問你，美國對我這個人怎麼看？」我說：「我在報紙上讀到你和王丹的名字，只是客觀報導了你的談話，未加評論。國外的人還不了解你。」吾爾開希有些坐不住了。正巧這時有個老頭用手電筒照我們。老頭問我們是哪個單位的，在這幹什麼。我們拿出各自的證件，老頭看了看，就沒再管我們。我和吾爾開希的第一次見面到此結束。一直到五月十三日下午我才又一次與吾爾開希談話。

「五・四」大遊行那天，我和陶力騎自行車跟著學生的遊行隊伍看熱鬧。從北師大出發，經西二環路向北，上長安街後再向東，一直到天安門。一路上，戴著頭盔的警察共攔截過三次，第一次在北師大門口的十字路口，學生和警察僵持的時間比較長，但最後還是衝過去了。第二次在上長安街的立交橋前，警察們先是擺擺樣子，一衝即散。第三次在六部口的十字路口，僵持了近半小時左右。我和陶力在這裡被擠散了。到天安門後，下午三、四點鐘時，吾爾開希、王丹、周勇軍等人宣讀了《新五・四宣言》，除了口號和激情，沒有任何具體內容。整個「五・四」大遊行，留給我唯一的印象是吾爾開希打著北師大的校旗，由七、八個學生護衛，一直走在最前面。有時，學生們還把他舉起來。他給我的印象是：自信、勇敢、渴望成名。

一九八九年五月七日，我有感於對「五・四」大遊行的失望，寫了一個呼籲，現將當時的原文抄錄如下：

我們的要求——校院內的自由論壇

北京師範大學黨委：

北京師範大學校委會：

現在，從大學生運動到國家的各級政府，全國上下都在談論中國社會的民主化。但是，我認爲，從「五・四」運動到今天，中國人，特別是中國知識界對民主化的追求，基本上停留在意識形態化、口號化的水平上。這種民主的意識形態化的現象，主要有以下幾個方面的表現：

1. 口號過多而行動過少。到目前爲止，爭民主的口號起碼喊了近百年，但是在中國大地上，至今還沒有一個眞正獨立的民間自治團體和民辦輿論空間。

2. 目標民主而程序、手段非民主。知識分子對民主的追求，過多停留在目標上，而缺乏程序和手段，也就是過程的民主化。這次大學生運動，從天安門廣場的下跪到「四・二九」對話，都暴露出中國知識界一進入具體的民主程序，便不知民主爲何物。我認爲，民主化在根本的意義上是過程的民主化——程序和手段的民主化。這不是喊口號、提目標所能解決的，必須從每一件具體的事情做起。

3. 不會利用法律的手段來推進民主。在爭取民主化的過程中，中國知識分子確實是先鋒，而且屢受迫害。但是，很少有人能夠在現實允許的條件下，利用法律來保護自己的權利。著名人權鬥士方勵之先生「赴宴被阻事件」的不了了之，就充分顯示了這一點。事實上，方先生完全可以根據《中華人民共和國憲法》，通過訴諸法律的方式來保障自己的基本人權。現在，大家都在談中國的憲法是死的條文，在現實生活中不起作用。但是，有沒有人反問過：「我的行動有沒有按憲法辦事？」如果在每一件具體事情上，大家都能自覺運動法律，中國的憲法就會成爲活的憲法。不要只抱怨別人有法不依，有法不用，而是要以我們自己的具體行爲賦予憲法以活的生活。中國不是無法，而是有法而不會運用。

4. 目標過高，搖擺性太大。在中國現在的條件下爭取民主，應該提出一些切實的、可行的、最低限度的民主要求。不要凡事都與最高政府負責人對話，而應該從每一個基層單位做起。目標過高會產生如下後果：A、從最激進的要求退到最保守的要求（例如這次學生運動的口號，從四月廿二日的激進到四月廿七日的保守）。B、由一哄而起的轟轟烈烈到一哄而散的冷冷清清。C、過高的要求不可能實現，於是喪失信心，產生動搖。在目前的中國，要求全國範圍內的成立反對黨、實現新聞自由是不切實的。更重要的不是一下子改變大的政治環境，而是從事小的政治環境的民主建設。例如，校園內的言論自由，民意測驗，工廠中的自治會等等。我們需要智慧，更需要耐心。在中國目前的情況下，耐心比智慧更重要。

5. 中國人所特有的農民式的仇恨心理，這種心理導致了程序和手段的非民主化。現代民表是非暴力的、和平的、各種政治力量相互妥協的政治。民主政治的最大成就之一，就是以制度化的形式消除了解決社會衝突的暴力性。而仇恨最容易導致暴力。因此，仇恨心理是民主化的阻礙，是獨裁政治的最佳土壤。仇恨所激起的行動最適於以一個獨裁代替另一個獨裁的惡性循環。民主政治不追求打倒任何政治力量，而追求各種政治力量的制衡。言論自由不堵塞任何言論，而只追求每個人發表自己言論的權利。共產黨有其存在的理由和權利，「打倒共產黨」的口號是非民主的。我們不要求也沒有理由要求廢除共產黨和現行政權，只要求根據中華人民共和國的憲法，保障每一種民間的獨立的社會力量的合法存在的權利。現在，全社會和政府內部的政治制衡達不到，我們可以從一所學校的內部制衡做起。中國的民主，必須以消除「敵人意識」爲前提，因爲在一個民主政體，沒有敵人，只有不同利益集團的制衡。民主政治的精髓之一是：寧要十個相互制衡的魔鬼，也不要一個擁有絕對權利的天使。

一切爲爭取民主而奮鬥的人士，莫讓仇恨毒化了你的智慧。

鑒於以上分析，我呼籲北京師範大學的全體教師爲爭取校園內的民主、校院內的制衡而與學校領導進行各個層次的心平氣和的對話。我們沒有理由再只是背地裡對學生運動表示支持和同情，而應該以公開化的行動加入爭取民主化的行列中。我們最近期的目標是：

1.在北京師範大學的校園內開闢一塊「自由論壇」。其作用，A、輿論監督校領導的工作；B、提高全校師生的參政意識和民主水平。C、活躍學校的言論自由的空氣。如果條件允許，可以考慮在校園內創辦由教師自辦的刊物。

2.公開支持北京師範大學學生自治會的工作，敦促校方承認學生自治會的合法性。必要時，可以成立學生自治會的顧問團，以提高學生和教師之間的對話質量和全校民主運動的水平。

3.定期由學校領導層召開與教師、學生的對話會，以協調校方與學生、教師之間的不同意見。

4.對學校領導的工作，學生和教師有權利進行定期的評估，並通過公開化的形式將評估結果公諸於世。

5.成立由教師自願組成並參加的「中國民主化研討小組」。具體的工作可先進行下列幾項：A、中國人權現狀調查。B、中國法治現狀調查。C、中國憲法研究。D、組織定期的民意測驗。

我們希望通過心平氣和的態度和理性化的渠道與學校領導進行協調性對話。我們的目的只有一個：推進北京師範大學的民主化進程。

發起人：劉曉波

一九八九年五月七日

如果有人同意我的提議，請在下面簽名：

我把這份呼籲貼到北師大院內的報刊欄中，希望能徵得教師們的簽名。第二天下午我去看是否有人簽名時，發現已經被人撕掉了，只留下一個角。我本想回家再抄一份重新貼上，又一想太麻煩就算了。

五月九日上午，校院內口號聲沸沸揚揚，我出門一看，原來是學生們正在組織隊伍，準備去中國記者協會聲援記者們要求新聞自由的遊行。站在隊最前面的當然是吾爾開希。我跟著學生們走到校門口，碰到了高新。我倆就一起跟著學生的遊行隊伍走。到了記協的大門口，那裡已聚集了很多其他院校的學生，王丹帶著北大的學生也來了。不太寬敞的記協門前被擠得水洩不通。學生們激動地喊口號、唱歌，我也坐在學生們中間，跟著他們喊、跟著他們唱。高新揹著一架照相機，爬到一個自行車棚的頂上拍照。記協周圍的牆上和樹上也有人看熱鬧。有一個小伙子還壓斷了樹枝掉了下來，摔到一輛自行車上。過了一會兒，記協的頭兒出來和學生們交涉。吾爾開希和王丹並肩站著，高聲宣讀高自聯給記協的公開信。唸完後把信交給了記協的頭兒。記協的負責人好像是面對他的頂頭上司，有點兒唯唯諾諾地握著吾爾開希和王丹的手，連聲說：「你們辛苦了，謝謝。」並向學生們保證一定支持記者們要求新聞自由的行動。

統戰部會議：介入學潮

一九八九年五月十三日上午十點多鐘，周舵打來電話，讓我幫助找吾爾開希和其他學運組織者，說有極重要的事情。中午，周舵坐車來我家，告訴我今晚在統戰部有個座談會，邀請我和吾爾開希務必要參加。周舵走後，我去北師大學生自治會找吾爾開希，有人說他正在操場組織絕食隊伍。我讓學生用廣播站的大喇叭呼找吾爾開希。十幾分鐘後他來了，跑得氣喘吁吁。他的頭上紮著白布條，上面有兩個紅色的字「絕食」。他還斜挎著一條肩帶，「吾爾開希」四個黑色大字十分醒目。我把周舵的話轉述了一遍。吾爾開希說：「二點整絕食的隊伍向天安門進發，我必須帶隊伍，沒有我就會群龍無首，士氣下降。我到廣場安排好之後，馬上回來找你。我倆約定下午五點半在我家見面。」

下午，吾爾開希帶著梁兆二（此人曾先後任過北師大學生自治會、北京高校學生自治會的常委）和另一個人提前來了。過一會兒，周舵也來了。我們便一起出發去統戰部。我、吾爾開希、梁兆二坐同一部車。車上，我問起絕食的事。吾爾開希說：「師大的學生想絕食，開始我並不知道，知道後我表示反對，但是絕食呼籲已經貼出去了，報名的人越來越多，我作為學運領袖，只能參加。」我問他想過絕食的後果嗎？他說：「戈巴契夫十五日訪華，政府為了這次高級會晤也許會做某種讓步，總不至於讓老戈進不了天安門廣場吧。」我說：「中蘇高級會晤是一種進步，無論對哪方面都有好處，以此威脅政府對誰都不利。另外，絕食是非常傷身體的，以生命為代價太不值了。」吾爾開希說：「我估計到不了十五日，政府就會軟下來。問題不大。」汽車駛至西單附近，吾爾開希突然問我：「劉老師，不，還是叫你曉波好。據外電評論，在這次運動中有兩個失分最多的人，也有兩個得分最多的人，你猜猜是誰。」我說：「猜不著，也不想猜。」他說：「失分最多的人，有的說是李鵬，有的說是鄧小平。」我說：「李鵬的全部問題就是智商太低。至於鄧小平，可沒那麼簡單。十年改革還是使中國進步了，變化有目共睹，決不是一個『四．廿六』社會所能抵銷的。而且我也聽說，國外對鄧小平在此次運動中所表現的克制、寬容評價很高，特別是與上一次學潮相比。」吾爾開希說：「算了吧，鄧小平不是中國的救世主。你猜猜誰得分最多？」我說：「猜不著。」他說：「有的說是趙紫陽，有的說是我吾爾開希。」說著，他頭也不回地從肩上遞給我一疊紙：「你看看，這是什麼。」我接過一看，是匯款單。他說：「現在，我每天都能接到這麼多匯款單。中國還會有第二個人這樣嗎？」我馬上說：「開希，別太狂妄，沒有準確的自我評價，什麼事也幹不成。」他嘿嘿一笑說：「以前，人們說中國的第一狂人是你劉曉波，現在，你卻說我太狂，看來我是超第一狂人了。狂點有什麼不好，中國就是太缺乏像你我這樣的狂人。毛澤東問蒼茫大地誰主沉浮的時候不也是二十幾歲嗎？你們這些知識分子，光說不練，沒勁。我現在非常自信，這次運動的結果可能只剩下我吾爾開希，其他的人只不過是陪襯。」我對他的狂妄有些反感，但又覺得他挺可愛，確實是個人物，且不說他那種無邊的自我膨脹，那種對知識分子的極度蔑視，起碼他坦率，狂妄得透明，無知得純粹，即使是個野心家和專制者，也使人放心，因為他的所作所為、所思所想一望而知，說起謊來也透明。

統戰部的對話會由閻明復主持，高自聯、絕食團、對話團的代表都參加了。王丹、柴玲、周勇軍、吾爾開希、項小吉、封從德、王超華、梁兆二、程真等各學生組織的頭面人物差不多到齊了。北京大學、清華大學、北京師範大學、政法大學、中國社會科學院等單位的一些中青年知識分子也來了。我認識的人有陳小平、閔琦、李素、周舵、王軍濤、鄭正來。這次對話會是由統戰部組織召開的，主要目的有二：一是溝通信息，主要是了解學生們的要求和想法；二是勸說學生們在戈巴契夫訪華前撤出天安門廣場，保證中蘇高級會晤的順利進行。為了盡量接近會議的原貌，我按照當時我用鉛筆做的會議記錄整理複述。

會議一開始，閻明復部長談了召開這個會的目的。他說：「我們統戰部主要是作為溝通知識界、學生和政府之間的信息的渠道，只起上傳下達的作用，不是決策者。幾位青年學者建議由我們召開一個和學生代表進行坦誠對話的會。我保證以最快的速度和誠實的態度向中央反映學生們的要求和意見。剛剛開過首都工人代表座談會，趙紫陽、喬石、故啟立和我參加了。趙紫陽總書記非常重視戈巴契夫訪華，希望社會各界能配合中央，保證中蘇高級會晤的順利進行。如果十五號學生們採取行動，天安門廣場聚上幾萬人，就會影響中蘇高級會晤，有損於國家的形象。對學生們和人民群眾提出的要求，中央會認真對待。中央正在研究陸續進行各個層次的對話。下周一就要進行對話。人大常委會八次開會研究學生們的要求，諸如官倒問題、新聞法問題、反腐敗問題。中國現實中要解決的問題很多，只能慢慢來，在民主和法治的軌道上解決，中央是下了決心的。現在的主要問題是學生絕食占領天安門廣場，戈巴契夫來之前希望能解決。今天的會議沒有任何先決條件，大家一定要暢所欲言，說心裡話，把問題擺出來。」

閻明復講話的態度、語調極為誠懇，沒有共產黨的高級幹部通常的官腔和教訓。

學生代表中第一個發言的自然是吾爾開希，他說：「我既是北高聯常委，又是北師大絕食團團長，所以我的發言既可以代表絕食的學生，也可以代表沒有參加絕食的學生。我們對趙紫陽的講話（指趙在『亞銀會議上的講話』，筆者註）表示歡迎，大多數學生持積極態度。我們高自聯沒有在十五號舉行大遊行的動議或決議。我們組織絕食不違反憲法，是最和平的方式。我們希望通過絕食逼迫政府表示誠意，通過有效的對話，給我們以滿意的答覆。《人民日報》社會對學運的定性是錯誤的。四月廿六日以後，政府也有點兒進步。但是四月廿九號的對話沒有誠意，所以我未參加。到目前為止，還看不出政府改變《人民日報》社論給學運定性的誠意。如果一個多月還拿不出誠意來，我們怎麼再相信政府的許諾呢。高自聯作為學運的領導機構，一定要盡量避免過激行動，但學生們的自發行動高自聯也控制不了。問題的『根子』是『動亂』的定性。如不改變這一定性，即使戈巴契夫訪華結束，學生運動也不會結束。政府說『動亂』定性不是針對學生的，顯然是說謊。『這是一場有組織有計劃有陰謀的動亂』就是針對學生運動的。政府必須說清楚有組織有陰謀的含義，誰組織、誰搞陰謀。不能含糊了事。必須向學生陪禮道歉。中國的事情不能搞獨裁，不要以為中央說了算。要讓人民充分了解真相。前一段的新聞不真實，不想讓人民知道真實情況。最近有少量關於學運的報導，但都是放在新聞的最後一條。我重申我們的要求：㈠為學運平反，摘掉動亂的帽子。㈡承認高自聯的合法性。㈢平等對話，要有誠意，要公開報導，現場轉播實況，不答應這三條，學運不會停止。」

接下來發言的是王丹，他除了重覆吾爾開希提出的三條要求外，還說：「趙紫陽非常關心學生在十五號會有動作，我保證不會有動作。我們知道戈巴契夫訪問是國際事務，不能因為國內的事而影響戈巴契夫來訪，學生運動有意迴避這一天，趙紫陽的擔心沒有必要。但是，政府是否有誠意。如有誠意，為什麼不提『四．廿六』社論的動亂定性，不給學運平反。前幾次對話毫無成果，學生的安全得不到保證。我想給中央政府提出一個忠告：一個執政黨的合法性建立在民意之上，不能失去民心，失去民心的執政黨會很快垮台。學生運動代表了民意，希望政府認真考慮學生的政治主張。我們不是小孩子，騙不了也哄不住。」

柴玲和封從德推說廣場有事，沒講什麼就先走了。他倆走後，馬少芳發言，他的講話沒有什麼新內容，和開希、王丹的差不多。但他一再強調理解和支持趙紫陽在亞銀會議上的講話。他說：「趙紫陽的講話是非常好的開始，希望政府能繼續做下去，不要半途而廢。」

學生對話團負責人項小吉代表對話團發言，他曾參加過「四．廿九」對話，是學生中唯一有法律知識、善於講理的人，這也許是他成為對話團負責人的原因之一吧。他說：「對話團由三十所高校選出的代表組成，能夠代表廣大學生的意見。對話團一成立，我們就積極地通過各種渠道與政府聯繫，希望能早日對話，早點兒解決問題。前天與有關部門通電話，明確答覆在本周對話。今天上午十點鐘又談了一下，決定星期一上午進行對話。具體的時間和地點還未確定。以前的對話是政府與學聯（官方在各高校的學生組織）的對話，不代表學生對話團。我們要求政府與學生對話團單獨對話，這種對話應該是充滿誠意和善意的，要進行公開、及時的報導，電視實況轉播。我們對話團準備就三個問題與政府對話。㈠關於學運，不僅是此次學運，還有近幾年的歷次學運。學運的性質、背景和過程。㈡關於改革開放。中國必須走改革之路的現實原因，目前的改革為什麼步履艱難，政治改革是否應與經濟改革同步。我們提出的建議。㈢關於憲法第三十五條賦予公民的權利。上海《導報》事件的合法性問題、遊行十條的違憲，高自聯等民間組織的合法性。提出這些問題不是為了使政府難堪。我們一直本著平等、善意、寬容的精神。我們不隱瞞、不搞小動作，對話的具體細節已經和盤托出。再強調一遍，我們不反對政府與學聯以及其他組織對話，我們只要求政府與對話團進行平等、單獨、公開的對話。希望政府起碼有副總理級的人出來對話。」

項小吉的發言還未結束，對話團的另一位負責人沈彤就插話進來，他說：「對話團是北京各高校根據民主程序選舉出來的，它不是一個組織，而是一個代表團。我們無法理解政府五月八日的答覆，政府沒有誠意。高自聯和對話團之間沒有組織上的隸屬關係，但是目的是共同的，兩者都產生於學運。我們始終本著協商的態度。現在高校的不平靜主要是學生們沒有感到政府的誠意。學生們急切盼望平等而公開的誠意對話。我是受了趙紫陽總書記五月四日的講話的鼓舞參加了對話團。但政府直到今天才給了明確的答覆，確定了對話的時間。政府提出的對話條件有問題：1.部分報導，這無法保證報導的客觀性、真實性。2.代表名額問題。我們對話團由三十所高校的代表組織，政府只要求我們有二十人參加，不合程序。3.政府根本不考慮同學的情況，只從自身的權力出發，好像對話是一種恩賜，隨便怎麼辦都行。閻明復部長反覆強調戈巴契夫十五日訪華，但對話與此無關。政府如果只考慮十五號戈巴契夫訪華時不出事，才被迫對話，那誠意就要有問題，是應付性的。開希說得對，學生們要求對話、學運的目標並不是戈巴契夫十五號來訪的問題。政府不要硬把學運與戈巴契夫來訪扯到一起。」

學生方面發言的人還有幾個，但內容都大同小異，當有的學生提出「四·廿」流血事件時，閻明復說需要開人大會議解決。王超華的發言主要強調學運的自發性，並不是高自聯和個別人所能控制的。她說：「有許多同學是為了有一天向父老鄉親們說『我參加了「五·四」愛國民主學生運動』。」

閻明復認真地聽了學生們的發言，不時地記下點兒什麼，他有時望著某位發言者微笑，可能是感到學生的單純、幼稚，但他的笑是善意的。閻明復說：「我保證如實向中央匯報，今晚散會後就匯報。學生運動是愛國的，深層原因是我們國家存在著程度不同的（十分嚴重、嚴重、比較嚴重）文化經濟教育的問題。中央對此也很著急。但是急沒有用，解決每一個問題都要有個過程，應該充分考慮我們的現實環境，能做什麼，做到什麼程度。同學們的要求與中央的要求完全一致，所以學運得到了全國人民的共鳴和支持，這也是改革開放的結果。解決問題的措施不是一、二天就能考慮成熟的。如果中央不認真，哄騙大家，對話馬上就能進行。認真對待學生的要求，不是為了追查罪魁，也不是為了敷衍、哄騙，而是為了給學生們，也給全國人民一個認真的、負責的嚴肅答覆。我們黨中央、國務院決不提倡、鼓勵腐敗。但解決腐敗問題也不能意氣用事，不是靠一、二個運動能奏效的，要建立在民主和法治的程序上。廿七號大遊行後，中央很認真地考慮學生的要求。一切都可以在存異求同的基礎上研究。協商對話是民主制的一個內容，是雙方都能夠接受的形式。大家懷疑政府對話的誠意，可能是由於透明度不夠。就現在的情況看，治理整頓和經濟發展是矛盾的，政治體制改革和經濟改革要同步。現在我可以負責地告訴大家，人大會議正在就新聞法、結社法、遊行法的問題做準備。學生懷疑對話的誠意，責任在中央，應該做檢討。中央國務院有決心解決一系列問題。中國正處在由封閉向現代化過渡的時期，利益不均衡，充滿了衝突和矛盾。解決這些矛盾需要各界人士的共同努力。學生們廿七號和五月四號的遊行很成功。絕食也不違法。但中央擔心同學們的絕食行動會影響戈巴契夫的來訪，希望同學們以國家的和民族的利益為重。我們這一輩人快過時了，只希望在有生之年為下一代打個好一點兒的基礎，等同學們走上中國的歷史舞台後能得到較好的遺產。現實並不像你們想得那麼簡單，複雜的因素很多，任何一時的衝動都解決不了問題。希望同學們能夠用歷史責任感來約束自己的行為。我知道，同學們能做到。因為你們命中注定不是享樂的一代，而是憂國憂民的一代。」閻明復的誠摯和負責態度打動了在場的大多數人，有的學生鼓起掌來。

吾爾開希說：「我們成立組織，以理性約束自己，就是為了避免暴力、流血和動亂。」

王丹說：「我們的組織合理合法。」

這時，北大團委的代表發言，他懷疑學生對話團的代表的合法性，懷疑高校學生自治會的合法性。

陳小平激動地站起來說：「我對學生組織的合法性堅信不移。我是學憲法的，我敢就學生組織的合法性問題在任何場合、和任何人展開辯論。北京市的遊行十條才是違憲的。學生們絕食不違法，戈巴契夫訪問並不能證明學生們違法。撤與留的問題取決於政府的對話誠意。」

鄭正來接著陳小平說：「現在一切都看政府的姿態。怎樣看學運的性質和對話的性質，球在政府一邊，怎麼踢，踢好踢壞都在政府。不但我們注視政府，全國人民、全世界也在注視政府的舉動。這是一次絕好的機會。」

周舵和李素等人的態度基本上是勸學生在戈巴契夫訪華前撤出廣場，反覆申明政治需要相互的妥協和讓步。周舵還談到召開這個討論會的過程。閔琦的發言似乎與會議所要解決的問題無關，他長篇大論地講了有關中國政治文化的四個主要問題，更像在學術討論會上的發言。

我也談了自己的看法：「㈠政府要肯定這是一次愛國民主運動，現在政府還有機會改正『四．廿六』社論的錯誤定性，拖得時間越長政府就越被動。政府必須承認學生自治會的合法性，因為政府是憲法的具體執行者、保證者，學生的行為符合憲法。政府應該與學生以及社會各界進行坦率、真誠、平等、公開的對話。但是學生不應該在誰代表政府、哪個級別的人民代表政府出面對話的問題上提出先決條件。只要是政府授權的人，不論什麼級別，都應該接受。㈡絕食學生應該在十五號前撤出天安門廣場，使中蘇高級會晤順利進行。因為無論從國際關係上看，還是僅就中蘇兩國的利益看，中蘇高級會晤都是一大進步，結束敵對狀態，進入相互理解、相互妥協的對話。為世界的和平與穩定，為中國的發展，學生運動都不應該影響這次會晤。㈢政治、特別是民主政治是妥協的藝術，學生們必須學會妥協、讓步、寬容。政府已經做出過幾次妥協的姿態了，有過好幾次對話，趙紫陽的講話和閻明復今天的態度，就證明政府有誠意。所以學生方面也應該有所表示。敵人意識和死要面子會破壞已經出現的相互理解的氣氛。學生如果不妥協、不讓步，就會逐漸失去黨內和政府內的開明派的支持和同情。學生運動不應該捲入黨內派系之爭，但必須爭取社會各界的廣泛支持，特別是來自黨內的支持。」

閻明復笑著說：「曉波你不要太透明，點到為止。」

王軍濤也發言了，他說：「今天是閻明復感動了上帝，使我們這些知識界的人甘願出面說服學生撤出廣場。但政府不要錯誤認為我們的行動是站在政府的立場上。我的態度從運動一開始就十分明確，支持學生運動。我既不是為學生也不是為政府來參加這個會的，更不是為了某一派或某個人而來，而是為了中國的民主事業而來參加會議的。我認為，造成目前僵局的主要責任在政府方面，過多地指責學生是不公平的。」

吾爾開希插話說：「政府究竟有什麼了不起的，為什麼不能承認錯誤，為什麼不肯對話。一個習慣於發號施令的政府必須學會傾聽民意，學會起碼的治國原則。」

閻明復說：「對話有無可能全在雙方的共同努力和誠意。我們都要對自己的行為再認識、再再認識。總要有一個過程。離戈巴契夫訪問還有兩天，兩天內學生們應該結束絕食，以自己的行為證明推翻『四．廿六』社論，給學運的定性是合情合理的。紫陽同志的講話的基本精神是理解學生的愛國熱情的。在中國這個法治還不健全的國家，走出校門後事態往往難以控制，常常會產生事與願違的社會效果。剛才有的同志不斷提派別之爭，提黨內的保守派和改革派之間的分別。但我在此鄭重地告訴大家：中央內部沒有派，在改革開放上是一致的。當然，黨內也有人不贊成十一屆三中全會的路線，有恢復毛澤東體制的傾向，但這不是派，只是不同的意見。改革使全社會的思維方式和價值觀念發生了變化，有些人一下子不適應、不習慣、想不通是正常的。再好的決策也不會得到百分之百的認同。為了推動、深化改革，不造成全面倒退，希望同學們表現出理性、克制。我盡全力促成國家領導人與對話團的對話。公開報導、現場直播的要求不是苛求。我不是決策者。只是傳遞信息者。馬上否定『四．廿六』社論是很難做到的，我也只能保留發言的權利。如果十五號學生撤出廣場，就會為否定或修改『四．廿六社論』提供根據。我並不想通過一次對話說服大家。對話只是交流信息，增進了解，不是解決問題的辦法。在有些方面，學生比政府成熟。老師們的分析是對的，不能靠幾個對話解決問題。我再次重申：㈠保證如實向中央匯報同學們的想法，盡力促成有關領導人與對話團對話。㈡戈巴契夫來訪時學生們應該表現出最大的理性。㈢不搞秋後算帳。怎樣看待學生，是敵人還是自己人，這是搞不搞秋後算帳的關鍵。前幾次對話，何東昌的態度令人反感。㈣幾天的時間想改變『四．廿六社論』行不通。要明確改變，也靠這一、二天學生們的行動。說白了，同學們要給你們心目中的改革派以機會和時間。」

會議結束之前，王丹和吾爾開希表態：保證在五月十五日前空出天安門廣場，等戈巴契夫訪問結束後再回廣場。從主持會議的全過程看，閻明復確實是共產黨高級幹部中的佼佼者。

會議結束後，知識界的其他人都回家了，只有我一人去了天安門廣場，時間已經接近凌晨。我一到廣場，就先找到北師大絕食的學生，和他們聊天。我問他們為什麼參加絕食，其回答真是五花八門。有人說：「為抗議『四．廿六社論』和『四．廿九對話』。」有人說：「藉戈巴契夫來訪給政府施加點兒壓力。」有人說：「這次絕食是偉大的歷史性事件，對中國的民主進程意義深遠，不參加就等於白白錯過了歷史提供的大好時機。」有人說：「為了在中國人爭取民主的事業中留下一點痕跡。」有的說：「我是硬被幾個好朋友拉來的，看著哥們兒挨餓未免太不講義氣。」有的說：「試試絕食是什麼滋味，考驗一下自己的毅力和體力。」有位女同學說：「我的男朋友來了，我想陪他，照顧他。」

我又問：「你們為什麼不呼籲老師們參加？」他們回答說：「老師？最好還是別參加。鍾敬文、唐功那樣七老八十的，出點事我們可負不起責任。」「老師一參加，政府就有口實了，抓長鬍子的抓不到呢，總不能自己送上門。」「歷次學生運動，老師們不是旁觀，就是指手劃腳，呼籲頂個屁。」「老師們都有家有口的，萬一身體搞壞了，太不值。我們年輕，身體好，一身輕，即使有個好歹，也牽連不到別人。」「老師是老師，學生是學生，我們要保持此次運動的純潔性。」

我再問：「你們沒有考慮過危險性嗎？政府抓人怎麼辦？身體垮了怎麼辦？」有人說：「這是集體絕食，抓得過來嗎？」有人說：「如果政府抓人，只能使事態進一步擴大，政府就更難下台階。」那位說試試挨餓是什麼滋味的同學說：「抓了更好，也嘗嘗鐵窗的腥味。要叫我主動違法蹲監獄我不幹，要是政府違法抓我，我求之不得。甜、酸、苦、辣、鹹，人生種種滋味，都該一嘗。」有人說：「估計政府怎麼也挺不到十五號就得想辦法，所以二、三天還問題不大。不會對身體造成實質性損害。」

我又問：「你們做過最壞的思想準備嗎？」大多數同學說沒做過。只有一個矮矮的男同學說：「我想寫遺書，但現在還沒寫。」我追問：「你想寫些什麼？」他說：「安慰我的母親和妹妹，讓她們覺得我的死值得。」我緊跟著問：「值得？為什麼？」他臉轉過去，避開我的視線說：「我絕食是為民主、為民族。」

這時，一位手提話筒的學生走過來，對我說：「劉老師，給我們講幾句吧。」我說：

「等一會兒，我會講的，我想勸你們停止絕食，離開廣場。」說話間，遠處一片騷動和呼喊。我分開人群擠過去，原來是李鐵映、李錫銘、陳希同等人來了，時間大約是十四日凌晨二點多鐘。他們已經被學生團團圍住，嚷著叫他們講話。李鐵映接過話筒剛剛說：「同學們，我們代表政府來看你們，希望你們珍重身體……」他的話立刻被一片「不要聽！不要聽！談點實質性問題」的呼聲打斷。李鐵映把話筒遞給李錫銘，他也是剛一開口就被叫喊聲淹沒，陳希同的命運亦如此。他們完全喪失了控制局面的能力，幾乎沒有講一句完整的話，便在保安人員的護送下奪路而去。我既因學生們的蠻橫和情緒化而氣憤，又因這些大官們的低能而寒心。他們算是國家級的領導人了，居然連這種群眾場面都應付不了，真不知道他們在平時是怎樣治國的。

一群人跟著他們，有的喊：「膽小鬼，回來！」有的喊：「別走，我們的主任、市長、書記，我們渴望接受教育。」有人揮著拳頭喊：「快滾吧，白痴！」這時，幾個人推著一輛平板車，上面站著一個拿話筒演講的人。他頗為豪邁地說：「我們絕食，用年輕的生命為民主鋪路，我們一定堅持到底，直到政府答應我們的條件。打倒腐敗政府！推翻專制政權！為一個光明的民主中國而奮鬥！」

我按捺不住了，跳上平板車，對那人說：「讓我講幾句。」那人一怔，質問道：「你是誰?」我說:「北師大的,我叫劉曉波。」那人遞過話筒,高聲喊:「靜一靜。聽劉曉波老師講幾句。」我們:「同學們,為爭取中國的民主,你們已經付出了重大的代價,再以年輕的生命為代價就太不講策略了。更重要的是,戈巴契夫即將來訪,中蘇高峰會談舉世矚目,我們決不能因為國內的民主而影響這次意義深遠的國際性會晤。中蘇曾互為敵人,今天能夠放棄敵對立場,坐下來談,無疑是非常有意義的,對國際局勢的穩定、對我國的改革開放,有百利而無一害。利用戈巴契夫來訪之機要挾政府,這從策略上講是非常愚蠢的,等於把現成的王牌打給了政府。政府可以藉保證中蘇高級會晤而名正言順地整頓廣場。更重要的是,在這樣的時刻採取如此激烈的對抗行動,只能更進一步強化雙方的仇恨心理。剛才,李鐵映等人來講話,你們不等人家講完就野蠻地打斷,這不是民主,而是仇恨。民主的原則是,每個人都有說出自己意見的權利,哪怕這意見是錯誤的。中國歷史上的歷次革命最終都導致了新專制,重要的原因之一就是這種狹隘的農民式的仇恨心理。仇恨只能導致暴力和專制,仇恨只能虛構敵人。難道我們還沒有嘗夠階級鬥爭式的仇恨的苦果嗎?中國的民主最需要的是消除仇恨和敵人意識,最需要的是心平氣和的對話、協商,最需要的是寬容。為中國的民主事業計,莫讓仇恨毒化了你們年輕的生命和智慧。政治,特別是民主政治,是相互妥協的藝術。李鐵映等來廣場就已經是在表示政府的一種妥協的姿態。我剛才在統戰部開會,閻明復部長也強調了相互妥協、相互理解的重要性。在會上，你們的領袖王丹、吾爾開希已經保證了在戈巴契夫訪華前，帶領絕食學生撤出廣場。而且，在前些天的學運中，你們表現出了高度的理性精神，不要因為一時衝動而前功盡棄。同學們，你們這麼年輕，千萬不能拿生命開玩笑。不要讓仇恨的陰影籠罩廣場和心靈。回到校園去，紮紮實實地從校園內的民主開始。」

在我演講的過程中，開始還挺安靜，時而有掌聲和喝采聲。但是在大部分時間裡，噓聲、口哨聲時有所聞。到了最後，有人乾脆就高喊：「懦夫，滾下去！」「學賊，滾下去！」「被政府收買了。八成明天能得個一官半職吧。」「黑馬怎麼變成綿羊了。」從我拿到碩士學位登上講壇開始，已經做過多次演講，每次演講都常常地被掌聲和喝采聲所打斷，使我陶醉於年輕的大學生的狂熱中。今天所遇到的這種尷尬場面在我的演講中還是第一次，我有些沮喪，感到自己的形象已失去了昔日的風采，一種被拋棄的感覺漸漸地浸蝕著我。但是，我決不能因此而中斷演講灰溜溜地逃走，我一定挺住。我固執地站在平板車上不停地講，甚至重複著前面已講過的內容，直到口乾舌燥，疲倦不堪。跳下平板車後，我感到全身無力，恥辱和委屈交織在一起。面對這樣的大學生，我回來幹什麼？就是為了讓他們吹口哨、喝倒采、把我轟下講壇嗎？明知道是烏合之眾，卻偏要糾纏於其中，這不是徹底背叛了自己一貫奉行的特立不群、獨往獨來的信念嗎？在悔恨中，我坐在人民大會堂前的馬路涯子上，寒冷、饑餓、疲倦使我不時地發抖。好不容易等到了早晨五點鐘的頭一班廿二路公共汽車，我馬上登車回家。在車上，我下決心不再參與學生運動，立刻著手辦理再次去美國的出境卡，盡快離開這個倒楣的地方。後來，美國的朋友從紐約打來長途電話，他告訴我，美國的新聞媒介簡單地報導了我五月十四日凌晨在天安門廣場的演講，並描繪了學生們喝倒采、吹口哨、台下一片噓聲的情景。朋友還好心地對我說：「曉波，你是冒著風險回國的，說話要慎重，總不能沒讓政府抓卻讓學生哄回美國吧。」我聽了淒然一笑，說：「我知道自己所扮演的角色的難度，但我有自信演好。中國只有一個劉曉波，他不可重複。」

在統戰部的會議上，閔琦約我於明天上午去他們所（北京社會經濟科學研究所）參加一個溝通學運信息的會議。參加者有王軍濤、陳子明、閔琦、鄭也夫、吳稼祥、王潤生、陳小平、鄭蒂、中國青年報社的記者和其他的人。中國青年報社的記者介紹了胡啟立去報社進行對話的情況，認為胡啟立的態度是傾向於支持學潮的。王潤生宣讀了由嚴家其、包遵信、蘇曉康、鄭義和他等人商量起草的一份知識界的《聲明》，並徵集與會者簽名。我當即指出這個《聲明》所用的完全是共產黨的意識形態化語言，仍然沿用「解放以來」、「勞動人民」、「人民萬歲」等詞彙，用這種語言寫支持民主運動的聲明是一種莫大的諷刺。王軍濤立即讓我修改，我拒絕了。我當時想，要幹就與學生們在一起，我決不參加這些知識分子的組織和各類宣言。吳稼祥，這位「新權威主義」的倡導者，據別人講他熟知上層的權力鬥爭，可以介紹一些鮮為人知的「宮廷秘史」。果然，他談了一些趙紫陽和鄧小平的近況。他說，「四．廿六社論」是老鄧誤聽匯報的結果，老鄧已經有點後悔。現在老鄧在北戴河，他的家人嚴禁他與外人見面，不聽匯報，不發指示。吳稼祥還說趙紫陽的處境極為困難，他為學生說話，學生卻不為他著想，現在他被學生們的固執絕食弄得相當被動，進退兩難。接下來吳稼祥開始發表治國宏論，從歷次農民起義講到「五．四運動」、「一．廿九運動」、「五．卅運動」，直至近幾年的歷次學潮，總結出一套暴民革命的歷史教訓，指出中國的前途只有依靠趙紫陽式的黨內開明派才有希望，再一次提出了他曾極力倡導的「新權威主義」。鄭也夫的發言也是治國的大政方針，更側重於文化問題。閔琦介紹了昨晚統戰部會議的情況，並再一次重複了關於共產主義政治文化的四大批判。一位來自警察學校的年輕人介紹了警察們的情緒，他說，大多數年輕的幹警均同情學生，執行命令時應付了事。

我在會上介紹了廣場絕食學生們的情況，並且表示了我厭惡這種意識形態式的治國宏論，要大家更關心具體的問題，拿出行動，直接參與學運，動員大家，特別是有影響的知識分子去廣場，勸學生撤離。我說：「現在學生們已經非常看不起我們這些知識分子了，如果再坐以論道、指手劃腳，我們就將失去學生們的信任和參與的機會。要想參與，就和學生們在一起。」這時，陳小平進來找我。我倆一起到了另一個房間，他要找我商量成立首都高校青年教師自治會的事。我們的談話沒有什麼具體的結果。昨天晚上一宿未睡，實在有點累。陳小平走後，我一人留在那間屋子裡，很快睡著了。

吃中午飯的時候，恰巧我和王軍濤挨著坐，邊吃邊談。以前，我不認識王軍濤，只是在一九八七年初去昆明給四通公司的幹部管理學院上課時，聽周舵和閔琦介紹過他的一些情況。我知道他參與過「四．五」運動和一九七九年「西單民主牆」運動，參加過一九八〇年北大的競選。從內心講，儘管我以前不願意和這些半職業性的從事政治活動的人打交道，但對魏京生等「西單民主牆」的成員頗有幾分敬意。我一直認為他們是中國的民主意識和民主運動的先知先覺者，要比劉賓雁、甚至方勵之都強。這次回國才認識了王軍濤、陳子明等人，這是我與王軍濤第一次長談。

我和王軍濤的談話很快在兩個問題上針鋒相對。一個是怎樣看待西方與中國的關係問題。他堅決反對我的「全盤西化」，特別不能接受我對中國人、包括人種的悲觀主義和虛無主義的看法。他說中國有中國的現實、中國人有中國人的智慧，不應該與西方生硬比較。他表示不出國，因為外國人不了解中國，外國人對中國的看法和指手劃腳決不應該成為我們處理中國問題的依據。中國的一切都應該有中國特色，包括中國的民主也應該有中國特色，只能是中國式的民主。「我是中國人，就應該生活在這裡，為它的事業奮鬥。世界上的其他地方，與我、與中國的民主有什麼關係？」他頗為激動地說。我說，雖然伴隨著武力征服的殖民化時代已經成為歷史，但是新形式的殖民化正以不可阻擋的趨勢在中國推行。因為民主和科學這兩種全世界都認同的價值皆源於西方，它們對世界的同化力量是無人能夠阻擋的。中國的根本改造只能走民主之路、科學之路，不論用什麼樣的詞彙，「西化」在中國是歷史的趨勢，是每天都在發生的活生生的現實。更重要的是，民主和科學在基本原則上是有全世界公認的統一內涵、統一標準的，它是人類性的，超國界、超種族、超文化，決不能以特殊國情為藉口而拒絕民主的基本原則。至於細節上的差別，國與國肯定不同。我勸王軍濤不要只從書本上了解西方，只知道民主的觀念，更應該出國考察，看看西方的民主是怎樣實際運作的。我還談到此次出國對我的震撼。

另一個爭論激烈的問題是學運的形式，是有條件的妥協，還是強硬對抗。王軍濤說：「昨晚，在統戰部的會議上，你、周舵和其他知識分子都被閻明復感動了，一致認為學生應該讓步、妥協。我沒有反對，但心裡總覺得不舒服。妥協是必要的，但政府並沒有在原則上做絲毫讓步，政府的妥協姿態都是走走形式，騙騙人。對這個不講理的政府，這個慣於發號施令的政府，有必要以更強硬的態度刺激它，給它更大的壓力，讓政府知道中國老百姓的俯首稱臣的時代已經過去，中國人人格的軟弱正在改變，讓那些一向自以為大權在握的統治者知道民間力量的覺醒會產生多麼強大的能量。四十年來，我們很少有群體的抗議，但現在的情況不同了，『清污』和『反自由化』的流產說明了政府在強大的民間壓力下的軟弱，民間力量越強硬政府就越弱，民間力量越讓步政府就越強硬。學生絕食也是對趙紫陽的挑戰，逼他明確表態。在中國這種一貫沉悶、壓抑的政治體制下，就應該有高強度的舉動。我同意學生有條件地讓步，不同意像昨晚那樣無條件撤離。當然強硬對抗可能導致流血，這是誰也不願意看到的結局，能不流血盡量不流。但是，政府一旦出動軍隊，造成流血，也並非百分之百的壞事。鮮血會說明政府的無可救藥，使政府徹底失去民意，換來民眾的覺醒。不流血能解決問題當然最理想。但面對沒有違法的學運，政府逼著流血，也只能堅持到底。我不主張流血，但我不怕共產黨的槍口。決不能僅僅為了避免流血而放棄最低的民主原則。」王軍濤頗為激動地說。

我說：「這次學潮不同於歷次學潮的最大特徵有兩個：一是學生組織良好，社會動員廣泛；二是政府的讓步。不管採取什麼形式，談的是什麼，政府還是坐下來對話了，這是一九四九年後絕無僅有的，是進步。如果學生在戈巴契夫來訪時讓步，政府就要讓更大的步。不僅為否定『四．廿六社論』，打下基礎，而且能夠保護自治組織和有限的新聞開放。至於流血，我堅決反對，民主的重大意義就在於找到了避免解決社會問題時的暴力的政治形式。民主永遠與暴力無關，流誰的血都不應該。法國大革命的時代已成歷史。還有，流誰的血，誰想以流血喚起民眾覺醒，誰就應該第一個面對槍口。」王軍濤說：「如果不得已，我知道應該怎麼辦。」

王軍濤的語調中有種大義凜然的氣勢。也許，他的經歷使他對這個制度的殘暴看得更清楚。雖然他不希望看到流血，也在運動中為避免流血而苦口婆心，但他並不認為凡流血皆不可取，甚至認為中國的民主必然要付出血的代價。現在，他身陷獄中，仍以其堅硬的人格實踐著他的信念，寫《悔罪書》的我面對還在受難的軍濤，幾乎無地自容。但是，即使現在我能夠見到軍濤，我仍然不會同意他的觀念。「六．四」的鮮血是「八九抗議運動」最大的失敗，雖然造成流血的主要責任在政府，但每個參與「六．四」的人也都應負一份道義上的責任，特別像我這樣的風雲人物更應該負道義上的責任。

可以說，這次談話挺不愉快，其主要原因不在於我和王軍濤之間的針鋒相對的爭論，而在於王軍濤的那種隨時打斷我的談話的霸道的談話方式。他講話時，滔滔不絕，不允許別人插話或打斷，但是當別人講話時，他總是插話，想什麼時候打斷就什麼時候打斷，打斷後便根本不管對方要不要繼續談，他便又開始滔滔不絕。我一再提醒他要遵守談話的基本規則——讓人把話說完，這也是民主的常識。但他很難控制自己。在他的談話語氣和用詞中，我感到他不是在討論問題，而是只想用自己的結論否定或駁倒對方。比如他曾說：「你那麼羨慕西方，幹嘛出去了還要回來，弄個綠卡。做洋人多好。」王軍濤的談話方式給我的不舒服感，使我想起了自己的以前。出國前，我可能也像王軍濤一樣盛氣凌人，不尊重談話的對手，隨意打斷別人，談話中表現出強烈的要征服或打倒對方的欲望。出國八個多月的生活改變了我，使我懂得了民主不僅僅是政治原則和政體方式，不僅僅是社會性的選舉、三權分立、新聞自由，而且是做人的原則，是生活方式和日常的人際關係。只有當民主的原則滲透到具體的生活細節中時，只有當在任何場合都懂得既捍衛自己的權利又尊重他人的權利時，民主才是堅固的、具體的，而不是抽象的、一觸即潰的。

那天的談話結束時，我對王軍濤說：「我很難判斷，如果你有權力會民主地對待別人。在沒有政治權力的背景下，你都不尊重別人的起碼的權利和人格，而一旦有了權力的慫恿，不無法無天才怪呢。」王軍濤說：「我一說起話來就忘乎所以，謝謝你的提醒。但我堅持我的觀點，希望你不要把我的觀點和說話方式扯在一起。」我說：「絕不會。如果你的態度民主一些，今天的談話非常愉快。」

我被釋放後於三月分從大連返回北京，又陸續接觸過幾位與王軍濤十分熟悉的人，包括周舵和軍濤的弟弟。他們也一致承認王軍濤的談話時的態度和方式令人極不舒服，這是他的一大弱點。但他們又說我還不太了解王軍濤的整個為人。儘管有種種弱點，但在整體上他仍是個極優秀的人。是的，我沒資格評價王軍濤這個人。我和他只見過幾面，大都是在會議上，無從了解他究竟是怎樣的人。這本書中所涉及到的王軍濤，都是就事論事，不涉及評價。我希望正在受難的王軍濤是個極優秀的人。

混在廣場

一九八九年五月十四日，在王軍濤他們所裡開完會，我就回家了。一到家我倒頭便睡。下午四點多鐘，我睡意正濃時，一個學生敲門叫醒了我。他氣喘吁吁地說：「劉老師，吾爾開希讓我來叫你馬上去廣場，幫助他勸絕食的學生撤出去。」吾爾開希的請求像一種不可抗拒的命令或呼喚，使我忘記了昨晚在廣場上發表演講時的沮喪。我立刻爬起來，臉沒洗、牙未刷、飯沒吃，跟著那個學生坐上出租車，直奔廣場。

廣場上亂糟糟的，各校的旗幟隨風飄動。我見到吾爾開希時，他正在演講，動員絕食的學生們讓開紀念碑的正北面。他一見我就說：「現在，學生的情緒十分亢奮，參加絕食的人由幾百人激增到上千人，還不斷地有人加入。我和王丹勸了很長時間，口乾舌燥。大多數學校不同意撤出廣場，只同意讓開廣場的正北面，移到紀念碑的東側繼續絕食。但是，你們北師大中文系的學生和理工大學的學生死活不動，誰勸也不頂用。我就只好找你了。你是他們的老師，也許能說動他們。」

我來到北師大中文系的絕食地點，先去勸幾個男同學，他們堅決不走：「戈巴契夫怎麼啦，我們為民主而絕食礙他什麼事。」我只好去勸幾個女同學，她們一勸就哭，並說吾爾開希在愚弄她們：「動員我們絕食的是他，讓我們撤的還是他。既然來了，就是餓死也要待在這兒。」

紀念碑的正北面幾乎空了，只剩下我的學生和理工大學的絕食者。我連自己的學生都勸不動，還能左右其他人嗎？漸漸地，絕食的學生已經被看熱鬧的人團團圍住。一些不絕食的同學自動組成糾察隊維持秩序。圍觀的人們的臉上所流露出的表情不是焦慮、擔心、而是好奇、甚至是幸災樂禍。有兩個小青年還衝著絕食的女同學說：「這麼嬌嫩的身子，餓壞了真叫人心痛。姐妹，要是挺不住了，就跟哥倆言語一聲，包在哥倆身上了，保管有吃有住。」

太陽斜射下來，絕食的學生互相依偎著。他們的身下鋪著報紙、塑膠布、書包和各類衣服。他們的表情嚴肅認真，臉上髒兮兮的，說起話來，一副有氣無力的樣子。我問他們：「你們打算絕食多長時間？」他們說：「直到政府答應我們的條件。」我說：「如果政府永遠不答應呢？」他們說：「我們就一直絕下去。」我說：「那會餓壞、甚至餓死的。」他們說：「從報名參加絕食時起，就已經做了最壞的準備。」

明天就是十五號，戈巴契夫訪華的日子，但是政府方面並沒有對廣場的絕食學生採取行動的任何徵兆，他們似乎對這些年輕的生命無動於衷，也不考慮絕食的學生占據著廣場，將產生怎樣的國際影響。而學生們則堅定地相信，他們的行動肯定能感動上帝，使政府做出讓步。政府的冷漠激怒了我，學生們的獻身精神和悲慘的處境感動了我，面對天安門廣場這些準備獻身的年輕生命，我再不能旁觀了，應該和他們一起受難。十四日傍晚，我已經放棄了勸學生停止絕食的念頭，進入一種頗為亢奮的激動狀態。理性和情感的較量，其結果是情感征服了我。我開始為學生們張羅生活用品，並對圍觀的市民發表演講，號召全體市民行動起來，支持大學生們的正義行動。我拿著手提式話筒，高喊：「大學生們正在為我們古老的民族受難，任何有正義感、有同情心的中國人都不應該冷眼旁觀。國家興亡，人人有責。學生有責、教師有責、幹部有責、軍人有責、警察有責、工人有責、農民有責。如果我們每個人都承擔起自己應負的政治責任，中華民族就將開始一個新時代。」我的演講，使學生們掉淚，他們用大白布做成標語，上面寫著：「劉曉波老師，我們感謝你。」我自己也沉浸在異常激動的情緒中，廣場上的悲壯的就義氣氛和獻身精神籠罩著我，我完全失去了理性的判斷能力，下決心和絕食的學生們同生共死。

五月十四日傍晚，天已經黑下來，廣場上一片喧囂，絕食團的廣播站反覆播放著《絕食宣言》。這時，一群學生簇擁著知識界的代表來到廣場，他們是包遵信、劉再復、李洪林、戴晴、李陀、李澤厚、蘇曉康、溫元凱、麥天蘇、于浩成、蘇煒、嚴家其[9]。他們路過學生的絕食隊伍時，我看見了劉再復、包遵信等人，包遵信還勸我與他們一起去廣播站，我以蔑視的和嘲弄的口吻說：「我願意與學生們待在一起。我與你們不同。你們是揮手指方向的人。」

絕食團廣播站的大喇叭裡陸續響起了這批知識精英的聲音，他們在講話中把大學生們捧上了天，並發表了《我們對局勢的緊急呼籲》。《呼籲》稱絕食「開創了中國歷史的新紀元。」學生「比政府、比官員、比文化精英聰明得多」，已經「取得了偉大的勝利。」並表示「如果政府不答應條件，我們將和同學們一起行動。」最後，戴晴代表十二個人提出建議：政府和學生都應該做一些讓步，特別是在中蘇高級會晤前夕，更要讓步。如果同學們同意撤出廣場，她可以代表學生去與趙紫陽、李鵬談判，讓他們來廣場與學生們見面。

戴晴的講話是清醒的、理智的、有說服力的。但是，她並不了解學生們的心態，更不清楚廣場的就義氣氛是多麼濃烈。所以，當她講到「代表學生與政府談判時」，有些學生再也坐不住了，大喊大叫：「你有什麼資格代表我們！」「你又沒絕食。」「嘿，這群臭老九想下山摘桃子。」與此同時，有一個學生開始帶領其他絕食學生高聲朗頌《絕食宣言》，一連三遍，聲音之大已遠遠壓倒了戴晴的聲音。有人開始謾罵，有人高喊：「滾出廣場，我們不需要救世主！」「這是我們自己的事，誰也代表不了學生。」「只有我們才是民族的精英、民主的戰士。」「我們在玩命，你們卻坐享其成。想的美。」我置身於學生之中，既為這十二個人悲哀，又有點幸災樂禍。悲哀的是他們的自我感覺過於良好，以為他們一出現就可以扭轉乾坤、挽狂瀾於既倒。他們不知道像吾爾開希、柴玲、封從德這樣的學生領袖的自視有多高、有多狂妄，根本沒把這些知識精英放在眼中。學生領袖們認為只有他們才是此次運動的組織者和領導者，只有他們能夠代表全國人民的民主要求，只有他們是中國的救世主。幸災樂禍的是，這些自視甚高的知識精英早該被好好地冷落冷落，不要動不動就擺出孔夫子的姿態誨人不倦。想介入學運，就和學生滾在一起，別老是居高臨下地發號施令。

學生們哄了十二位知識精英，使我的自我感覺良好。我自認為在中國的所有知識分子中，我是唯一的能夠放下架子平等地和學生們相處，和學生們同生共死的知識分子。儘管我以前一貫厭惡學生運動，但是一旦決定介入，就必須拿出行動來。我想不僅僅要站在講台上

9 一九九一年十二月十三日下午五點半左右，我與戴晴通電話核實此事，她說，她沒有和那十一個人一起去廣場，而是留在統戰部和閻明復談話後，被統戰部派車送到廣場的。

為學生們提供思想，而且甘願為他們服務，盡全力幫助他們處理一些具體的事情，包括為他們募捐、買東西等等。此外，我回國的目的之一，就是想看看大學生們的運動究竟是怎麼回事，切身體驗一下學生們的所思所想、所作所為。當時，我並沒有想到這種激昂的非理性情緒將導致那麼可怕的後果，沒想到學生的不妥協和政府的錯誤決策一樣，也是導致八九抗議運動的失敗，導致「六．四」血案的重要原因之一。逐步升級對抗肯定與學生們的絕食之舉有關。我卻從一開始反對，一變而為全身心地投入其中，加強了籠罩整個天安門廣場的盲目的不滿情緒、仇恨心理和獻身精神，推進了運動的走向失敗。

五月十五日，廣場上的氣氛驟然升溫，許多人湧向廣場，希望看到戈巴契夫怎麼進入廣場。學生們也潛在地感到這一天將發生非常富有戲劇性的事件。我在學生們中間，許多人問我：「劉老師，你說，戈巴契夫能來廣場嗎？」「趙紫陽有可能在人民大會堂前歡迎戈巴契夫嗎？」「如果戈巴契夫來廣場，政府拿我們怎麼辦？」廣場上，出現了戈巴契夫的肖像和橫幅標語：「歡迎『新思維』的首倡者。」「公開性是民主之本」「戈巴契夫，我們相信你能理解我們的不敬。」很多學生感到今天將是一個歷史性的日子，中華民族將永遠記住這一天。我曾教過的一位北師大中文系的女學生，在自己的背後，寫上「我將無愧於後人」幾個大字，北京的《科技日報》曾刊登過她的照片。

上午，吾爾開希來到北師大中文系的絕食處；向周圍的人發表演講。他情緒激昂、聲音洪亮，雙手不停地揮動，講著講著，他哽咽了，聲淚俱下，他稱政府是流氓，號召學生們堅持到底，號召市民們支持學生。吾爾開希講完後，將手提式話筒遞給我，我也情緒激昂地講了一通，稱學生們是民主的精英，他們的行為將感天地、泣鬼神。我講完，我和吾爾開希拉起手，向天空舉起，同時高喊口號。許多鏡頭對準了我倆。我非常激動，感到這是一個歷史性時刻，我與吾爾開希雙手高舉的照片將成為珍貴的歷史資料。

中午，幾位北師大的同學來找我，説要辦一個北師大絕食團通訊，印發一些消息和文章。我當即支持。但辦通訊需要設備、鋼板、蠟紙、刻筆、油墨、油印機、紙張以及其他東西，錢從哪來？廣場的絕食團總指揮部不給分文。我當即決定，我去為學生們捐款，三個學生跟著我。一位同學幫我拿著話筒、一位同學抱著募捐的紙盒箱、一位同學拿著幾瓶汽水。我在五月十五日下午和五月十六日下午，前後共進行了三次演講募捐，走遍了廣場的每一個角落。工人、個體戶、農民、幹部、知識分子、軍人、警察、老人、孩子……人們紛紛掏錢，那個小小的募捐盒內，有社會各階層的捐款。在整個募捐過程中，我幾乎是流著淚在演講，其內容完全是煽情式的，大意如下：

我是北京師範大學中文系青年教師劉曉波。我應美國的哥倫比亞大學邀請，於一九八九年三月到一九九〇年三月在美國作爲期一年的訪問學者。但是受國內大學生們的民主熱情的感召，於四月廿七日回國，全身心地投入學生運動。

現在，他們在絕食、在挨餓、在用自己年輕的生命喚起全國人民、喚醒腐敗的政府。他們的行動感天地、泣鬼神，紀念碑爲之高昂，人民大會堂爲之驕傲、天安門廣場爲之顫抖，整個廣場爲之激動，全國人民爲之潸然淚下。而只有政府是冷漠的、無情的。這樣的政府，天理難容。

中國人當慣了看客，難道在這些年輕的生命受到煎熬的時刻還當看客嗎？凡是來廣場的人，不論動機如何，都表現出對大學生們的支持和關切，但我希望每個中國人不再只當看客，而是負起公民的責任，以實際行動支持大學生。

今天，今天，你們在這裡捐下哪怕是一角錢、一分錢，也將具有永恆的歷史意義。這個募捐盒中的一元錢，要比被那些官僚們任意揮霍浪費的上千億都有價值。

爲中華民族的民主事業、爲這些年輕的生命，請你們拿出行動來。

募捐結束後，我的嗓子喊啞了，淚流乾了，許多催人淚下的場面和一些荒誕可笑的情景至今難忘：

一位少婦把錢塞到孩子手中，孩子一邊哭著說：「謝謝叔叔阿姨、謝謝大哥哥大姐姐，我要是長大了多好，也能和你們一起絕食」，一邊把一張五十元的人民幣投入募捐盒內。

一位衣著襤褸的老人，自稱是順義縣的菜農，他捐了一百元，再三叮囑我要多給年輕人買點補品。他說他不懂國家大事，今天進城想來天安門看看，碰巧遇上了大學生們絕食。他是完全出於同情心而捐款的。

一位從外地來北京上訪的婦女，把五十元人民幣塞到我的手中說：「老師，這是我回家的路費，但這些小青年太讓我動心了，我寧可走回家也要捐這錢。」我執意不肯收，她竟哭起來，跪在地上求我收下，她說：「別看不起我這個平民百姓，我也有一肚子的苦水要倒。大學生們是拿性命替我們說話呀。」

在紀念碑上的西側，坐著一群《人民日報》記者、編輯，他們打著兩條橫副「學生運動不是動亂」、「四．廿六社論不是我們寫的。」當我對他們發表演講時，幾乎所有的記者都慷慨解囊，最少的十元，最多的五十元。

在人民大會堂的東南側，我看到了前外交部長黃華。顯然，他是自己來廣場的，沒有警衛人員跟隨。他拄著拐，被一群圍觀的人簇擁著。他很激動，幾次想講話都無法開口。後來，他也許累了，就坐在馬路邊上對著一個錄音機講起來。由於距離太遠、加上人聲吵雜，我沒聽清他說些什麼，但從不時傳來的掌聲中，可以感覺到他對學生們的同情。

兩位不報姓名的電工，神奇地為我在絕食棚中安裝了一部電話，這部電話只能打出去，不能打進來。他們說：「我們想這樣做要比捐幾個錢有用。」至今，我仍然記得那部老式的、深紅色的電話機。我用它與妻子陶力與吾爾開希、與我的導師通過話。

一位年輕小伙子，自告奮勇地要求為北師大絕食團通訊打印稿子，並提供了國際直撥長途電話和電傳。他告訴我，如有什麼緊急的事情要與國外聯繫，我可以跟他去，他會為我提供一切方便。這個小伙子騎著一輛輕便摩托車，一次次地取走手稿，送回打印好的蠟紙。至今我仍然忘不了，他跨上摩托車，點火、發動、側過頭向我揮揮手的情景。我覺得他的動作和造型瀟灑極了。

中信公司開著車送來了大批營養品、飲料和食品。那個胖乎乎的中年人站在汽車上，一邊往絕食的學生中扔東西，一邊高喊：「我們是中信公司的。榮老板（榮毅仁）讓我們來看你們啦。同學們最清楚誰是真正的官倒。反官倒、反腐敗、爭取民主，我們榮老板支持。我們中信就深受官倒之苦哇。」

一位農民婦女，拎著一籃子熱氣騰騰的包子來到絕食的地方，急火火地打開蒙在上面的髒毛巾，說：「同學們餓壞了，吃吧。跟這種老爺官賭氣，弄壞了身子不值呀。」我走過去，嚴肅地對她說：「你的好心我們領了，但這是絕食。你在這拿著包子，影響不好。請你離開。」她說：「你這位同志怎麼沒良心，眼睜睜地看著同學們挨餓。多嫩的身子骨呀。」我說：「絕不行。同情歸同情，絕食是絕食。你還是離開。」這時有幾個同學過來，一起勸她走。她同意了，但堅決地說：「那我就等在那邊，什麼時候想吃了，吆喝我一聲就成。」果然，由絕食改成靜坐那天下午，她真的又出現在北師大中文系的絕食帳篷中，照樣提著一籃子包子，籃子上照樣蒙著那塊髒毛巾。

兩個小伙子，蹬著一輛板車，上面裝滿了棉被和衣物，有的棉被和羽絨服是嶄新的。他倆說：「這是我們四合院的幾家人湊的，不知能不能用上。眼下，我媽正在家裡熬綠豆湯，下午就送來。」

一個留著長長的頭髮、穿著長長的衣服、身披一塊大白布的人，不管糾察隊員的阻止，強行闖進絕食圈內。他胸前和後背的白布上寫著四個大字：「流浪詩人」。他雙手高舉起一塊標語牌，上面寫著一首詩。他一邊繞場行走，一邊朗頌他的詩。那真是一首又臭又長的詩，居然能倒背如流。朗頌完詩，他來到絕食的學生中，要了一支菸，悠然地抽起來。抽完菸又向糾察隊員要吃的和喝的，並不停地和女學生聊天。我看得真煩，叫兩名學生把他趕走。他憤憤地說：「此處不留爺，自有留爺處。」

五月十五日上午，有兩位美國人要進入北師大的絕食圈進行採訪，糾察隊員攔住了他倆。我過去一看，是一男一女，女的是華裔中國人。她掏出名片後我才醒悟，原來他倆是劉白芳夫婦，就是他們請我去舊金山開會。我和劉白芳夫婦前幾天在香格里拉飯店見過面。我讓糾察隊員放他們進來。他們拍下了絕食學生和絕食團通訊的工作情況。他們採訪我時，我唸了剛剛寫完的《告海外華人以及一切關心中國問題的外國人士書》。劉白芳的丈夫當即捐了三百元人民幣。他們的行為讓我感動。送他們走時，我說：「以後你們想採訪，如果遇到麻煩，就來找我。」

他們剛走，我的妻子陶力帶著一些補品來看絕食的學生。我當時根本顧不上與妻子多談，忙忙碌碌地幹著一些雜事。

五月十五日中午剛過，嚴家其、包遵信、鄭義、柯雲路、老鬼、徐星、趙渝等幾十人來到廣場，他們打著橫幅「首都知識界」，每人挎著肩帶，寫上自己的名字和代表作的名字。他們在人群的簇擁下，唸著宣言，並用高喊姓名的方式與群眾見面。「嚴家其！站起來。」嚴家其站起來向人群致敬。「包遵信！」包遵信站起向四周拱手，就像領袖來到群眾中一樣。可惜，他們的人太多，到了最後，人們似乎失去了興趣，掌聲和歡呼聲漸趨微弱。這種自視具有特殊身分和知名度的出場方式，白杰明曾有一針見血的分析[10]。

更富於戲劇性的是，在亂哄哄的、髒得一塌糊塗的廣場上，突然出現了一隊與廣場的環境形成鮮明對比的年輕女人。她們看上去像是某個大而豪華的飯店的服務小姐。鮮豔奪目的旗袍在陽光下閃現，緊裹著她們苗條的身體，腿、腰、臀、胸和頭的線條十分突出。她們走路的姿勢顯然是經過特殊訓練的，一步三搖，腿的擺動帶起了臀部的扭顫，腰也隨之有節奏地扭動。高跟鞋使前胸挺起，突現著雙乳，特別是她們的旗袍的兩側，開叉很高，幾乎接近胯股，走起路來整個大腿時隱時現，頗為性感。她們的臉也化了濃濃的妝，鮮紅的唇，黑而細的眉，眼影使雙目黑得清澈明亮，轉眸顧盼脈脈含情。她們擺成一隊，手拎黑色的、閃亮的食品盒，在一位西裝筆挺的男人的帶領下來廣場慰問絕食的大學生。他們一出現在廣場，就被人群圍住了，年輕的民主鬥士們也一個個睜大眼睛，看著這些似下凡天女般的小姐。她們為廣場增添了別一種色彩和光亮，為悲壯的氣氛注入了活潑而喜劇性的氣息。看到她們，許多年輕人在這瞬間不會再去想民主之類的嚴肅問題。我的一個朋友告訴我，男大學生們是

10 Geremie Barmén《Confession, Redmption, and Death: Liu Xiasbo and the Profest Movement of 1989》，見《the Broken Mirror—China After Tian an men》. p. 63. Edifed by GEORGE HICKS LONMAN CURRENT AFFAIRS. 1990. London.

那麼興致勃勃地向她描述這群小姐。他們邊說邊比劃，形容著她們的服裝、神態和走路的姿勢，評價著她們的氣質、風度和容貌。有個男學生風趣地說：「政府真笨，要想讓絕食的學生們回家，多派點這種小姐來廣場調情和勸說，要比李鵬出面講話都頂用。」還有的女學生說：「這幫女人不是什麼好東西，來廣場純粹是為了渙散我們的鬥志。」而我看到這群小姐時，卻十分感動。

三次募捐，共得人民幣四千多元。我把錢交給了北師大絕食團通訊的主持人，讓他們去買油印機、油墨、蠟紙、鋼板、刻筆、紙、手電筒、手提式話筒、遮陽傘，以及給糾察隊的同學們用的菸、盒飯、飲料、巧克力等。同時，我與北師大的黨委書記和總務長聯繫，讓他們盡快來廣場，為絕食的學生們搭帳篷、送棉被、棉衣、雨傘、雨衣、雨鞋等物品。果然，北師大黨委書記方福康帶著一些人來了，迅速支起帳篷，還帶來大量防雨、禦寒的物品。北師大的總務長對我說：「曉波，我們盡力了。絕食完，你要保證把帳篷收回來，這是我們北師大唯一的一塊大帆布。」我當即點頭稱是。但是，我食言了，旋風似的生活使我早把總務長的話忘到腦後去了。現在想起，我真該向他道歉。

有了錢，許多事都好辦了。我知道女學生需要更多的生活用品，就對她們說：「你們需要什麼儘管說，這不是害羞的時候。」一位女學生提出多買些衛生用品，特別是衛生紙和衛生巾。一位女學生笑咪咪地、毫不羞澀地說：「劉老師，我們想提點特殊要求，你能答應嗎？」我說：「能！」於是，她湊近我，貼著我的耳朵說：「你別笑話我們，也別吃驚，我們想要避孕工具。」我著時吃了一驚，怔怔地問：「是開玩笑，還是真的？」她說：「真的。」我隨即說：「你們自己看著辦吧。想買就買。但要注意影響。」她又說：「你幫我們去要點錢來。」我順手從衣袋裡掏出五十元錢扔給她，說：「夠了吧！」她大笑著說：「太夠了。夠用幾年了。」

北師大絕食團通訊很快開始運轉，許多不絕食的學生自願投入。一天二十四小時，不停地寫稿、刻蠟紙、印刷、散發。北師大中文系的絕食處成了除學運之聲廣播站之外的天安門廣場的信息集散處。許多學校派代表來索取印刷品，特別是外地來京的學生們，苦苦地哀求多給一些印刷品。他們說：「我們帶回去，這就是北京傳來的火種。」

學生們把除了消息之外的所有稿件送到我這裡，讓我幫助把關、修改。我自己也寫過幾篇文章，都是由北師大絕食團通訊印發的，它們是《告海外華人以及一切關心中國問題的外國人士書》、《我們絕不能沉默——致北師大黨委的公開信》、《平反——中國最大的悲劇》、《我們的建議》。其中有一部分稿子的蠟紙是高新用打字機打出來的。

五月十六日下午，吾爾開希又來到北師大中文系絕食團處演講，剛講幾句，突然暈倒。

他被放在擔架上，許多鏡頭對準他。他的暈倒，引起了一陣小小的騷動，我也為他捏把汗，再三叮囑醫生要好好照顧他。叫人始料未及的是，從此以後，吾爾開希成了插著輸氧管的、身患嚴重心臟病的學生領袖，多次暈倒在公眾面前。據有些朋友說，即使他逃亡到美國之後，也曾在公眾場合中多次暈倒。

從五月十五日到五月十七日，天安門廣場的氣氛達到高潮。中央戲劇學院的十二名學生的絕水之舉，震動了廣場。獻身精神和就義感可以從每個學生的表情中看到。他們認為中國的歷史將在這幾天突變，絕食是在為中華民族受難。救護車的警笛嗚響不已，生命線是用人的身體開闢的。糾察隊的學生們手拉著手組成人牆，在秩序混亂的廣場上，開出了一條供救護車順利行駛的暢通線路。糾察隊員們的表情嚴肅認真，遠遠看去頗為悲壯。學運之聲廣播站反覆強調「生命線關係到絕食學生的安危，請大家自覺維持秩序，一秒鐘也不能讓生命線阻塞。」同時，學生糾察隊又將廣場上的絕食者圍在中間，進出需要持由絕食團指揮部簽發的通行證。我每次出入都要被阻攔，直到我說出自己的名字後才放行。後來，我去絕食團指揮部要了一張通行證。糾察隊的學生們確實做出了巨大的努力，有他們，廣場上的秩序才得以建立，他們甚至要比絕食的學生們還要艱難。否則的話，廣場上的混亂會使一切處於停滯狀態。

但是，糾察隊員們的態度之蠻橫常常令人沮喪。他們察問起陌生人來簡直就像是克格勃或者像中國的權貴們的保衛人員。如果你想從天安門廣場的外圍走近紀念碑，不知要通過多少道糾察線。不僅絕食團指揮部組織了由北京各高校聯合建立的糾察隊，而且每個學生組織也都有自己的糾察隊，每個學校也有自己的糾察隊，以示與其他學校的區別。各種級別、各種樣式的通行證層出不窮。有的是個人簽名，有的是一方紅印，有的寫著校名，有的寫著「民主萬歲」。絕食團指揮部簽發的通行證為了確保不被仿造，幾乎每天換一次，甚至到了上下午的通行證都不一樣的程度。有的通行證只能進入廣場上最外層的糾察線，有的通行證可以進入聲援絕食學生的隊伍中，有的通行證能夠進入某一學校的絕食者中，只有極少數的人有資格拿到最高級別的通行證進入絕食團的指揮部。絕食團指揮部周圍有三道糾察線，想進去極為困難。

更有意思的是，柴玲、王丹、吾爾開希等主要學運領袖都有自己的貼身保鏢，運動後期專門成立了「柴玲衛隊」。這些保鏢一個個人高馬大，走起路來氣壯如牛，虎虎有生氣。據吾爾開希對我說，他們都是學體育的，有的還會點兒武功。有一次，我在廣場上和王丹打了個照面，見到王丹和他的保鏢迎面走來。我突然想笑。兩個保鏢的粗壯高大和王丹的文弱瘦小形成鮮明的對比，使我覺得這兩個人不是在保護而是押送王丹。這些保鏢因被保護人的地位而自覺身價百倍。王丹停下來和我說話時，他倆掏出萬寶路香菸，邊抽菸邊不時地瞥我一眼。我一見他們的目光就感到渾身不舒服。

五月十六日傍晚，我第一次去學運之聲廣播站演講，居然是走「後門」進去的。開始是走「前門」，用我的名字作通行證，通過了兩道糾察線。可是到了第三道糾察線，死活進不去。他們不但說：「沒有通行證，誰也不行。」還用力把我推出好遠，瞪著眼睛大聲吼：「你是不是找死！」我向他們解釋是：「學運之聲」讓我來演講的，並拿出工作證給他們看，他們理也不理，繼續對其他人吼叫。我又用商量的語氣說：「能不能叫柴玲或其他負責人出來一下，我和他們說。」糾察隊的人說：「不行！現在柴玲很忙，沒時間接待。要是像你這樣的人都見，我們的學運就甭搞了。」我有點火了，反問到：「你們是什麼人？」那人說：「嗨，你這人真難纏，居然審問起我來了！我再跟你說一遍。有我在，你就甭想進去。你管我是誰呢。」我非常氣憤，但又不想放棄這次對天安門廣場的所有人發表演講的機會，只能無可奈何地等待。過一會兒，從絕食團指揮部的帳篷中出來一個男學生，我立刻高聲向他說明我是誰。他聽見後用手向右邊示意了一下。我向右走，拐了個彎，來到一排差不多齊人高的松樹牆前。那人站在有兩名糾察隊員的豁口處，和糾察隊員說了什麼，然後向我揮揮手，我總算進去了。那人對我說：「這是個很少有人知道的後門，你千萬不要外傳。」

帳篷裡昏暗無光，人的汗味、菸味、飲料味、食品味、臭腳味、各種口臭味、以及千奇百怪的氣味混雜在一起，給人以一種窒息感。幾個學生蹲在帳篷的一角，小聲議論著什麼。我看見了程真，她也參加了絕食，一副有氣無力的樣子。她用微弱的聲音問我：「劉老師，你來幹嘛？咱們師大的學生怎麼樣。」我剛想回話，程真旁邊又有一個人叫我：「曉波。我和你說幾句話。」叫我的人蜷縮在帳篷的角落中，走近後才能看清他沮喪的表情，他是徐星。我驚喜地問：「徐星，你也絕食了。昨天你不是和那群知識精英在一起嗎？」他說：「曉波，我想來幫助他們，但這些混蛋學生不理我，我想在廣播中講幾條建議，他們也不讓。我說我是《無主題變奏》的作者也不管用。」接著，他又發了一大堆牢騷，抱怨學生們不理解他的一片赤誠。程真趴在我身邊說：「劉老師，別理他，這人挺無賴。」這時，叫我進來的那人喊我的名字，我過去了。他吹口氣試了試話筒，然後把話筒遞給我。一接過話筒，剛才受阻時的所有的憤怒、屈辱和抱怨一掃而光。我意識到此刻我是在面對天安門廣場上的幾十萬人講話，而這幾十萬人又將把我的演講傳給更多的人，也許全中國、全世界的人都會知道在今天、在此刻，有一個叫做劉曉波的人在天安門廣場演講。我的心咚咚地跳、嘴巴有些不聽使喚，臉肯定脹紅了。如果能看見，我的眼睛一定瞪得大大的，放著興奮的光。

我感到，此刻的演講負有重大的歷史使命，每個字都重如千金，它將化為那些為爭取民主而奮鬥的人們的精神力量。想到此，榮譽感、自豪感、莊嚴感油然而生。剛要開口，我又突然想起了那幾個態度蠻橫的糾察隊員，想要報復他們的邪惡心理，使我決定在演講的開始高聲重複自己的名字，讓他們清楚地知道，此刻我就在他們嚴加把守的學運中心發表演講。「我是北京師範大學中文系青年教師，我叫劉曉波、我叫劉曉波、我叫劉曉波……」這就是我那次演講的開頭。今天，當我回想起那時的情景時，已經記不清演講的具體內容了，但是我說出自己姓名時的那種特殊的快感，卻令我終身難忘。當時的我似乎感到，這個名字具有神奇的魅力，它將在廣場上創造一種任何人也不能不置身於其中的氣氛。

救護車閃爍的紅燈和刺耳的笛聲造成了廣場上緊張而悲壯的氣氛，糾察隊員手挽著手保護著生命線，穿白色大褂的醫務人員穿梭往來於絕食的學生們中間。學運之聲廣播站二十四小時不停地傳播著各種消息和演講。口號聲、演講聲、募捐聲此起彼伏，各色旗幟、各種標語時隱時現、隨風飄動。革命歷史博物館的頂上垂下幾副巨大的條幅，最引人注目的莫過於只寫著一個大字的「醒」的條幅。是的，中國人似乎真的被學生們的絕食所喚醒。一九八九年五月十七日是八九抗議運動的高潮的高潮。全北京市的各個階層的人都上街了。自行車、平板車被摩托車、汽車所取代，長安街上參加聲援絕食學生的車輛排成了長龍，所有的公共汽車停駛、所有的交通崗位空了，人們見面時，不論男女老幼、也不論陌生人朋友、更不論中國人外國人，都相互微笑、問候，打出象徵著勝利的V形手勢相互致意。每支遊行隊伍都繞廣場一周，喊口號、發宣言、給絕食的學生們送來大量的錢和物品。我還看見兩輛黃綠色的軍用卡車，上面載著穿軍裝和警察服裝的年輕人，車頭上貼著「鋼鐵長城誓死捍衛民族的精華——大學生！」「人民警察與你們同在！」甚至中學生、小學生和幼兒園的孩子們也上街了。有一隊孩子在老師和阿姨的帶領下，手拿著上面寫有「勝利」字樣的小三角旗出現在天安門廣場，許多人圍著孩子們鼓掌，孩子們的表情充滿了好奇和不知所措，而老師和阿姨的臉上則溢滿了自豪感。

我深深地為北京市民所表現出的空前的熱情、勇氣、膽量、自覺和樂觀的精神所震撼，更為歷來被稱為散沙的中華民族的突然凝聚成一體而感動，整個北京城似乎只有一個頭腦、一個目標、一種動機、一種聲音——反對官僚專制、建立民主秩序。我第一次懷疑自己對中華民族的絕望是否理由充足，第一次失去了蔑視公眾的信念，第一次切身感受到公眾的覺醒會產生多麼巨大的力量。個人置身於其中就像颱風中的一片樹葉，頃刻被捲走。看著一張張洋溢著節日氣氛的面孔，根本分不出你我他，完全失去了人的個性。如果在此時此刻還有人自視清高，以上帝式的目光俯視眾生，那他一定顯得形單影隻，渺小得幾乎接近於不存在，蒼白得沒有一絲血色。

但是，在這群情鼎沸之時，始終沒有一個理性的清醒的具有感召力的領袖和高度協調的組織來恰如其分地引導著公眾的熱情，更沒有一份具體的考慮到社會各階層的切身利益和國情的綱領來進一步明確此次運動的目標與方向，人們大都只沉浸於其中而無力高瞻遠矚，致使公眾在發洩了一通之後便無所事事，根本不知道還能幹點什麼。因而，隨著運動的無限期地推延，公眾漸漸地產生了無聊、冷漠以至厭惡的情緒。

「五．一七」大遊行使略顯淒慘的廣場頓時生輝，一種悲壯而激昂、樂觀而熱烈的節日氣氛籠罩著每一個置身於其中的人。長到卅四歲，我從未見過如此激動人心、如此催人淚下的場面，內心的喜悅與興奮單純到只有童年時代才會產生的程度。人群，為了一個目的聚集起來的人群足以摧毀一切。我想起了列寧的話：「革命是人民的盛大節日。」

公眾的熱烈支持把重整中華民族的重任無意識地壓在年輕的學生們的肩上。工人、農民、幹部、知識分子、個體戶、企業家……各個階層都沒有對自身利益的要求，每個人也表示了對自身權利的意識。學生就是一切：是革命、是民主、是救星、是中華民族覺醒的象徵。支持學生的要求就是一切的一切。正如文革時期黨和毛澤東以及無產階級的利益就是一切一樣。沒有利益均衡的，把一切都寄託在一個還不稱其為社會階層的群體身上的革命會引導中國走向民主嗎？

在這種氣氛中，絕食的學生們的每個細胞中都沸騰著自豪感。他們真的相信自己那稚嫩的雙肩能夠挑起民族的重任，相信自己那脆弱的心靈能夠容納整個國家的苦難。許多人抱著一死的決心在炎熱的陽光下堅持著，誰最激進誰就能夠成為天安門廣場的中心和學運的導向。我看見寫有「犧牲」、「獻身」、「我以我血荐軒轅」、「中國需要第二個譚嗣同」的大幅標語。繼中央戲劇學院的十二個被放上祭壇的絕水學生之後，又有的學生要自焚，還有復旦大學、北師大、政法大學、理工大學、中央美術學院等校的學生們要發起一次純潔絕食運動的絕水。他們擬好了宣言，只等抄好後就去學運之聲廣播站宣布，號召全體絕食者自覺遵守絕食規則，不要偷吃東西。的確，學生們的絕食進入第三天後就有人開始偷偷地吃東西、喝飲料、牛奶和蜂王漿、生脈飲，也有少數人藉上廁所之機飽餐一頓。我見過三個男生從人民大會堂南側的廁所出來後，摘下紮在頭上的絕食標誌，向前門方向走去。還見過女學生把蜂王漿摻進生理鹽水中喝。另外，參加絕食的學生領袖如柴玲、王丹、吾爾開希等人，已經內部商定必須進食，因為他們負有領導運動的使命，不能因絕食而搞垮身體。

同時，也有一些單純的、意志堅強的學生，他們絕不進食、甚至已經力不能支也拒絕救護。北師大中文系的一個男學生幾次暈倒，但他就是不進醫院，誰勸也不管用。有一次，乘他不省人事之機將他抬上救護車，但是三個小時後，他又從醫院跑出來，回到廣場繼續絕食。一個跟著他的醫生說，在醫院他一醒來，就拒絕一切救護，執意要回廣場。十七號之後，廣場上暈倒的絕食學生越來越多，無數輛救護車不停地忙碌著。正是這些單純的絕食者忍受不了那種違反和破壞絕食規則的現象。認為偷偷進食是對他們的人格污辱，更是對這場偉大的民主運動的褻瀆，他們稱偷偷進食者是：「懦夫」、「叛徒」、「投機分子」、「道德敗壞者」。我也不贊成進食。但是面對冷漠的政府，無限期的絕食將使學生們徹底垮掉，所以我能理解那些偷偷進食的學生。

在廣場上，我用許多時間去極力勸阻想採取過激行動的學生們。我對想要自焚和絕水的學生們說：「你們的絕食已付出了巨大的代價，已喚醒了人民，不必再採取過激的行動。即使你們自焚了，政府也不會讓步。如果想讓步，你們的絕食已經足以構成使政府讓步的壓力了。搞民主絕不是治氣，更不是盲目的犧牲。如果你們參加學運至今，還是只有激情，而不能把激情導入理性的思考與行動之中，那麼你們就等於白白地付出代價了。從激情到激情等於一無所獲。民主是理性的結晶。搞民主，沒有激情不行，只靠激情也不行。學會理性地行動，對你們自身素質的提高，對中國的民主都至關重要。」學生們被我說服了，放棄了過激的行動。

但是，阻止了幾個學生的過激行動並不能改變廣場上整體的過激氣氛，那種混亂的局面是任何人也無法控制的。一切都超出了界限，過激的口號、宣言，過於離譜的各種傳聞，過於功利的勾心鬥角、過於濃烈的就義感、使命感，使廣場上的所有人分不清東南西北。例如「鄧小平已經下台了！」「趙紫陽升任軍委主席」還有一號公告：「中國最大的獨裁者因心臟病發作，於今晚六時在天安門廣場逝世，享年八十五歲。」「李鵬自殺了！」「李鵬跑了！」「布希已下令要求國會停止對中國的一切援助和中斷中美的一切關係。」……不要說一般的學生和市民的情緒難以控制，就是那些有頭有臉的、寫過一本本專著的知識精英們也完全喪失了理性。趙紫陽在亞銀會議上的講話，的確鼓舞了士氣消沉的學生和膽怯的知識界，四月廿七號後一度蕭條的運動再次呈現出難以控制的局面，加上首都新聞界對運動的支持和公開報導，使大學生和知識界沉浸在極為樂觀的氛圍中。特別是那些追隨趙紫陽的體制內改革派精英，更是興高采烈，陶醉在對時局的錯誤判斷和自我虛構的光明前景之中。他們真的相信藉助趙紫陽在黨內的支持，能夠通過鼓動公眾來結束鄧小平的權力，相信只要公眾擁護，趙紫陽肯定會從逆境中崛起，掌握中國的未來命運，也使他們自己能夠隨著趙紫陽的重新崛起而進入中國的高級決策層，至少可以成為高層掌權者的高級幕僚，使中國的改革由經濟轉向政治，由政策轉向體制。

因此，在八九抗議運動的最低目標都不可能實現的前提下，嚴家其、包遵信等人先是在北京大學、後來在天安門廣場情緒激昂地聯名發表了著名的《五．一七宣言》，把運動的目標由針對政府的有限要求升級為直接針對最高決策者，提出了完全不著邊際的、純屬空想的目標與口號，其核心不是要求改革和民主，不是支持學生們的綱領，而是打倒鄧小平，擁護趙紫陽，使運動一下子染上了口誅筆伐的文革味。《五．一七宣言》寫道：

「清王朝已經死亡七十六年了，但是，中國還有一位沒有皇帝頭銜的皇帝，一位年邁昏庸的獨裁者。……昨天下午，趙紫陽總書記公開宣布中國的一切決策都必須經過這位老朽的獨裁者。……老人政治必須結束！獨裁者必須辭職！」

這篇《宣言》所提出的不點名的倒鄧口號在天安門廣場掀起了倒鄧擁趙的風潮，使運動的基本口號發生了根本性的變化，運動的目標開始升級。一時間，倒鄧的口號和標語隨處可見。「鄧小平滾下去！」「太上皇必須下馬！」「我們不要現代慈禧！」「結束垂簾聽政！」「鄧小平十惡不赦！」「我們不要破碎的小瓶！」「鄧小平是敵視民主的魁首！」「沒有小瓶，就有陽光！」另一方面，擁趙的口號也頻頻出現：「擁護趙紫陽！」「紫陽出山！」「紫陽真棒！」「中國的瓦文薩你在哪兒？」「中國的戈巴契夫站出來，全國人民支持你！」

「趙紫陽萬歲！」「我們再也不能讓第二個胡耀邦出現！」我還看見有人打出頗有戲劇性的標語：「小平，差點兒。紫陽，還可以。李鵬，不算數。」廣場上的各種謠言也加強了這種倒鄧擁趙的氣氛。一時間，好像鄧小平已經下台，趙紫陽登上了最高權力的寶座，中國的未來命運完全掌握在黨內開明派的手中。

這些倒鄧擁趙的口號、宣言、標語令我煩躁不安。運動的垂直升級必然導致政府更強硬的反應。而且，在我看來，無論從十年改革使中國發生的巨變的角度看，還是以此次學運發展的角度想，鄧小平已經做到了任何中國共產黨的領袖所沒有做到的程度。十年改革為中國帶來的變化有目共睹，鄧小平的功績無法否認。對於此次學運，即使有「四．廿六社論」，鄧小平的態度還是比較克制的、甚至是寬容的。就中國的現狀而言，不要說鄧小平下台帶來的只能是弊大於利，所以倒鄧是不可能的，就算鄧小平的下台是利大於弊，倒鄧也是不可能的。更何況誰也無法保證，趙紫陽一旦掌握了最高權力就一定比鄧小平高明。因為中國的關鍵問題不是出在一個人身上，不管此人有多大的造化。而是由於長期形成的僵化體制的積重難返和全民族素質的低下，道德的全面崩潰決定了即使有政治體制上的突破，也不可能在短期內建立起一種良性的社會秩序。鄧小平無法改變的，趙紫陽也無能為力。

基於這種理解，我在廣場一再勸學生們不要把矛頭針對鄧小平，不要再使運動的目標升級，只針對「四．廿六社論」和李鵬就足夠了。但是，這些勸說的作用幾乎等於零。現在看來，「八九抗議運動」的慘敗肯定與把矛頭直指鄧小平有關。

更令人恐怖的是，在一片倒鄧的呼聲中，我看見有人打出了毛澤東和周恩來的畫像，許多圍觀的人不但不感到驚詫，反而興致勃勃地跟著畫像走。他們喊著倒鄧的口號，唱著「文革」時期的歌曲。我突然感到迷茫和悲哀。毛澤東和周恩來所發動的「文革」是中國歷史上最可怕的時期。鄧小平上台後，多少改變了毛澤東時代的萬馬齊瘖的局面，中國人剛剛具有個人的尊嚴感，知道了享受生活、追求民主，剛剛有條件表達對現實的不滿，剛剛看到了中國之外的五光十色的世界……而人們居然要打倒鄧小平，讓毛澤東時代復活，這是多麼可悲的現實。鄧小平是有他僵化的一面，但是無論從哪個角度講，他也比毛澤東強。也許，對中國人來說，就是不能給他們好處，就是要壓得他們大氣不敢出，讓他們過一種毫無個人選擇的僵死生活，他們才有安全感，才會感激涕零。而誰要是放開他們的手腳，他們就會打倒誰。同時，十年改革開放，確實產生了大量有目共睹的腐敗現象，而毛澤東時代儘管黑暗，但在人們的記憶中是廉潔的，風氣純樸的。「文革」結束後，鄧小平並沒有公開地全面清算毛澤東的罪惡，而是打著毛澤東思想的旗幟反對毛澤東。毛澤東在「文革」中的所有罪惡由「四人幫」承擔，他仍然是新中國的締造者和人民的大救星。當人們對現實的強烈不滿需要渲洩時，一定要為自己找到一種理想的社會狀態。而在大多數中國人還不知道西方社會的情況下，只能走向懷舊。一九七六年對周恩來的狂熱崇拜是為了發洩對毛澤東及「四人幫」的不滿；八〇年代末逐步升溫的毛澤東熱是對鄧小平政府的不滿；「八九抗議運動」中，人們用周恩來貶低李鵬，用毛澤東貶低鄧小平。中國，一個多可憐的民族。

一九七六年之後，共產主義信仰所強加於中國人的道德秩序的坍塌所導致的全面道德崩潰，也表現在八九抗議運動時期的沸騰的天安門廣場，令人難以忍受的髒亂就是最好的示範。革命了，造反了，絕食了，就可以不要最起碼的道德規範了。廢紙、菸頭、各種飲料的包裝、快餐盒、麵包袋、碎瓶子、破布條、髒衣服、髒襪子、髒鞋子、嘔吐物、痰、人體散發出的千奇百怪的臭味、甚至還有尿騷味、大便味……廣場上的每一平方米的空間都有垃圾，很少有人去打掃。僅在北京師範大學中文系的絕食地點，我帶著幾個學生在一小時內就清除了兩大堆垃圾廢物。剛剛清掃完不到半小時，又是遍地狼藉。特別是五月十八日下雨，絕食的學生們轉移到一輛輛公共汽車上之後，廣場上的髒亂達到了登峰造極的程度。下過雨後，太陽一出來，每輛公共汽車的附近都散發著嗆人的尿騷味，有的公共汽車的下面積著一灘灘發黃的人尿，有的車下面還不斷地滴下人尿。更有甚者，我在一輛公共汽車的正前面的兩扇玻璃上，看到了用糞便寫的兩個大字「李鵬」。我曾因此對北師大中文系的學生們發過火，而他們的火氣比我還大，理由充分地質問我：「你又沒絕食，當然可以去廁所。我們呢，身體都快垮了，還跟我們窮講什麼乾不乾淨。要乾淨就別來廣場，回家呀，去北京飯店呀。」我也為此去過學運之聲廣播，想呼籲學生們為了自己的身體、為了學運的形象而盡可能地注意衛生，但是，把持著話筒的人拒絕了我的要求，輕蔑地譏諷說：「現在，有太多的比衛生啦、乾淨啦更重要的事要做，廣播站有太多的重頭稿子壓在那裡，哪還有時間讓你來講什麼衛生。搞民主可不能太小資情調了。劉先生，沒想到你這匹黑馬還挺浪漫。」我氣得說不出話來，又想動員柴玲呼籲一下。可是柴玲說：「劉老師，我也多少天沒換衣服了，沒辦法。現在需要大家一起咬咬牙，共渡難關。」

廣場上的學生們的另一大特點就是驚人的浪費。幾乎所有的飲料都未喝完就扔了，無數瓶生理鹽水只喝一點或一口未動就成了垃圾，半盒的和整盒的快餐，半個的和整個的麵包，以及其他用品丟滿廣場。菸越抽越高級、酒越喝越上檔次、錢越花越大、飲料越喝越好，即使不追究學生組織在財物上的混亂所帶來的貪污和揮霍，僅就廣場上堆起的垃圾，就足見學生們的浪費之大是令人震驚的。各個學生組織、各個絕食團體之間，經常因分東西而吵架，有的竟動起手來。每一伙人都拚命地弄東西，囤積起來，寧可扔掉也不給其他人。有的學生真的認為自己參加了絕食，全世界的人都欠他點什麼。我曾聽見兩個學生抽光了一包萬寶路香菸後抱怨道：「布希這小子也真不長眼，看著我們飢寒交迫，也不說空投點菸來。」我還看見一個女學生，前後打開過十三瓶生理鹽水，每瓶只喝一兩口便扔了。更嚴重的是，學生們以為革命了，就誰的財產都可以共產了。我的妻子陶力托人給我捎來換洗的衣服和菸。那人把這些東西交給了一個矮胖的女學生。這個女生我認識，但叫不出名。她居然未經我的同意，把菸抽了，穿著我的衣服來找我，見到我時好像什麼事也沒發生過。我恨這些學生，也恨我自己。我的東西就該共產，活該！誰讓我想沽名釣譽呢。

寫到此，我感到手中的筆在發抖。作為「八九抗議運動」的主要參與者之一，我似乎不應該這樣寫，運動的形象在某種程度上關係到我個人的形象。但是，盡我的記憶所及，我實在想不出在當時的廣場上，除了一些口號之外，還有哪些具有民主含義的具體細節。無論這次運動多浩大、多壯烈，也必須老老實實地承認，一進入具體問題的處理，所有的參與者們都不知道民主是什麼。學生們絕食期間，那種獻身的狂熱和市民們的空前熱情會感染在廣場的每一個人，但是正是這種狂熱和激情破壞了中國人對民主的追求。那時的廣場只有盲目的、狂熱的激情而沒有清醒的理性。全社會的不滿情緒引導著人們的行動。除了不滿，一無所有。

一九八九年五月十八日晚上九點多鐘，我曾去北京醫院看過吾爾開希。在醫院的入口處，我被攔住，一個醫生說：「吾爾開希發過話，未經他本人和高自聯批准，一律不見。」我說：「我是北師大的老師，只要你去通知他，他肯定會見我。」那位醫生不情願地走了。一會兒，我在醫生引導下來到吾爾開希的病房。他半坐半靠在床頭上，閉著眼睛，插著氧氣管，他的女朋友劉燕守護在一旁。劉燕見我進來，有點詫疑，用審問的目光上下打量著我，並說：「你是誰，誰批准你進來的？」我說：「開希。」劉燕說：「開希？我怎麼不知道。他今天上午在人民大會堂和李鵬對話，體力消耗極大，醫生不准他接見來訪者。」這時，吾爾開希半睜開眼睛，有氣無力說：「誰呀？噢，是曉波。廣場上的情況怎麼樣？」我說：「你少操點兒心吧，身體最重要。有什麼事，我替你轉告。只是我太不願意去找柴玲等人，那些糾察隊員的態度我受不了。」吾爾開希動了一下說：「這好辦，我給你開個條子，保證暢通無阻。」他向劉燕要來筆和紙，艱難地從被子裡拿出雙手。又讓劉燕扶他坐正。閉上眼睛待了一會兒，才慢慢地鋪開紙、拿起筆。他在紙上寫到：「此人是劉曉波，我的好朋友，任何糾察隊員見我的手跡後一律放行。」寫這幾個字，他又閉目養神。過了一會兒才又艱難地睜開眼睛，簽上他的名字。他簽名的動作極快，最後一筆時手向上一甩，筆從他的手中飛出。我接過條子一看，「吾爾開希」四個字寫得上下翻騰，左右搖擺，最後一筆像飛起來一樣。後來，馬少芳也曾用吾爾開希的方式簽過名。我貼近吾爾開希說：「別和我演戲好不好。」

他尷尬地一笑。

我問了一下他的病情。據劉燕介紹，他是由於絕食引起的心肌炎，腦缺氧，現在的心健圖還很不穩定。醫囑說不能太累、不能受刺激，繼續絕食就會有生命危險。吾爾開希突然問我是否看了上午的對話，我點點頭。他說：「我的表現挺棒吧。」我說：「從你個人的形象上講，你挺成功。但從對學運的利弊上說，你並不成功。你那種蔑視李鵬的盛氣凌人，只有你吾爾開希能做出來。插著氧氣管的病態傲慢也是中國之最了。從個人的角度講，我對你的臨場不懼、不猥瑣、不謙恭敬佩之至。但從運動的角度看，我覺得你氣太盛，不講道理地蠻橫。你不把李鵬放在眼裡就無法達到真正的對話，因為你不尊重對手。但是話又說回來了，中國這些總是高高在上發號施令的官僚們，也應該有個人治治他們了。在氣勢上壓倒了李鵬，這就是最大的成功。」吾爾開希說：「在那種場合，我認為我已經做得非常好了。我相信再沒有第二個中國人會像我那樣對待國家總理，你也不行。」我說：「開希，我在夏威夷時開始寫一本書，題目叫《狂妄必遭天責》。」這時，劉燕突然插話說：「開希，別說了，說多了又要犯病。我就知道開希的形象遭一些人嫉恨。」我實在無以回答，說了句「好好養病」就走了。

儘管在學生們絕食期間，我主要是待在廣場上。但是，與學生們相比，我的吃、住條件是非常優越的。我的朋友在離廣場非常近的地方為我提供了一間房子。累了，可以去那兒休息一下；吃麵包吃膩了，可以去那做頓飯、換換口味；髒了，又能沖沖洗洗。還有更好的去處，那就是建國門外交公寓，我的一個朋友住在那兒。一九八九年五月十八日，我用廣場上的電話與白杰明聯繫上了，他就住在外交公寓。我非常想聽他談談他對此次學運的看法，因為他的看法常常是獨特的和一針見血的。他也想知道我這些天在廣場上的所見所聞。約好了時間，我就去了外交公寓。

進了朋友家，我一屁股坐在舒適的沙發上，叨上一支菸，泡上熱茶。寬敞明亮的客廳、整潔的環境、優雅的音樂、可以躺在上面的地毯……這一切使我突然感到在廣場上過的根本就不是人的生活，而是自我虐待。我居然能夠泡在廣場那麼多天，跟著年輕的學生們起哄，這不是太荒謬了嗎？我應該立刻罷手，再不去廣場。進屋不到十分鐘，我就去洗澡，洗去整整五天積下來的污垢。洗過澡後那種通體清爽的感覺是我很長時間沒有感受過的了。白杰明拿出一套乾淨的衣服讓我換上。我站在鏡子前，突然感到自己此刻的英俊、瀟灑。中午，在朋友家吃了一頓可口的飯菜，還有上好的葡萄酒和威士忌。雖然這種享受令我有些不安，總覺得對不起什麼人，但是，朋友之間的趣談很快地沖淡了我的不安。

白杰明講了一些他在廣場上的見聞後，直截了當地說：「這叫什麼民主運動，充其量是發洩不滿、是抗議。廣場上的狂熱、髒亂簡直太可怕了。這次運動對中國肯定不會有太好的作用。」在我們的談話中，白杰明不斷重複的句子是「令人恐怖之極」，「太可怕了。」他問我有什麼感覺。我說這是一場實力懸殊的兩個共產黨的較量。一個共產黨掌握著龐大的國家機器、有全副武裝的軍隊、警察，有遍及全國的組織系統，有豐富的搞陰謀政治的經驗，另一個共產黨一無所有，只靠全民的不滿情緒來支撐，作為組織，連雛形都不具備。但我還是覺得參加這場運動是值得的，因為我知道了大學生運動、群眾運動是怎麼回事，我可以寫一本極棒的書。我告訴白杰明，如果真的實行軍管，這本書的第一章就叫「從學管到軍管」，第二章叫「短命的特權階層」，第三章叫「只有民主口號，而沒有民主行為」，第四章叫「仇恨和階級鬥爭意識」，第五章叫「革命是人民的盛大節日」，可能還要寫道德全面崩潰的一次絕好的示範和運動語言的黨化意識形態化。這場運動充滿了黑色幽默和荒誕。白杰明說：「既然如此，你幹嘛不回家，還泡在廣場。」之後的談話中他又多次勸我回家算了。我說：「體驗體驗學生運動到底是怎麼回事，中國人究竟能不能搞民主。」白杰明說：「你也瘋了。」後來，我在戒嚴後又去過一次外交公寓，還去過王府飯店，同樣是洗澡、吃飯、休息、聊天。六月四日凌晨撤離天安門廣場後，我還在外交公寓避難兩天。

穿著一身新換洗的衣服，我又不自覺地回到了又髒又亂的廣場，當時根本說不清為什麼廣場有魅力。它像一個巨大的魔力場，吸引著人們，只要一踏進去便身不由己地隨之瘋狂旋轉，直到轉得天昏地暗找不著東西南北。

五月十八日晚上，我躺在絕食學生們的帳篷中，枕著一個書包，蓋著一件大衣，在亂糟糟的喧鬧聲中，半睡半醒地度過了戒嚴前在廣場的最後一夜。天快亮時，我醒來，特別想回家，吃一頓妻子做的飯，逗兒子玩，更想和妻子做愛。從回國到現在，我很少和妻子擁抱著親近了。我多麼渴望她的愛撫，又想盡丈夫的責任。但我深深地知道，我是個不稱職的、不負責任的丈夫。儘管我在家中還算能幹，沒把家務都留給妻子。但是她對我的第一要求是我對她的忠誠。無論我多麼努力地去做其他的事，但是，只要我還過放蕩的生活，那麼我對於她來說便只有痛苦。我確實是個魔鬼。

正在胡思亂想，一個學生帶著兩個人來找我。那兩個人自稱是軍隊的。他們告訴我明天就要戒嚴。我開始不太相信，但是他們講了一些具體的細節，我才感到事態的嚴重。我立刻去學運之聲廣播站找柴玲和封從德等人。他們根本不相信會戒嚴。他們說也不斷有人來傳遞要戒嚴的消息，這可能是政府虛張聲勢，想把學生們嚇回去。柴玲還說：「即使戒嚴了又怎麼樣，我們抱著必死的決心等著軍隊開進廣場。那樣的話，這個政府將徹底垮台。戒嚴是自掘墳墓。」離開學運之聲廣播站，我又去找王丹，但是北大的絕食學生說，王丹有急事離開了。我又再一次去學運之聲廣播站，想說服他們讓我發表呼籲學生停止絕食的演講，他們根本不理我，我屈辱地走了。

五月十九日凌晨，趙紫陽來到廣場，這是他下台前的最後一次的露面。學生們聽說趙紫陽來了，蜂擁到學運之聲廣播站的周圍，都想看他一眼，說幾句話，握一下手，留個簽名。我坐在帳篷中，頓感學生們的無聊，彷彿趙紫陽是他們的大救星。由於黑夜，我看不清人們在幹什麼，但是能夠聽到趙紫陽的講話。其中最著名的一段話是：「你們不像我們，我們已經老了，無所謂了。你們還年輕，來日方長。」趙紫陽走後，一位學生告訴我，說他看見趙紫陽哭了。給我的感覺是，趙紫陽是為告別而來的，儘管他還是總書記，但他的這次講話絕不像五月四日的講話那樣鼓舞人心，而給人以人到老年的無能為力的垂暮感。他來廣場，除了樹立起他本身的人格形象外，已經不起什麼作用了。

戒嚴之後

一九八九年五月十九日的天安門廣場，相對於前些天來說是平靜的，沒有什麼更刺激人的事情發生。廣場上聚集的人明顯地少於前幾天。絕食者中的大多數都開始偷偷吃東西，還有很大一部分被送進醫院，救護車的刺耳的笛聲響得不再那麼令人心驚肉跳，公共汽車中、帳篷中的人顯得有些厭倦。大多數絕食的支持者和圍觀者已經回家。廣場上突然變得沒有激情、不再熱烈，就像一匹歇斯底里的奔馬終於跑累了，該站在那兒喘口氣，調解一下身心，使之不再那麼緊張。

我也因廣場上的平靜而感到無聊，同時又對這平靜有潛在的恐懼。一想起昨天那兩個人關於戒嚴的消息，我就身不由己地想站起來，走動走動，四下張望，企圖發現某種跡象。我從一輛公共汽車到另一輛公共汽車，大部分的車中人員寥寥，有的車上只剩一、二個人。我又去紀念碑周圍的帳篷裡，基本上沒有絕食者了。北師大絕食團通訊的工作也不像前幾天那麼緊張了，大多數同學在聊天，兩個印東西的女學生邊印邊聊著學校裡的一些風流韻事以及面臨畢業分配的問題。聊天中，不時發出笑聲。此時的廣場已經不再悲壯，這使我有種灰心喪氣的失落感。

晚上，絕食團指揮部宣布由絕食改為靜坐，大多數學生聽到後有種如釋重負的感覺。極少數人的反對聲幾乎無人理睬。在宣布靜坐後的一小時內，絕食的學生們在一些同學的護送下回學校去了，並且負有動員新的學生來廣場靜坐的使命。

五月十九日晚十點整，天安門廣場上官方控制的大喇叭驟然響起，其聲音之大完全淹沒了學運之聲廣播站。高頻的音波傳送著首都黨政軍機關幹部大會的實況，會上宣布了從五月廿日十時起在首都部分地區實施軍事戒嚴。李鵬和楊尚昆先後講話，他們的聲音不時地被大喇叭中傳出的熱烈掌聲所打斷。這種掌聲很長時間沒有聽到過了。自一九七六年十月以來，傳播媒介中再也不用「文革」時期的術語「雷鳴般的掌聲」，也確實不會再有毛澤東時代的掌聲了。但是，五月十九號晚上的大喇叭中所傳出的掌聲，是典型的文革時期的「雷鳴般的掌聲」，它使我回憶起中共九大時的實況轉播。在講話中，李鵬一反五月十八日上午與學生對話時的手足無措、語無倫次。他的聲音響亮、急促、有力、堅定，似乎此時此刻的他完全把握了中國的命運，信心十足地向全世界宣布他的施政綱領，甚至使人感到他是一位剛剛上台的政治家。楊尚昆的聲音聽起來也是底蘊充足，但是由於口音的影響，聽上去不像李鵬的講話那麼有力。

與此同時，「學運之聲」廣播站開始了針鋒相對的廣播，攻擊李鵬和楊尚昆，但因聲音太小根本聽不清。有些學生站在公共汽車頂上，揮舞著拳頭和旗幟，衝著天安門方向的官方廣播高呼口號，大喊大叫。廣場上所有的人幾乎都站起來了。靜靜傾聽者有之，邊聽邊議論者有之，高聲大罵者有之。幾個學生商量著怎樣切斷官方的廣播。官方的強硬態度一下子使趨於平靜的廣場再次激動起來，李鵬的聲音像興奮劑，注入了疲倦不堪的廣場。人們立刻找到了新的熱點。我也被這興奮劑刺激起來，聽完大會的實況轉播就去了學運之聲廣播站。我激動地拿起話筒說：「現在，由於軍事戒嚴，學運進入了嚴峻的階段。但是這也為中國提供了新的機會。戒嚴將使單純的學生運動轉變為全民的民主運動。全社會總動員，粉碎軍管。從今天晚上開始，我們的運動只有一個口號：『李鵬下台』。請大家跟我喊『李鵬下台、李鵬下台、李鵬下台。』」廣場上響起了驚天動地的「李鵬下台」的聲音，這聲音已經將官方的聲音淹沒了，我突然感到了自己的號召力，感到了人民的力量，感到了中國似乎真的開始了一次轉折。

講完話，我就和柴玲等人商量怎麼辦？最後一致同意絕不撤離廣場，但要清楚地對學生說，一旦軍隊進入廣場，千萬不要有武力反抗，一定要採取和平的方式，直到再沒有力量為止。學生們要手挽著手坐下，等待戒嚴部隊把我們分開，一個個地架走。因為主動撤離廣場意味著怯懦和學運的失敗，而被強行架出廣場，既暴露了官方的蠻橫，又顯示了學生的勇敢和學運的勝利。「學運之聲」廣播站傳出一個接一個表決心式的發言，有點兒像文革時期的那些：「誓死捍衛毛主席的革命路線」的誓師大會。特別是柴玲的聲音，沙啞中充滿了聲嘶力竭。她宣布：「絕食團從現在起改為保衛廣場指揮部。」她自我宣布為總指揮。

我從「學運之聲」廣播出來後，頓感廣場上的人越來越少，我回到北師大絕食團通訊處時，那裡只剩下十幾個人了。有的學生苦口婆心地勸我趕快離開廣場躲起來。因為他們認為我與他們的身分不同，如有意外，倒楣的首先是我。但是，他們的善意勸說也好，我自己內心的恐懼也好，都無法使我離開廣場。冒險的慾望又一次慫恿我，我想眼睜睜地看到全副武裝的軍隊開進廣場，把學生們一個個架走，更想體驗一下被幾個軍人或警察架走的滋味。但是在當時，很少有人會想到開槍殺人，想到真的流血。大多數人都估計，清場的行動至多像「四．五」時那樣，用棍棒、電棍等武器，絕不會開槍。因為在共產黨掌握政權之後的歷史上，還沒有在天安門前開槍的先例，更何況毛澤東的血腥時代已經過去，沒人敢承擔開槍殺人的歷史責任。在戒嚴的前幾天，只有柴玲公開宣稱下一步只能是流血。

我在廣場找到了北師大各系的負責人，和他們一起商量如果軍隊進入廣場怎麼辦。大多數人同意了我的方案：軍隊進來時，不要採取過激行動，更不要武力反抗，等待著他們把人架走。夜半時，有個學生來找我，說是他剛從醫院回來，吾爾開希讓他告訴我：最主要的是穩定大家的情緒，不要怕，法不責眾，軍隊不會把我們怎麼樣。一定不能撤出，要堅持到最後一個人。

一切安排就緒後，大家都不說話了，靜靜地等待著天亮、等待著軍隊開進廣場。那一夜，特別是接近天亮的那段時間，顯得特別漫長，人們似乎不是在等待著一場厄運的降臨，而是等待著一個令人激動的時刻。我裹著一件大衣，躺在帳篷中，一會兒醒來，一會兒睡去，稍稍一點聲響都會使我的精神為之一爽。後來，我被兩個記者弄醒，他們拿過話筒對著我，急於要知道我對戒嚴令的態度。我說：「這只能證明政府的愚蠢、低能和脆弱。廣場上是手無寸鐵的年輕學生，他們的行為完全是和平的、合法的。政府居然找不到其他的解決辦法，只能走戒嚴的路，這對政府和中國的前途都沒有好處。我希望政府能收回成命，繼續以對話的方式解決問題。」

天剛濛濛亮，「學運之聲」廣播站便奏起了《國際歌》，緊接著是柴玲的聲音：「我們誓死捍衛人民的廣場，誓死捍衛中國的民主事業。如果我們流血，我們年輕的生命就將喚起億萬人的覺醒。天安門廣場總指揮部號召全體市民罷工、罷市、罷課，阻止軍隊進入廣場，使民主的旗幟在廣場的上空永遠高高飄揚。」柴玲講完後，又是《國際歌》的旋律。在這次學生運動中，《國際歌》是貫穿於始終的樂曲。六月四日早晨撤出天安門廣場時，學生們也都高唱《國際歌》。當時，誰也沒有想到，這支歌是階級鬥爭文化的代表作和共產主義運動的象徵。在蘇聯、在中國，每當遇到莊嚴的場合，都要全體起立高唱《國際歌》。正是在《國際歌》聲中誕生的東方式的現代專制主義。六月三日傍晚，柴玲帶領廣場上所有的人進行忠誠宣誓時，我和侯德健、周舵、高新並排站著，表情莊嚴地加入了《國際歌》的大合唱。現在想來，《國際歌》在當時的確最能表現廣場上的氣氛，《國際歌》聲的嗚響也在一定程度上說明了這次運動的性質，它絕不是偉大的民主運動，而是奴隸們的反抗運動。令人啼笑皆非的是，六月四日清場之後的幾天裡，有些外省的省會居然貼出了這樣的告示：「不得在公共場合聚眾唱《國際歌》，違者追究刑事責任。」共產黨的黨歌變成了犯罪的依據，這在由共產黨執政的國家中肯定還是第一次，或許也是最後一次。

太陽出來了，陽光照在那些充滿期待的臉上，照在那一雙雙瞪了一夜的眼睛上，照在亂糟糟的廣場上，人們不由地感到了某種失落，他們所期望經歷的令人興奮的場面沒有出現。而且，戒嚴令發布後的前三天，我像那些等待著的人們一樣，每天早晨太陽出來時，都感到失落，一次比一次強烈，我甚至想起了荒誕派戲劇的代表作《等待果陀》。即使當一個人決定獻身或犧牲時，如果沒人為他提供機會，我想他也會失落吧。那幾天，經常能聽到失落的哀嘆：「沒勁，白等了。」「這不是玩我們嗎？昨晚還殺氣騰騰，現在卻毫無動靜。」「共產黨真他媽的孫子，說了不做。」「我想這戒嚴肯定是李鵬小丫的自作主張，後來又被老鄧否了。」「軍隊要是真的進來，我們的運動將是中國歷史上最悲壯的一幕。」「走吧，回家睡覺去，熬什麼，天上不會掉餡餅，等得身心憔悴也白搭，共產黨要的就是這效果。」北師大中文系的一個頗有些表演才能的學生，即興創造了一個小品，既是嘲弄政府又是自我奚落。他開始莊嚴地正襟危坐，表情漸漸地鬆弛，全身慢慢地呈現無力狀，胳膊下垂，頭有氣無力地耷拉著，臉上一副無可奈何的表情。突然，他竄起來，一手揪著長長的頭髮，一手捶胸，雙腳頓足，歪歪斜斜地向前踉蹌著，走出一段距離，他又跪下，高聲用哭腔喊著：「李總理，你騙人哪。我失落、我痛苦、我不想活啦。李總理呀，你快下令吧，父老鄉親們拜託你啦。李總理呀，你開開恩吧。」他的表演贏得了一陣掌聲。

五月廿日上午十點剛過，遠處傳來飛機的轟鳴聲。廣場上的所有人同時向天空望去，五架迷你彩色的直昇飛機超低空飛行，向廣場衝來。剛見到飛機時，廣場上的人都屏住呼吸地仰頭凝視，只有飛機的轟鳴聲。當飛機掠過廣場，再一次回來時，廣場上的喊聲驟然響起。

「打倒法西斯！」「你小子看什麼，有膽的落下來。」「怎麼不扔炸彈呀，那幾張破傳單頂什麼用！」「反對戒嚴！」「堅持到底！」「廣場是屬於我們的。」「法西斯，滾出去。」飛機使廣場沸騰了，人們跳著、喊著、向天空扔東西，揮舞拳頭和旗幟。

我看見直昇飛機的第一個感覺是驚奇，而沒有絲毫憤怒和恐懼。長這麼大，見過無數次飛機，也坐過多次飛機，但是我還是第一次從地面看到飛得如此低的飛機。它們彷彿是緊貼著頭頂飛行，至多有紀念碑那麼高。駕駛員向下張望的頭看得一清二楚。我興奮地跳起來，雙手亂舞，亂喊，猶如回到了我童年時代第一次看到飛機時的心境。我的失態使高新和我的情人都感到困惑不解。

直昇飛機在廣場上空轉了幾圈，散了些官方的傳單就飛走了。同時，廣場上廣為流傳著一張《人民日報號外》的傳單，呼籲實行全國範圍的罷課、罷教、罷市、罷工。還有一份《關於學運策略的幾點建議》，提出新的口號：趙紫陽不能走！立刻召開中國共產黨全國代表大會特別會議！立刻召開全國人民代表大會特別會議。

戒嚴令使廣場上一度冷清的氣氛立刻升溫。北師大的學生以「北師大鬥士」的名義打出新的橫幅標語：「北師大絕不屈服」、「淚扣國門血濺中華」、「血戰」，整個橫幅是白底、黑字、星星點點的紅色。還有的學校的標語是「絕不屈服、血戰到底！」「甘灑熱血為民主！」

市民敢死隊的標語是「為了學生，跟丫的死磕！」「到秋後了，我們都算帳來了！」同時，倒鄧擁趙的口號已經發展為謾罵和人身攻擊。如：「鄧小平，矮×！鄧樸方，瘸×！李鵬，傻×！」「油炸老鄧、刀剮尚昆、大卸李鵬！」「公審偽總理李鵬、匪首楊尚昆！」「槍斃李鵬，絞死楊尚昆。」「我們不要鄧小個子的狗屁經驗！」「李鵬種不正，整個一個私生子！」「鄧媽媽，快把鵬兒抱回家吧！」「李鵬不下台，我們天天來。李鵬不上吊，我們不睡覺。李鵬不自殺，我們不回家。」人們的情緒是激昂的、真實的，我看到北師大的一個男同學咬破手指，用血在自己的白襯衣上寫下「以血醒民」。置身於這種場面中，我無法理性、無法不激憤、不感動。但是，又不知道自己該做什麼、能做什麼。我想到過在關鍵時刻要豁出命去，想過給妻子和孩子寫份遺書。

那時，我還接到過一張條子，找我去廣場指揮部開會，研究怎樣盡快的、最慢也要在三天內成立新的政府，以取代現行的政府。我看了條子，竊笑不已，想起了五月十七日、十八日一群知識精英曾有過組成新政府的念頭，他們在新華門前設立了辦公地點，但是十九日晚上，李鵬、楊尚昆的講話結束後，半夜十一時左右，那個辦公地點空空如也。

同時，廣場上謠傳四起，「外交部已經宣布不聽國務院的指揮」，「廣州、深圳已決定脫離中央政府」，「李鵬被擊斃」，「李鵬的腿受傷了」，「鄧小平已逃往國外」，「一些老革命宣布退黨」，「聶帥向鄧小平直言，戒嚴違背民意」，「萬里在加拿大組成臨時政府」，「美國等五十多個國家宣布不承認中國政府」，「空降兵、裝甲部隊、核武器已運至北京市郊，目標是天安門廣場」，「軍隊內部產生不可調和的矛盾」，「三十八軍與廿七軍在機場打起來了」……外國的電台也未經核實就廣播了記者們從學生們口中得到的各種消息。一時間，人心惶惶，不知道中國將發生什麼。

五月廿號白天，我已經記不清是上午還是下午，我去學運之聲廣播站，看見了嚴家其、高皋、李洪林、蘇紹智幾個人匆匆趕到廣播站。坐定後，嚴家其說：我代表我們幾個人來向你們提一些建議。現在，我們和政府已經到了決戰的關頭，必須明確提出擁護趙紫陽和鄧小平下台的口號。從「四．廿六社論」到「戒嚴」，鄧小平從一開始就仇視這場運動。他是中國的獨裁者，是沒有皇位的皇帝。不讓鄧小平下台，中國就沒有希望。我們只有一個目標就是鄧小平下台。

學生們錄下了嚴家其的話，他們走後，學生們要通過廣播站的大喇叭放，我極力阻止這樣做，我說：「現在政府已經下了狠心，絕不能再激怒它。矛頭指向鄧小平無論從近十年的變化上看，還是從運動的現狀看，都只能有百害而無一利。我們還是保持既定的目標：反對軍管、李鵬下台。」柴玲同意了我的看法。

這次運動的一大特點是組織多，廣場上的組織山頭林立，相互攻擊，誰說了都不算。鑒於這種混亂的情況，廣場指揮部和「高自聯」於五月廿日晚九時在一輛廣場的公共汽車上召開會議，重新選舉學生運動的核心成員，以便統一廣場上混亂的組織狀況。奇怪的是，我居然接到了開會的通知。那輛供開會用的公共汽車的周圍，有兩道糾察線。我拿出通知便順利地通過。在車門口，我看到廣場的副總指揮李錄，據說他是廣場指揮部的核心人物，柴玲對他言聽計從。也有一些學生認為李錄身分不明，懷疑他是共產黨的奸細或特務，因為他沒有學生證，就連寫小說的徐星也曾小聲對我說李錄的身分可疑。我曾在「學運之聲」廣播站見過李錄，但從未與他交談過。他看到我向車門口走來，就親熱地打招呼，又把我拉到一旁，湊近我，蹲下來，頗為神秘地說：「劉老師，據可靠的消息，今晚要清場，想把學生塞進這些大客車運走。為了不讓他們的陰謀得逞，我想出個高招，我派人把所有的車胎放了氣，到時候想開也開不走。」我聽後感到既可笑又可悲，真想不到在這次學運中，廣場指揮部的副總指揮能夠玩如此淺薄而卑鄙的把戲。我好像突然挨了個耳光，臉上火辣辣的。我說：「李錄，這種事虧你想得出來，還當作小聰明到處炫耀。這叫有意毀壞公共設施，既不是民主原則所要求的，更不是社會公德所允許的。一會兒選舉時，如果王丹他們還聽我的意見，我肯定不會為你說好話。就你這種陰暗的心理，要是真的大權在握，比共產黨還要流氓。」李錄站起來，快快不快地走了。我知道，他肯定要把我的話告訴柴玲。

過了一會兒，王丹叫我，我倆一起上車。車上，柴玲正在和馬少芳大吵大鬧。柴玲半蜷曲著身子，躺在靠車門的售票員的座位上。她抽著菸，神經質地指責馬少芳是別有用心、動機不純，妄想篡奪天安門廣場的指揮權等等。馬少芳站在柴玲的斜對面，高聲質問柴玲說：「你全力維護一個身分不明的人是怎麼回事？李錄究竟是哪個學校的，你知道嗎？廣場指揮權我根本不稀罕。你們的所謂廣場指揮部全是自封的，沒有經過民主選舉和『高自聯』的認可。每次問你，你都蠻不講理。」這時，柴玲突然哭了起來。馬少芳根本不管這一套，接著說：「又來女人那一套，撒潑、哭鬧。告訴你，別人吃這個，哄你、恭維你、怕你，我可不。」王丹再三勸他倆別吵了，有什麼看法和不滿開會說，這樣吵下去，既不解決問題，也將為學運帶來不好的影響，連這次會都開不成了。在他倆吵架時，封從德和李錄死盯著馬少芳。

會議終於在王丹的主持下開始了。第一項議程是確定候選人資格。有人認為凡是參加運動的學生都有資格，應該在廣場上舉行公開選舉；有人認為只有「高自聯」、「對話團」、「絕食團」的負責人才有資格；也有人主張以現在的廣場指揮部為核心進行選舉；還有人認為不必搞統一的組織，在維持現狀的基礎上加強各組織之間的協調、合作、聯繫，這樣還可以相互制衡，最符合民主原則。大家各持一端，總的原則還未確定，就開始涉及到具體人選。馬少芳認為廣場指揮部的成員不具有合法性，不在考慮之列。於是，爭吵又開始了，每個人都歷數自己從運動開始以來所做過的貢獻，認為自己最有資格成為候選人。只有王丹在一旁默默地聽著，不時地苦笑一下。幾次，我看見王丹想制止這無聊的爭吵，但他欲言又止。我再也坐不住了，他們的爭吵已經攪在了一起，根本分不清誰與誰在吵。我走到王丹面前，小聲說：「我在這也是看熱鬧，還不如先走。」王丹說：「你幫我勸勸。」我說：「勸也沒用。學生組織的情況你最了解，你無能為力的事，我就更沒辦法了。」王丹說：「我不這麼看。如果知識界能公開出面指導學生，局面肯定會好一些。你們是不是眼看著我們不可收拾才舒服。或者你們害怕被當黑手。」我無言以對。王丹在此之前就曾表示過學生領袖已經指導不了學運，希望知識界出面。而知識界一貫自視甚高，不肯與學生混為一談，只想充當幕後參謀或作為旁觀者品頭論足。我心裡也清楚，即使知識界公開出面了，也不會比學生們強多少，可能會更糟。

我穿過還在爭吵的學生走下汽車，回到北師大的帳篷中。我和其他人一起又開始了新的等待。但是，早晨的太陽所帶來的仍然是失落，軍隊沒有進入廣場。

五月廿一日上午十一時左右，程真和馬少芳來找我，讓我和他們一起上絕食團的宣傳車，開出廣場去進行動員。他們計劃沿西長安街一直到首鋼。這時，高新恰好和我在一起，我就拉上他一起去，因為他上大學前曾是職業播音員，聲音挺棒，在車上讀稿子肯定比學生讀的效果好。汽車開動前，有一個外國女人帶著攝影機要上車拍東西，把車門的糾察隊員不讓她上。後來程真和馬少芳商量了一陣，同意她上來，那個「老外」高興得像孩子一樣。

宣傳車沿西長安街行駛，路過新華門時，車停下來，號召人們到天安門去。新華門前坐滿了靜坐示威的人，他們向宣傳車作著「V」型手勢。宣傳車開動時，已經有人騎上自行車，跟在後面呼口號。尾隨著宣傳車的人越來越多，不僅是自行車、平板三輪車和幾輛小汽車也跟了上來。宣傳車過了民族宮，後面已經尾隨著黑壓壓的人群，幾乎占滿了長安街的一半，看上去頗為壯觀。我探出頭向後望去，人群使我又一次興奮異常，因為在廣場上已經沒有什麼特別刺激的事了。

馬少芳和程真各拿一疊白紙，用筆在上面寫「反對戒嚴」、「李鵬下台」，然後扔出車窗，後面的人搶著那些飄飛的紙中。在車上，馬少芳還給我講了「高自聯」的創建過程，其目的無非是說他是元老之一，但現在連常委都不是了，頗有些怨氣。他說：「現在，我也不去爭官當，實實在在幹點事。這台宣傳車由我控制，我要讓它走遍北京城。」在車上，我寫了一份宣傳稿，號召人們到天安門廣場去，文中的措詞極為煽情，每句話似乎都是一句口號。這是我參與「八九抗議運動」以來寫得最情緒化的文字。寫完後由高新播出。一路上，不斷地有圍觀的人送上來汽水、雞蛋、餃子、冰棍等食品。長安街上，每逢十字路口，已經有人開始用隔離墩攔截即將進城的軍車了。

車到八角村，我忽然想起今晚要去外交公寓見朋友、吃飯，約定下午三點在廣場見面。我便想下車回去。程真和馬少芳一再留我跟他們一起去首鋼動員罷工。我不同意。下車前，馬少芳讓我捎一個條子給廣場指揮部，寫完條子後，他簽名時的動作幾乎和吾爾開希一模一樣，名字寫得騰雲駕霧，最後一筆拉得長長的，隨後就是筆從手中飛出。我戲弄地問：「是不是你們這些學運領袖規定了統一的簽名方式？」馬少芳一楞。顯然，他不知道我說的是什麼意思。也許，他的簽名動作是跟吾爾開希學的，或者相反，或者是這些學生領袖之間的一種下意識的默契。

我在八角村附近下了宣傳車，高新則留在車上繼續宣傳。等我到達外交公寓已經下午三點半了。晚飯很豐盛，擺了一桌子菜，我美美地吃了一頓，洗了澡，又回到了廣場。

五月廿一日凌晨二時左右，我在廣場上的北師大帳篷中見到了好朋友侯德健。他說為了找我，已經連續三天來廣場了。「我想你小子肯定在這兒。」德健笑著說。他問我參加這次運動的感覺，我把和白杰明講過的那些內容告訴他。他感到非常吃驚。他問：「那你還這麼投入幹什麼？」我說：「體驗體驗這些學生們到底是怎麼回事。」德健說：「我是旁觀者，覺得有意思，想看看熱鬧。年輕時在台灣也上過街，遊過行，但是這麼大的場面還是頭一次見到。中國人，人多，廣場也大，幹起什麼事來就是不一樣。」老朋友在這種特殊的場合見面，自然話題就多，我倆天南地北地聊起來。我喜歡與德健聊天。他聊天時不僅表情生動，而且富於想像力，他那經常撇向一邊的口型、那帶有點狡黠的笑，那普通話的國民黨味，那種跳躍性的講故事的方式，以及有時抱起吉他、一副有氣無力的樣子……都對我有種難以抗拒的魅力。特別是他那種獨特的感受方式，常常啟發人從另一個角度去看事物，與他聊天，多長時間都不厭煩。

德健講起他在天安門前見過的一幕：幾個大學生抓住了向毛澤東像上投擲污物的人，要把他扭送公安局。外國記者在一旁拍照。那幾個大學生便圍住外國記者，禁止他拍照，並要沒收記者的膠片。大學生們的理由是：這種照片發表出來，有損於學運的形象。記者對此不理解，堅持不給。大學生們便要強行搶奪，致使外國記者面對一群高喊「爭取新聞自由」的大學生、抗議性地高呼：「新聞自由！新聞自由！」德健說，這些大學生只要他們隨便抓人、隨便高喊各種口號的自由，卻不允許記者們拍照的自由，實在荒唐。他說：「台灣人也有這種現象。要自由只為自己無法無天，卻不允許別人自由。大概是因為都是『龍的傳人』

的吧。」儘管德健在用一種調侃的語調說話，但在那種自我嘲諷中深藏著不安和焦慮。

我們正聊著，學運之聲廣播站的大喇叭中突然響起吾爾開希的聲音：「我是吾爾開希，我是吾爾開希。根據我從三方面得到的可靠消息，今晨五時整團部隊將進行清場。有步兵、裝甲兵、空降兵，坦克炮平射。鑒於此種緊急情況，我命令全體在廣場上的學生馬上組織撤離，向外國使館區撤。此命令發布時間三點零五分。」吾爾開希的講話引起了一陣騷動，有人真的相信，有人破口大罵，有人高喊：「吾爾開希，滾下去，誰聽你的狗屁命令。」過了十分鐘左右，廣場上又響起了柴玲那嘶啞的聲音：「我是廣場總指揮柴玲。我宣布：任何人也無權以個人的名義發布任何命令。廣場的指揮權歸保衛天安門廣場指揮部。我是總指揮，只有我才有資格在廣場發布命令。吾爾開希只代表他自己，不代表廣場指揮部和任何一個廣場上的學生。廣場指揮部號召你們不要聽信某個人的謠言，只有廣場指揮部的消息才是可靠的。」柴玲那氣急敗壞的聲音像吾爾開希那專橫的語調一樣，令人不寒而慄。

德健突然問我：「曉波，你認識柴玲和吾爾開希嗎？這是怎麼回事。兩個學生頭頭，一個發布命令，一個否定命令。」我向德健講了學生們之間的勾心鬥角、爭權奪利以及各種組織山頭林立的情況。德健說：「有點軍閥混戰的味道，抗戰勝利了，光復了，也非打內戰不可。這都是我們的蔣總統介石先生和你們的毛主席澤東同志教出來的。」我說：「要是勝利在握，爭爭座次還情有可原。現在，連個影兒都沒有，就相互吃醋。這運動非從內部爛掉不可。」這時，吾爾開希的女朋友劉燕來找我，讓我去紀念碑上見吾爾開希。她說開希有些失控，叫我勸勸他。我讓德健等一會兒，就和劉燕上紀念碑了。

吾爾開希躺在擔架上，一副垂危的樣子，旁邊圍著一些人，還有穿白大褂的醫務人員。劉燕說吾爾開希講完話後心臟病又犯了。我說：「劉燕，你最了解開希，他是在演戲吧。」劉燕笑了笑說：「也許有演戲的成分，但他確實有心肌炎。」我說：「有病還不回去治，到廣場來下什麼命令。」劉燕氣急敗壞地說：「現在是關鍵時刻，他怎麼能躺在醫院中養病。他是這次運動的象徵，學生們離不開他。他不出現會引起種種猜疑，軍心不穩。再說，現在好多人嫉妒他的名聲，巴不得他一病不起、離開廣場呢。他要是自己離開，正中那些人的下懷。所以，開希在醫院中，不管醫生怎樣勸，他都堅持要來廣場。最後是幾個人用擔架把他抬來的，他說就是死也要死在廣場。我就喜歡他這個勁。」我說：「劉燕，你不覺得只關心他的名聲而不關心他的身體，這女朋友當得太殘酷了點兒吧。」劉燕顯然對我這樣說沒有任何心理準備，她先是一怔，呆了一會兒，才說：「我？沒有我，開希早完了。」

這時，人越聚越多，劉燕突然邊揮手邊嚷：「都走開，都走開，沒見開希有生命危險，不能太累嗎？他需要安靜。」劉燕說完，轉回身，一下子跪在吾爾開希擔架旁，撫摸著他的頭說：「開希，你怎麼樣了？我不讓你太激動，你偏不聽。」她又轉過頭環視了一下周圍的人說：「聽見沒有，你們快走開。怎麼一個個的都不要臉。」人群中的反應也挺激烈：「你算老幾？有權趕人，你為什麼不走。吾爾開希有醫生就足夠了。」劉燕馬上高聲說：「我是開希的女朋友，開希的保護神。」她低下頭，俯身對吾爾開希輕聲說：「開希，你說是嗎？」吾爾開希毫無反應，一副瀕臨垂危的神態。這時，有兩個人分開圍觀的人走過來說：「我們是廣場指揮部的，通知吾爾開希去開會。」劉燕頭也不回地邊揮手邊說：「誰也不行，就是趙紫陽來、李鵬來也不見。」但是，劉燕的話並沒有起太大的作用，沒人聽她的。

劉燕趴在吾爾開希的耳邊說了幾句話，吾爾開希勉強地睜開眼睛，看著我，有氣無力地說：「曉波，柴玲他們叫我去開會，肯定是要整掉我，我該怎麼辦？」我說：「開希，你太不珍惜自己在前一段時間所積累的政治經歷。一心血來潮什麼都說。我想他們要整你肯定是因為你一貫的我行我素和剛才的莫名其妙的命令。廣場上是大學生，不是軍人，你更不是總司令，有什麼權力下命令。你的個人形象現在已經很難被幾個人改變，包括學運的頭頭們，關鍵在你自己今後怎麼幹。有個主席、黨委、總指揮之類的官又能怎麼樣呢？不是照樣指揮不了學生。不當官還可以運用你的個人影響力。建立公眾形象需要演戲，但要演得高明，有分寸，不能每次出場都暈倒。」吾爾開希說：「我真有病，醫生的診斷書在。」我說：「那你就好好治病，病好了再說。」他說：「你這人太不現實。現在正是關鍵時刻，我怎麼能躺在醫院中安心治病。這次運動是我領導的，怎麼能離得開我。」我說：「開希，少了誰地球都轉。這次運動，每個人的作用都極有限，包括你、王丹、柴玲。」吾爾開希又突然捂住胸口，喘氣開始變得粗糙而急促，劉燕馬上喊：「開希不行了。氧氣袋。快送醫院。」幾個學生抬起擔架就走，醫生又給吾爾開希插上氧氣。

我下了紀念碑去找德健，一直聊到天亮。這個夜晚，儘管有吾爾開希的令人恐怖的命令，但是廣場上很安靜，很少有人提出是否要清場的問題，好像戒嚴已經解除。

五月廿二日的廣場沒有什麼令人興奮的事情發生，但是有一件帶有喜劇色彩的事令我終身難忘。一位自稱是廣場糾察隊總指揮的學生，來找我給他當參謀，向我講解他對付戒嚴部隊的「戰略部署」。他攤開一張北京市地圖，手拿一根電鍍的、可以伸縮的教鞭在地圖上指指點點。他介紹說：「現在，我在這兒」，他指著地圖上的天安門廣場，「在我的周圍，東邊，東大橋附近有戒嚴部隊；南面，也有敵人；西邊，古城八寶山一帶的敵人較多；北邊，德勝門外也有大批的敵人。我現在是四面受敵。敵人準備通過地鐵進入廣場，」他指了指前門的幾個地點站口：「據說還有空降兵，裝甲兵。劉老師，我不同意柴玲他們的戰略。她命令在通向廣場的近郊各路口設路障、攔軍車。那樣分散力量，內部空虛，軍隊會輕易地占領廣場。我主張採取收縮防守的戰略，把我們的人集中在六部口、南池子、台基廠、和平門、天橋等地，只留少部分人在近郊各路口與部隊對峙。只有這樣，才能夠有效地扼止部隊的前進，防止因廣場的內部空虛所造成的措手不及，保住廣場。」他邊說邊在地圖上貼上小紅旗，劃上箭頭，並不停地自言自語。

我聽著他的介紹，看著他的動作和表情，心裡直想笑。這既像我小時候做的遊戲，又像《南征北戰》之類的戰爭影片中的一些場面。共產黨的教育真是無孔不入，這些年輕的學生也無法擺脱，無論做什麼都只能模仿共產黨。在此次運動中，從口號、名稱、組織方式到處理具體問題的方法，大都是共產黨式的。

五月廿三日上午，我帶德健在廣場上見到了吾爾開希。他正從車窗向公共汽車的頂上爬。我喊他，他見我便跳下來，沮喪地說：「曉波，他們真的把我罷免了。我現在什麼都不是了，什麼也沒有了，沒人聽我的命令。我要開闢新的天地。我剛才想站在車頂上演講。」這個話題前天晚上他就說過，我已經失去興趣。來找他主要是把他介紹給德健。當我把德健介紹給他時，他臉上的沮喪一掃而光，變得興奮起來。

德健說：「早就聽説過你，沒見到你時總覺得你是英雄，見到你，你心情這麼不好。沒關係，許多人願意幫助你，我就是其中之一。」吾爾開希說：「我也久慕你的大名。見到你挺高興。但是，現在中國最有名的人是我吾爾開希。你出名經過了多長的時間、費了多少勁。而我卻在這麼短的時間內就出了這麼大的名，這只有我吾爾開希能辦到。你是多大出的名？」德健笑笑說：「和你差不多。」吾爾開希說：「我才廿一歲，名氣已經比你大多了。」德健的嘴撇了撇，現出一種無可奈何的苦笑。

這時，有兩個喜歡德健的歌的學生遞過小本子讓德健簽名留念。德健幾乎是一筆一劃地寫上工整的「侯德健」。吾爾開希拿過本子說：「你的簽名太正規，沒風度，不瀟灑，看我的，我可以用漢語和維語簽名。」他說著，在本子上斜著寫下了連在一起的「吾爾開希」，他想盡力一筆寫完，但是沒有成功，稍稍頓了一下，他的簽名占滿了整頁紙，那最後的一劃，仍然是騰飛狀。簽完名，吾爾開希說：「每天找我簽名的人多得推不開。你呢？」德健笑笑說：「簽名是唱歌的人的業餘職業。我已經習慣了。以後你也會習慣的。」我說：「開希，你也不能什麼名都簽。你沒問問人家願不願意。人家來只是找德健簽名。」吾爾開希說：「根本不用問，我的簽名比誰的都值錢。」

正聊著，幾個學生來找我，讓我幫助修改他們寫好的倡議書。我看了看，除了口號沒有具體內容，我想，與其修改，不如重來，我談了想法，他們點頭稱是，一致推舉我重新起草這個倡議。我用了一個小時寫完，又唸給在座的人聽，請他們提出建議和批評。德健和吾爾開希都談了自己的看法。吾爾開希對其中的第一條非常感興趣。因為這一條的內容是「與其要求單純的政府領導人的更替，不如從現在開始樹立民間政治領袖的權威。全社會應該通過各種方式盡快地確立除了政府權威之外的民間政治領袖的權威，必要時可以考慮成立全國範圍內的民間自治團體，為逐步地建立民間反對黨而打下良好的基礎。民間的政治領袖權威的確立在形式上標誌著社會外在力量對政府的政治制衡的最初實施。民間的政治領袖所代表的民意對政府決策所提出的建議應該有廣泛的社會影響，以此來影響政府的決策，逐步地使民間的政治領袖能夠與政府最高決策人具有平等的權利。」吾爾開希看完後說：「現在，確立民間政治權威的基礎有了，時機已經成熟，這次學生運動中湧現出的學運領袖就是民間政治領袖的雛形。曉波，你的想法太棒了。將來，你做我的私人顧問。我倆能配合得天衣無縫。」我沒有說話，心中既喜且悲。我為自己能取得學生領袖的完全信任感到高興，又有一種受侮辱的悲哀。

這份題為《我們的建議》的文獻由高新用打字機打成蠟紙，由北師大絕食團通訊油印散發。「六．四」後，官方把它作為運動後期的綱領性文件，以此來指控我犯有反革命宣傳煽動罪。

中午，德健、我、吾爾開希和劉燕到前門附近的一家飯店進餐，由德健請客。吃飯時，德健給了吾爾開希五千元人民幣，讓他吃好、住好、養好身體。劉燕收起錢，笑容滿面對德健說：「要是早認識你就好了。開希現在的確需要錢和朋友。」吃過飯，我和吾爾開希回到廣場，德健和他的朋友解雲鵬去薊門飯店，我們約好下午四點鐘在薊門飯店見。

下午，我和吾爾開希、劉燕去薊門飯店，德健已經開好了房間給吾爾開希住。傍晚，程真和馬少芳也來了。晚飯是在飯店吃的，自然還是由德健付錢。吾爾開希說：「德健，等運動結束後，我請你去新疆，吃吃我的家鄉風味。」劉燕說：「德健，等有時間，我下廚，給你做頓飯，絕不次於任何大飯店。」開飯時，吾爾開希想喝白酒。服務員問他要什麼酒。他反問：「你們這最好的酒是什麼？」服務員回答：「五糧液。」吾爾開希說：「那就要五糧液。」我、德健、小解都不喝酒，五糧液由開希、馬少芳等人喝。吾爾開希酒量不小，一杯接一杯，劉燕在旁邊不停地嘮叨：「開希，少喝點兒，你心臟不好。」吾爾開希滿面紅光地說：「現在都少多了，要是過去，我一人能喝一瓶。」

吃過晚飯後，我們一起開著德健的車去廣場。車停在人民大會堂南側的路口附近。這時，紀念碑上正在舉行演唱會，德健、劉燕、吾爾開希、小解去了紀念碑，我和我的朋友留在車裡。我確實有點厭煩了，不願意再看吾爾開希的表演。一小時後，劉燕陪著吾爾開希回到車上，劉燕說：「開希唱歌時，心臟病又犯了。」可是沒過十分鐘，吾爾開希便興致勃勃地高談他的家鄉新疆的風土人情，講了許多他的父母、他的童年。後來，小解對我說，吾爾開希上了紀念碑之後，看大家哄德健唱歌，他也一定要和德健一起唱，唱著唱著就暈倒了，引起一片嘩然。

吾爾開希住進薊門飯店後，便四處打電話聯絡，他的房間成了會客廳，每天人來人往，絡繹不絕。記者、朋友、學生、他以前的情人……我和德健沒法忍受，飯店的服務員也提意見，我們只好請吾爾開希和劉燕搬走。小解托朋友在紫微飯店給吾爾開希定好了房間，吾爾開希搬去了。這時的吾爾開希，有飯店的套房，有全包的出租車，吃飯全在飯店。他花錢的速度之驚人是一般人難以想像的。他住進紫微飯店後的第二天，劉燕給我打電話，說現在她和開希的錢不多了，讓我幫助找錢。我把一個朋友捐給學運的二千元錢中的一千五百元給了他倆。後來還有一位公司經理捐的一萬元人民幣，給吾爾開希和王丹各五千元。

我的朋友和解雲鵬對吾爾開希的印象非常不好，就連他走路的姿勢都看不慣。他們認為吾爾開希是個外表盛氣凌人而內心空空洞洞的自大狂。他們一再勸我以後不要和吾爾開希來往。我也不喜歡吾爾開希的那種沒有任何界限的自我膨脹，也曾想過儘量少跟他來往。但是，出於參加學運的考慮，我無法中斷和他的關係。更主要的原因是，我與吾爾開希的密切關係能夠滿足我的虛榮心。他是學運領袖中的佼佼者，我是知識界的佼佼者，我以為我們的合作和友誼對此次運動至關重要。但是，別人對我的提醒還是起了一定的作用，我和吾爾開希的來往不像以前那麼密切了。

五月廿三日中午，我在廣場上見到了王軍濤和周舵，他倆是來廣場了解學生們的情況。後來，我們一起坐著車去了前門附近的一個飯店，那裡聚集著一些人，大家在一起分析形勢，猜測著部隊何時能進入廣場。一旦清場我們怎麼辦。我當時有些累，躺在床上半醒半睡。倒是一個人拿進來一兜鮮紅的西紅柿吸引了我。我一口氣吃了幾個西紅柿，又洗了個澡，感覺好多了。下午，我們幾個人一起去周舵的家。我實在無興趣聽他們討論，就一個人在另一個房間中聽音樂。晚上，我們一起吃過飯離開了周舵的家。王軍濤讓我和他一起去北大，我沒去，而是和其他幾個人去了廣場。那天晚上，我在長安街上第一次看到由摩托車組成的「飛虎隊」，每輛摩托車上兩個人，打著「V」型手勢一路開去。轟響的馬達震撼著夜空。

五月廿四日，經過撤與不撤的激烈辯論之後，廣場指揮部統一了意見，決定召開保衛天安門廣場誓師大會。會前，經過選舉柴玲正式擔任總指揮。王丹在會上發表了《光明與黑暗的最後決戰》的著名演講。王丹分析了當時的形勢，認為政府和學生都沒有退路了，關鍵在於能否堅持下去。他說：「我們已經沒有退路了，只要我們堅持下去，這樣無能的政府，肯定垮台，堅持就是勝利。」接著，柴玲帶領所有的人舉行宣誓：

我宣誓：我將用我年輕的生命保衛天安門廣場和共和國。頭可斷，血可流，人民廣場不可丟。我們甘願用我們年輕的生命戰鬥到最後一個人。

儘管我沒有舉起握緊拳頭的手臂和廣場上的人一起宣誓，但那悲壯的氣氛感染著我，《國際歌》的旋律迴盪在廣場上，彷彿一場血腥的搏鬥即在眼前。從小就聽《國際歌》的我，在這次運動中幾乎天天聽到《國際歌》的我，第一次被它的旋律深深地打動，我也加入了廣場上的大合唱，這是我參加運動以來第一次如此嚴肅地如此莊重地如此發自肺腑地唱《國際歌》。這時的我變得純粹、從心底裡堅定了為民主而犧牲的信念。但是，離開了那種特定的情境後，悲壯感又消失了。白杰明曾在一篇關於「八九抗議運動」的長文中指出，柴玲的誓言和戒嚴部隊的誓言使用的是同一套語言，即共產主義教育所灌輸的語言，在這種語言的完全相同的背後，是深層意識的相同。真是悲劇中的悲劇，柴玲所代表的學生運動和奉命鎮壓學生運動的戒嚴部隊居然只有一套語言模式來表達各自的決心。[11]由此可見四十年共產主義的獻身教育的成功。不僅僅是誓言，在這次運動中，學生方面所使用的所有語言基本上都是共產黨的意識形態語言，那些口號、那些宣言、演講，在根本模式上並未脫離黨的意識形態。有什麼樣的語言就有什麼樣的思維，有什麼樣的思維就有什麼樣的生存方式。封閉了太久的中國人，還沒有學會用另一種非意識形態的全新的語言來思考來表達。正像中國人無權選擇自己的生活方式和價值觀念一樣，中國人也無權、甚至沒有機會選擇自己的語言。

誓師大會之後，「學運之聲」廣播站便開始播一些聳人聽聞的消息。什麼戒嚴部隊已經接到死命令，必須在廿五日凌晨進入天安門廣場，一切企圖阻止部隊執行任務的人，格殺勿論；什麼直昇飛機準備向堅持在廣場不走的人施放化學毒氣彈；什麼鄧小平在人民大會堂頂上看到了廣場的情況，氣急敗壞，一病不起，生命正在垂危之中；什麼李鵬已經下令空出秦城監獄，準備關押運動的首犯。清場後，將開始全國性大搜捕，凡是上街遊行的人一律判十年以上的徒刑；什麼李鵬還指示北京市環境衛生管理局準備在清場後打掃廣場上的血跡。

晚上八點多鐘，有個學生來找我，讓我去紀念碑下。他說，今晚九點整將在這裡宣告「北京知識界聯合會」正式成立，召集人是嚴家其和包遵信，已經有九十多人參加，都是有一定名望的知識分子。會後將舉行新聞發布會。我對那個學生說：「對任何組織我都不感興趣。我和他們不是一路人。我只想和學生們在一起。」那個學生說：「為什麼？」我說：

11 見《The broken mirror｜China after tiananmen》, edited by George Hicks, LONGMAN CURRENT AFFAIRS, 1990. P. 79-80.

「這事講起來可能挺複雜，有許多故事，以後再說吧。」那個學生說：「我覺得你們知識分子早該站在運動的前台來，既然參加學運了，就不應該一味清高，指手劃腳。劉老師，我勸你還是參加這個聯合會，組織的力量會比你個人大。」我說：「組織並不缺我一個人。我覺得我這種『單打一』的方式更過癮。」

五月廿五日上午我回家了，正巧哥倫比亞廣播公司來電話要採訪我，並請我幫忙找到吾爾開希。我答應了他們。下午三點多鐘，我和吾爾開希在薊門飯店見面，他的穿戴完全變了，一身嶄新的西服，一雙閃亮的皮鞋，頭髮也經過了整理。我既感到突然，又覺得穿上西服的吾爾開希顯得更加瀟灑英俊。以前，我曾提醒過吾爾開希要注意儀表，他果然聽了，我心裡不免有幾分得意。在等哥倫比亞廣播電台來接我們的車的時候，吾爾開希問我見了記者說些什麼。我告訴他主要談兩方面的內容：一是戒嚴之後運動發展的基本情況，以及下一步的打算，要特別突出籌建民間政治組織、樹立民間政治權威的重要性。二是談這次運動的失誤，特別是學生領袖們的失誤。這種反思應該從吾爾開希、王丹、柴玲等人做起。下午四點整，哥倫比亞廣播公司的車來了。我們下樓時，劉燕拉住我說：「曉波，我也跟你們一起去。」我說：「人家並沒有要採訪你，你去幹什麼？」劉燕說：「劉老師，說句心裡話，我想去是為了我自己。我現在感到我和開希的關係並不穩定。他身邊的女人太多，說不定哪天就不要我了。如果我能在電視上露面，向所有的人公開我們的關係，這樣對我和開希都有好處。」劉燕的話使我想起三天前的一幕。一位年輕漂亮的外國女孩，拿著一份封面上登有吾爾開希的大照片的外國雜誌興致勃勃地來找吾爾開希。正巧此時吾爾開希和他以前的一個情人在咖啡廳中談話。劉燕對那個外國女孩說：「開希現在不能再看這類照片，他已經失控了，不要再讓他頭腦發熱。劉老師，你說是嗎？」我笑了笑，沒有回答。劉燕說的並不錯，但她的動機絕不僅僅是不讓開希繼續頭腦發熱。

劉燕一再乞求要和我們一起去接受採訪，我只好說：「這事你問開希吧。他同意就行。」劉燕無可奈何地搖搖頭，悲哀地看了我一眼，轉身上樓去了。

採訪是在香格里拉飯店後院中的一個小亭子中進行的。記者見吾爾開希穿一身嶄新的西裝，有點詫異地問：「吾爾開希，你服裝的變化說明了什麼？」吾爾開希回答說：「我只想讓外國人知道中國的學運領袖的形象。」接著，吾爾開希笑吟吟地突然問道：「我想先提一個與採訪無關的問題，行嗎？」記者點點頭。吾爾開希說：「美國的女孩子對我怎麼看，喜歡我嗎？」在場的所有人都一楞，不知道該怎樣回答他。

整個採訪持續了一個多小時，主要是吾爾開希講，我只是陪襯人，最後記者才出於禮貌把話筒和攝影機對準我，提了幾個無關緊要的問題，便草草結束。我邊回答記者的提問，邊在心裡罵自己不該來，受冷落的屈辱包圍著我。更感到委屈的是，吾爾開希談話的內容大部分是我教給他的。但，這是無可奈何的事，當時的主要新聞人物肯定輪不到我和其他知識精英，外國記者都盯著那些叱咤風雲的學運領袖。

吾爾開希的口才不錯，滔滔不絕地講著，無數次演講和採訪練就了他應付自如的心態，他講起話來無拘無束，即使是在一般人看來最不該亂講的隱私，他也毫不隱諱地大講特講，他似乎覺得，現在他的一切都會成為轟動性新聞，都將引起全世界的關注。他沒有絲毫政治人物的分寸感和自我控制的能力。他從學運的起因講到自己出名的過程，從「四．廿六社論」講到「四．廿七」、「五．四」大遊行，從學生自治會的籌建到他被罷免，從絕食到他的父母，從五月十八日和李鵬的對話到他所聽到的公眾反應，從戒嚴令發布到學運未來的方向。他一再強調這次學運中湧現出的學運領袖的重要性，認為這些人是中國未來的政治領袖。但是他對學生方面在此次運動中的失誤僅僅輕描淡寫地敷衍了幾句，其中提到了他在五月廿三日凌晨三點多鐘發布的撤離廣場的命令。我忍不住不斷地插話，談到學生組織的決策零狀態，學運領袖之間的勾心鬥角、財務管理的混亂、廣場秩序的髒亂、特權意識、仇恨心理和知識分子的軟骨症、意識形態化。後來，美國的朋友打電話告訴我，那次採訪在國外播放時，只有我的畫面，沒有我的聲音。看來，我的確是個陪襯人。

結束了哥倫比亞廣播公司的採訪，我倆又馬不停蹄地被香港無線電視台接到了民族飯店，電視台請我們在新疆廳吃了手扒羊肉。席間，吾爾開希問服務員是否認識他，服務員點頭。於是，他藉題發揮地大談了一通和李鵬對話的感覺，又對在場的香港記者說：「你們採訪我是聰明的，我不僅是學運的第一領袖，也是目前中國的第一名人，你們的收視率肯定高。」

香港電視台的採訪不是政治性的，而是商業化的，記者們沒有提任何嚴肅的政治問題，而是問吾爾開希的家庭、生活愛好、愛情、絕食的生理感覺。吾爾開希有問必答，並聲明將來他不想只搞政治運動，而要像美國前總統雷根一樣當個電影演員，他相信自己一定是極棒的影星，就像他一夜之間成為政治明星一樣，甚至當影星的把握比搞政治還要大。他還詳盡地描述了絕食時的生理感覺和暈倒後住進醫院的經歷。諸如頭暈、心跳異常、神經緊張、全身疲軟、鼻口出血、胃功能失常等等。我在吾爾開希身旁呆坐著，像個侍衛一樣根本插不上話。我感到自己的衰老和落伍，一種被淘汰的過時感令我在心中悲鳴不已。突然，吾爾開希大談起此次運動與中國古代傳統的關係。他說中國人歷有敢於造反的傳統，歷代農民起義就是最好的證明，推動歷史前進的正是這些反抗性的起義。八九抗議運動就是農民起義的造反傳統的繼續。我發現提問的記者對吾爾開希這番宏論頗為驚訝和不滿，於是我立刻插進去藉題發揮。我說：「開希，你對農民起義的理解是錯誤的。歷次農民起義所帶來的除了大破壞之外，就是新專制的建立。共產黨奪權就是農民起義式的。農民起義僅僅是發洩不滿、尋找好皇帝，與民主運動毫無共同之處。」但是，現在回想起來，吾爾開希的話從另一個角度來理解是正確的。「八九抗議運動」確實不是一場真正的民主運動，而是帶有濃重的農民起義色彩的發洩不滿的反抗運動。十年所積累的所有不滿情緒藉此機會來了一次大爆發。採訪結束時，在記者的提議下，吾爾開希和記者們合影留念，一個有點醜的、矮個子女記者搶站在吾爾開希身旁，吾爾開希又一次問道：「香港的女孩喜歡我嗎？」那個女記者說：「你是我們心中的英雄。」

在薊門飯店期間，我和美國的陳軍通過幾次長途電話，他想通過長途電話採訪王丹和吾爾開希，但是由於當時的忙亂，採訪沒能進行。陳軍建議我盡快在北京設立一個有電話的辦公室，叫人一天廿四小時守候，以便隨時互通信息。我對陳軍說這得等運動結束後再說，現在忙不過來。我向陳軍介紹了國內的學運情況，談了我的基本看法和將來的打算。我想在運動結束後籌資辦一個有關中國現狀的實證性研究機構，不靠理論，而靠大量的調查事實說話。我想吸收王丹和吾爾開希參加，做這個機構的發言人，定期向社會發布我們的研究成果，因為王丹和吾爾開希有著廣泛的社會影響和威望，藉他們的影響力可以更廣泛、更有效地傳播我們的想法。陳軍的態度非常積極，當即答應幫我在國外籌款，並捐出了他在國內的一萬元人民幣。這筆錢捐給了北師大學生自治會，經手人是我、吾爾開希和梁兆二。

在此期間，胡平和黃貝嶺分別來過長途電話，表示他們要回國，不知是否可行。胡平回國的想法被我否定了，我覺得身為民聯主席的胡平，回國只是表演，就像王炳章一樣，肯定入不了中國的海關就會被拒絕。他的回國除了為自己製造一點新聞外，沒有任何其他作用。至於黃貝嶺就不同了。他沒有胡平的知名度和特殊身分，回來不成問題。他說他已定好了五月卅日的飛機票。我勸他慎重從事，想好了回國究竟能幹什麼以及必須承受的風險。我還勸他如果真的回來，一定要在美國辦好可以再次去美國的簽證，以便回來後如果感到失望能夠順利出境。但是，我心裡清楚，決定回國並非容易。

參加聯席會

從五月廿五日開始，我基本上離開了廣場，只是偶爾去看看，待幾個小時就走。廣場上的氣氛日漸清冷，圍觀的人已經寥寥，每個帳篷中只有一、二個人。他們的表情無聊、灰頹，有些人用打撲克、算卦、講笑話來消磨時間，好像是在課餘時的學生宿舍，不是在戒嚴後的天安門廣場。有一個女學生給我看手相，一本正經地仔細端詳手掌上的紋路，最後沉吟著說：「你這個有婚外戀傾向，只是還沒有行動。屬於那種有色心沒色膽的男人。別看你寫起文章來風風火火，演講時極有煽動力，但是動真格的就麵兮兮的，一點兒男子漢氣都沒有。」我說：「只有既有色心又有色膽的人才是男子漢？」她笑了笑說：「不是這個意思。反正你這個挺沒勁的。」我說：「有沒有勁與你無關，別瞎操心了。」這時，旁邊的一個男同學說：「劉老師，別聽她胡扯。她是專看男人手相的主兒，個個看出婚外戀，就是沒人戀她。」那女生突然哈哈大笑著說：「小子，你太嫩，還是找你那個四隻眼去吧。」我站起來，說：「要是無聊，乾脆回學校吧，還在這兒泡什麼。」那女生說：「民主加算卦，別有風味。」我說：「你能寫『黑色幽默』了。」

五月廿六日我去「學運之聲」廣播站，見到了封從德和柴玲。他倆不主張撤出廣場，同時號召所有在學校的學生回家，搞「空校運動」。我認為還是要選個適當的時機撤，因為作為學運象徵的廣場，形象越來越差。他倆說可以考慮我的意見。下午，我和幾個同學一起去古城方向，看看戒嚴部隊是怎樣被攔住的。

我們坐的出租車剛剛駛到新華門附近，就有幾個打著紅旗的學生想攔住我們的車，司機抱怨了一通後問我怎麼辦。我說，使勁按喇叭，不停車。我最討厭學生們在運動期間隨便攔車，吃飯和坐車不付錢，覺得參加了運動就可以享受一切優惠。我曾經不止一次地碰見學生們攔車，每次我都叫司機不停車，照直開，他們總不會不要命吧。汽車司機說：「我聽你的，出了事可沒我的責任，要是他們把車弄壞了，你能賠嗎？」我說：「誰弄壞的誰賠，我負責。」我們的車直衝著站在前面揮旗和作手勢的學生開過去，他們只好讓到一旁，用旗杆敲了車頂一下。一路上不斷地有學生攔車，我們都沒有理睬。

攔軍車的地方的氣氛之熱烈要遠遠超過天安門廣場，一些人拿著手提式喇叭向戒嚴部隊講道理，有些人不斷高喊口號：「人民軍隊愛人民。」「軍民一條心，軍民魚水情。」「不要上當，不要當炮灰。」士兵們萎縮在軍車上，表情呆滯地看著周圍的人。有些學生爬上軍車，把槍支起來，裹上軍裝，扣上軍帽，做個像稻草人似的軍人形象。還有三個學生戴著鋼盔，在坦克上跳起了迪斯可。一些軍車和坦克已經被學生和市民占領，上面陳列著戒嚴部隊的武器、行李和食品，頗為引人注目的是幾個女學生以兩把小提琴為核心組成一個小樂隊，拉小提琴曲給車上的軍人們聽。每拉完一曲，就講一段話。其中一個女學生在提琴的伴奏下跳起了文革時頗為流行的藏族舞「哈達獻給金珠馬（解放軍）。」她邊跳邊唱，舞姿還算優美，臉上洋溢著燦爛的笑容，真像每逢春節去慰問親愛解放軍的演員。但是，無論這幾個女學生怎樣賣力，怎樣笑，年輕的軍人們仍然面無表情，絕不屈從於任何誘惑。幾個當官的軍人，在車下來回走動，不時地向車上的士兵小聲講幾句。他們的目光始終不離開車上的士兵，嚴肅而尖刻，監視著士兵們的面部表情。

我走上前去與一個軍官搭話。我問他：「你們知道來北京執行什麼任務嗎？」他說：「不知道。我們只執行命令。上級命令我們進行長途拉練，不看報、不聽廣播、不議論。我們不知道來北京幹什麼。更沒有想到會有這種局面。我們被困在這，接不到除原地待命之外的任何命令。」我問：「你們不知道戒嚴令嗎？」他說：「不知道。北京的事我們以前從未聽說過。」這時，一個乾瘦的老頭湊過來對軍人說：「想當年解放軍進北平城，我們都流著淚歡迎。今天，解放軍進北京城，是衝老百姓來的，我惱火，不歡迎，你們還是回去吧。不回去沒有好果子吃。」那軍人說：「我們只是執行命令，惱不惱火與我們無關。要說你們去找中央軍委。」這時，人越聚越多，那個軍人艱難地分開人群走了。

幾個個體戶，拉著一板車飲料、麵包、熟肉、燒雞等食品，邊走邊嚷：「大學生們，來拿吃的，要多少有多少，就是不給大兵。」其中一個小伙子舉起燒雞和飲料衝著卡車上的士兵說：「小丫的，扔茅坑也不給你們。你們的嘴比茅坑還臭。」人群中，一個中年人打開一瓶汽水，衝著士兵們灑過去：「你們喝呀，軍民魚水情嘛。」幾乎每一次來送食品的人都要和當兵的耍幾句貧嘴。

我問那些幫助學生堵軍車的市民是怎麼想的，為什麼要玩命。有的說：「為保護大學生。」有的說：「反腐敗也有咱一份。」有的說：「攔軍車挺好玩，過癮，好長時間沒這麼來勁了。」有的說：「戒嚴就是法西斯。反法西斯是全北京的大事，誰都該出把力。」有的說：「人人都有良心，不懂政治的人也懂殺人違法。」有的說：「大學生是好樣的，敢幹。人不能太老實。過去我就太老實，在單位總受頭的氣。今天我也出來出出氣。」我問他們：「你們不怕軍隊開槍嗎？」有人說：「大不了玩了命，咱不也留個名。人怎麼都是個死，死得心甘情願、有滋有味才不白活一場。」有的說：「軍隊不敢開槍。四十年了，北京還沒有過解放軍進城開槍殺老百姓的先例。」有的說：「人多勢眾、法不責眾。只要人多、心齊、抱團，沒事兒。」也有人說：「為這事死挺值。反正總得死，死出個樣來也不易。平時沒機會，趕上這麼個機會還不冒冒險。」「大學生敢玩命，我們有啥不敢。」

最令人感動的是個老太太，齊耳的灰白短髮，眼角和嘴角布滿細而深的皺紋，也許是因為牙掉光了，說起話來嘴有些漏風。據那些攔軍車的人講，是她第一個躺在軍車前，揮動著不太靈活的雙臂，高喊：「先輾死我這條老命。」我問她為什麼這樣做，她說：「我孫女也是大學生，也跟著去絕食，眼下還在廣場。我要用這條老命保護她。」我又問：「你幹嘛不勸她回家。」她說：「勸了，她爸她媽也勸了，唾沫都乾了，我都跪下求她了，可都不管用。現在的年輕人，父母都管不了，別說我這當老奶奶的了。」我又問：「你覺得你孫女做得對嗎？」她猶豫了一下，然後果決地回答：「對。這幫當官的就該反反。」

廣場上的蕭條以及學生頭頭們的爭權奪利常常令我心灰意冷，但是這些攔軍車的學生和市民又令我振奮。他們中的許多人，沒有任何政治動機，也不想在這次政治運動中撈點什麼，他們僅僅是出於作為一個人的正義感、同情心和勇氣。與他們相比，我忽然覺得自己很髒，從心裡感到北京的市民的確是全中國最可愛的。我又想起戒嚴令發布的第二天，一群市民打著標語，喊著口號：「保護學生，義不容辭。北京市民，敢死敢死！」在回廣場的路上，我沒想到自己會默默地流淚。我捫心自問：「為什麼我不能和這些市民一起去堵軍車，而偏要與王丹、柴玲、吾爾開希等學生領袖們頻繁交往呢？我就沒有連我自己都討厭的特權意識嗎？」但是，我沒敢再沿著這個追問想下去，而是轉變了思路，很快地找到了心理平衡：「一場這麼大的運動，每個人都有自己的角色，不能什麼都想幹。正像不能所有的學生都成為王丹一樣。我是中國有思想、有社會影響、有知名度的知識分子。我的角色就是進入學運的核心層，通過影響學生領袖和組織學生來發揮自己的作用。我參加一次會議、發表一次演講，寫一篇文章，其作用要遠大於我去堵軍車、設路障。而且，我又不是沒幹過具體的事。」

五月廿七日中午，吾爾開希來找我去中國社會科學院的一個什麼地方開會。我、我的朋友白杰明、吾爾開希坐車由北師大出發。我把吾爾開希介紹給白杰明。這種介紹與其說是為了使白杰明多了解一些學運的情況，不如說主要是為了炫耀自己與學生領袖們的關係多麼密切。幾句話之後，我已感到杰明不喜歡吾爾開希了，他只是應付性地說幾句。而吾爾開希卻不管別人的態度，仍然不停地說。車到王府飯店門前，杰明下去了，他馬上就要去機場，飛回澳大利亞。

我和吾爾開希在中午到達開會地點。我根本不知道會議的名稱、由誰發起。被捕後，還是從提審人員的口中知道了那是「首都各界愛國維憲聯席會」，名譽召集人是王丹，實際召集人是王軍濤。那天參加會議的我認識的人有王丹、吾爾開希、柴玲、封從德、梁兆二、邵江、王軍濤、包遵信、陳小平、甘陽、老木。會議由王軍濤主持，主要討論廣場的局勢。

最先發言的是柴玲，她介紹了廣場上的令人沮喪的局面，「外高聯」（外地高校學生自治聯合會）和廣場指揮部之間的衝突、外地學生在北京造成的不良影響，最後她提出了搞「空校運動」。王丹和吾爾開希都反對「空校」，王丹認為「空校」是不可能的。吾爾開希提出他帶人南下上海、廣州、武漢、成都等地的計劃，爭取從外地聲援北京。接著是封從德發言，他講了廣場上的物質管理狀況和財政狀況。他說廣場上每天大約需要五萬元人民幣，要求「高自聯」撥款。邵江和梁兆二代表「高自聯」參加會議，他們說這要開常委會討論決定。

我發言主張撤出廣場，理由很簡單，這樣堅持下去不但毫無意義，而且有損於學運的形象，使一場本來深得民心的運動到最後完全喪失民心。撤出廣場，並不意味運動的失敗和結束。應該集中精力繼續爭取校園內的民主。這次運動中所產生的自治組織如能保存下來，應該通過協商進行整合，並設立權威性的民間發言人，王丹、柴玲、吾爾開希的社會影響完全有資格充當這種發言人。這次運動證明了學生有能力在中國的政治舞台上充當重要的角色，而我們這些知識分子的表現則相對欠佳，今後，我們知識界應該放下架子，甘當他們的參謀、顧問。

王丹、吾爾開希、王軍濤等人都同意撤出廣場。王丹說早就應該撤，有好幾次機會我們都放過了。吾爾開希認為不能像現在這樣冷冷清清地撤出廣場，讓別人以為我們是殘兵敗將，而應該大造聲勢，沿長安街掛起彩旗和大橫幅標語，借上幾十輛汽車，在廣場上開個有幾十萬人參加的誓師大會，宣布我們已經取得了決定性的勝利，並指出今後的奮鬥方向，然後轟轟烈烈地撤出廣場。這一切需要時間準備，起碼要兩天。吾爾開希還就設立民間發言人一事大談起來，無非是證明他最有資格充當這種角色。

王軍濤的發言帶有總結性質。他說：關於撤離廣場的建議一會兒舉手表決。還有兩個重要的議題需要討論：一、聯席會委託甘陽起草了一個關於時局的十點聲明，需要在今天的會上討論通過，二、六月廿二日召開人大會議，我們要發動所有關係去爭取人大代表在會上提出罷免李鵬和為學運平反的議案。王軍濤講完後，甘陽宣讀了那份十點聲明。討論時，我認為聲明中有關李鵬下台的理由不夠具體充分。我又補充了三點。①李鵬不下台，將使改革發生全面倒退，因為李鵬所奉行的經濟政策與改革開放相反，將使剛剛萌芽的私有經濟無法發展。②李鵬不下台，在這次運動中出現的民間組織和新聞自由的萌芽將被扼死在搖籃中。

③李鵬不下台，中國的知識界和企業界將無抬頭之日。後來，這三條由王丹在當晚的新聞發布會上宣讀十點聲明時補充進去。

最後會議進行了表決，參加會議的人一致通過了如下決議。**1.** 五月卅日撤離天安門廣場。**2.**「高自聯」撥給廣場指揮部十五萬元人民幣，以維持廣場三天的局面。**3.** 今晚六時在紀念碑上召開新聞發布會，宣布撤離廣場的決定和十點聲明，王丹、柴玲、吾爾開希為新聞發布人。**4.** 發動各種關係，全力促成六月廿二日的人大會議上提出罷免李鵬和為學運平反的議案。後來，我又參加過三次「聯席會」，都開得一蹋糊塗，吵來吵去做不了任何具體的決定。相比之下，這次「聯席會」還算是比較好的一次。但是，會議上所有人都舉手通過的決議卻在實施中化為泡影。個人可以不負任何責任地推翻一致通過的決議，包括舉手者本人。

據王丹和吾爾開希講，五月廿七日晚在紀念碑上召開的新聞發布會一團糟。柴玲和封從德一反在會議上舉手同意撤出廣場的態度，而是堅決不撤。柴玲和封從德說他倆上了「聯席會」的當，說他倆從內心裡不同意撤出，但是會議的氣氛使他倆不能不舉手，他倆認為這是一個圈套，並宣布從此退出「聯席會」。發布會上的發言人遠不止柴玲、王丹和吾爾開希、封從德、李錄等許多人爭相發言，一個個都慷慨激昂地陳述不能撤出廣場的理由。實際上，撤出廣場的決定主要是由於李錄的堅決反對而未能實施。李錄認為柴玲、封從德受騙了，被一群人牽著鼻子走，他甚至猜疑撤離的背景中有政府的插手，「聯席會」的人都靠不住，說不定有什麼默契呢。在廣場指揮部內，柴玲聽李錄的，封從德聽柴玲的。儘管李錄不能作為這次學運的頭面人物而得到學生們的承認，但是他在廣場上起著重要的作用。廣場指揮部的許多方案都來自他，他通過左右柴玲來控制廣場，他是無頭銜的總指揮，深受柴玲器重。

廣場指揮部的成員退出「聯席會」是一個非常不好的徵兆。這使後期運動起主要作用的兩大組織之間中斷了信息的溝通和意見的協調。廣場指揮部自行其事，根本不聽別人的意見，「聯席會」研究出的辦法無法進入廣場實施。同時加劇了學生領袖之間的權力之爭。吾爾開希、馬少芳等人曾在北京飯店吃飯時商量怎樣擠掉柴玲，奪回廣場的指揮權。會後，吾爾開希對我說，他想動員在廣場的各學校、特別是外地高校的學生進行重新選舉廣場指揮部的投票，外高聯出兩個候選人，廣場指揮部出兩個候選人，高自聯由他與王丹參加候選。只要他和王丹能夠進入廣場指揮部，一切事情都好辦。他請我與他一起去廣場，到各高校去做說服工作。我說：「選出了新的廣場指揮部又能怎麼樣。你當了總指揮就能聽取聯席會的意見嗎？」吾爾開希說：「我的才能和影響比廣場指揮部的所有人加在一起都強，而我現在幾乎無事可幹，這太不公平。」我說：「你當總指揮有什麼具體的想法嗎？」他說：「到時候再說。」我說：「你徵求過王丹的意見嗎？」他說：「王丹當候選人的工作要你去勸。他現在態度比較消極，連參加聯席會都挺勉強。」我說：「你就不能找柴玲等人推心置腹地談談，這樣搞背後的小政變，恐怕太損點兒了吧。」他說：「對柴玲他們不這樣不行。她根本不懂民主，明明舉手通過的事她都不實施。」我說：「你懂嗎？我們第一次見面你不就說領導學運只能講專制嗎？我們都不真懂民主，都需要從頭學起。」吾爾開希見沒有希望，悻悻而去。

在廣場上，外高聯和廣場指揮部的矛盾日益激化。物質分配的不均和捐款帳目的不透明引起學生們的抱怨。外高聯認為廣場指揮部偏袒北京的學生，而不把外地學生放在眼裡。他們還肯定地說廣場指揮部的人貪污捐款，等運動結束後要算總帳。外高聯的幾個頭頭曾經大鬧廣場指揮部，甚至在六月一號綁架柴玲，要求柴玲移交廣場的指揮權和講清錢的問題。至少應該有兩名外高聯的成員進入廣場指揮部。他們的理由是：現在堅持在廣場的骨幹和學生大部分都是外地高校的，北京的學生已經寥寥無幾，外高聯是外地進京學生的組織，自然應該指揮廣場。柴玲等人絕不會放棄廣場指揮權，但面對廣場的現實又只能作一定的讓步。廣場指揮部給了外高聯以更大的權力、更多的物質和錢。可以說，在五月末的廣場上，由於進城各路口的戒嚴部隊受阻未動，而且戒嚴令已經發布了十來天仍未實施，所以人們似乎認為戒嚴失敗了，不必再為部隊是否進入廣場而擔心，所以，大家談論的話題已經不是戒嚴了，而是物質分配的不均、錢的去向不明以及怎樣尋找新的興奮點來刺激人們去廣場的熱情。也許正是基於此，五月卅日在天安門廣場豎起了自由女神像，但是觀眾已經沒有多少了。具有特殊意味的是，自由女神像被戒嚴部隊推倒、毀滅之後，人們把自由女神這個崇高的稱號送給了活人柴玲，她經過輾轉流亡國外之後，其他流亡者都稱她為「小女神」。柴玲本身對此似乎不屑一顧，反覆聲言她不願做女神，而要做一個人。她養了一條走到哪帶到哪的狗，連開嚴肅的討論會也忘不了她的小寶貝。當去年香港的電視台採訪她時，她邊逗狗邊在美國要求做人的權利，做女人的權利[12]。

大概是五月廿八日下午，我去過廣場，只有紀念碑附近還有些人。廣場上的秩序比以前好一些，香港人支援的小帳篷起了主要的作用。但是，表面的秩序掩飾不了內在的不滿，我大概走了十幾個學校的帳篷，和任何一個學生聊天，都可以聽到一大堆抱怨。他們怨政府、怨市民、怨學生領袖，外地的學生對北京的學生極為不滿。他們風塵僕僕地進京支持北京的學運，而現在卻很少見到北京的學生。更多的怨恨集中在學生領袖的身上。有個鄭州某大學的男同學說：「吾爾開希、王丹、柴玲他們算撈足了。出了大名、有了政治資本、還有一疊

12　見電視片《鏗鏘集》，一九九一年，香港。

疊的票子、數不完的風流韻事。他們比我們安全，我們是無名之輩，被抓、被打無人關心，就是死了也默默無聞。而他們，政府總要顧及影響，不會對他們太殘酷。」我問他：「既然如此，你為什麼不回去？」他說：「回去更無聊。在這待著等機會，說不定還能撞上一次。另外，我們外高聯正在調查柴玲他們在捐款上的帳目不清，也許能看到一場在廣場上揭發學生領袖貪污的好戲。」

除了各校的帳篷外，我還進了門口插著「東北虎敢死隊」的旗幟的帳篷。一接近帳篷，酒氣混雜著劣等雪茄的菸味和人體的氣味撲面而來。門口有兩個粗壯的漢子蹲著猜拳，人手一瓶白酒，他們沉浸在猜拳和喝酒的興致中，根本沒有發現我。我彎下身子問：「你們是市民嗎？」他倆好像沒聽見一樣。我想躍過他倆直接進去，但是腿被一隻手攔住了。「證件。」其中一個小個子的人說。「你們也發證件嗎？」我有些吃驚，因為現在廣場已經沒有糾察隊的戒備森嚴了，連廣場指揮部也不太有人問津了。那人說：「當然，我們是廣場指揮部點頭的，出入憑廣場指揮部的通行證和我們的袖標。」我說：「我有工作證，可以嗎？」這時，裡邊出來一個瘦高個兒，他一見就說：「你是劉先生？我聽過你演講。快進來。」我進了帳篷，裡邊只有兩男兩女，那兩個女人抽著菸，喝著啤酒，正在和那兩個男的調情。帳篷裡亂糟糟，酒瓶、菸盒、菸頭、麵包屑、簡易飯盒、撲克牌、棍棒、傳單、各種衣物堆了一地。

裡邊的四個人見我進來，馬上停止了調笑，用警惕的眼光打量著我。我心裡有點發毛，因為我還是第一次與市民組織打交道。

坐下後，那個引我進來的瘦高個兒遞給我一支黑桿的「天壇牌」雪茄，我沒要，掏出自己的菸抽。那個瘦高個兒問我：「劉先生，你看局勢會怎樣？」我說：「很難估計。」一個操天津口音的人問：「還能清場嗎？」我說：「不知道。你們還待在這兒幹嘛？」瘦高個兒說：「等著和那幫大兵拚命，保護學生。劉先生，你八成看不起我們，我們這幫人沒頭腦。但我們不怕死，有勁兒，柴玲衛隊中的挺多人都是我們這樣的。你要是需要保鏢，說一聲，我們準比學生糾察隊的強。東北虎敢死隊的人個個都是玩命玩出來的，蹲過監獄的不在少數。」我說：「沒必要。這次運動的第一原則是和平和非暴力。」那人說：「別太書生味了，小白臉幹不成大事。都什麼時辰了。戒嚴了，你不殺他他殺你。」我說：「相互殘殺只能更糟。再說，就憑你們幾個人能幹過全副武裝的大兵。如果部隊清場，我希望你們千萬別動武。即使反抗也要採取和平方式。」坐在角落裡的一個人操著天津話說：「沒勁。沒勁。秀才造反沒好下場。還是老毛說得對，槍桿子出政權。」我說：「問題是，你們想拚命也沒有槍。」那人說：「動員老百姓去搶。」這時，那個瘦高個兒貼在我耳邊說：「我們抓住過兩個戒嚴部隊的大兵，把槍弄來了。」我馬上問：「槍在哪兒？」他說：「藏起來了。」我說：「千萬銷毀。」他瞪大眼睛問：「為什麼？」我說：「為了廣場上所有人的安全，為了這次運動，也為了你們。」站在帳篷口的一個人大聲說：「別逗了，還想玩刀槍不入、赤手空拳？想幹就得有傢伙。」我說：「把槍交給我，行嗎？」他說：「門也沒有。沒有我們隊長的命令，槍不能動。」我問：「你們隊長在哪兒？」他說：「去指揮部了。」我立刻起身，直奔廣場指揮部，結果撲了個空，廣場指揮部的主要成員都不在。據說他們都去一個絕對保密的地方開會，研究如何對付戒嚴部隊。我留下一張紙條，讓人轉交。離開廣場時，我又看見在廣場的物質供應站，一群人正在吵架。看樣子是幾個市民和管分配東西的學生吵。這類事幾乎天天有，司空見慣，大家都無動於衷。這次運動的一大特點就是：學生們、知識分子們對政府的每一個動作都反應強烈，死盯住不放。但對學生內部的種種陰暗面則麻木不仁，似乎誰說學生的弱點，誰就有替政府說話之嫌，其界限分明得已經到了非此即彼的程度。毛澤東在〈中國社會各階級的分析〉一文中，劈頭便問：「誰是我們的敵人？誰是我們的朋友？這個問題是革命的首要問題。」這個問題，也成為「八九抗議運動」中學生們衡量其他人的首要標準。學生常常胡亂猜疑，動不動就指責某人是政府派來的奸細、特務。

五月廿九日上午十時半左右，吾爾開希坐著全天包租的出租車來我家接我，一起去參加「聯席會」。會議的地點在人大附中院內「中國文化書院」。出席會議的人和上次差不多，周舵是新來的。廣場糾察隊的總指揮張倫，一個粗壯高大，皮膚黧黑的漢子。他叉開腿、雙手撐著向後仰的身體，坐在屋子中間。他一副疲憊不堪的樣子，有點氣急敗壞地對王軍濤說：「換人吧，我實在頂不住了。到哪都想躺下睡覺。」王軍濤說：「這不是問題，待會兒再說。」

會議討論的主要問題是整頓廣場秩序和宣傳。大家七嘴八舌，沒有統一的意見。一個人的發言很難說完就會被其他人的插話打斷。甘陽在一旁實在受不了這種亂糟糟的會場秩序，於是高聲說：「現在，我主持發言。誰發言先舉手，得到允許後再說。每人的發言不得超過十分鐘，任何人也不能打斷別人的發言。」甘陽的話只起了十分鐘作用，會場的秩序又亂了。吾爾開希主張馬上成立全國高校自治聯合會；周舵認為不應該放棄尋找機會與官方對話，以求通過相互妥協，找到解決問題的辦法。我認為王丹、吾爾開希等學生領袖應該馬上準備一個對自身進行反思的材料，著重找出學生方面的失誤，並在廣場向學生們公布。我還提出是否可以考慮在廣場進行一次民主選舉，以確立大家公認的廣場指揮部。就這樣，關於整頓廣場秩序的方案一直爭來爭去，沒有任何結果，便不了了之。

接下來討論廣場的宣傳問題。老木作為聯席會的宣傳部長，介紹了宣傳的情況。他說：「廣場上的宣傳是三缺，缺設備、缺人才、缺好稿子，根本無法與官方的宣傳抗衡。」但是老木提出的問題誰也無能為力。我說：「宣傳的主要問題是制止謠言。現在，廣場幾乎成了謠言窩子。無論什麼人提供的什麼消息都可以通過學運之聲廣播站講出來，越駭人聽聞越有價值。這樣下去，我們的宣傳和共產黨的宣傳有什麼兩樣。」老木說：「我們現在很難判斷消息的真實性。」這時，王軍濤插話說：「這個問題爭來爭去毫無意義，廣場上的主要問題不在這兒。」但是，無論在當時還是在現在，我都堅持我曾提出過的對運動的一個看法，即左右這次運動的重要力量之一就是層出不窮的謠言。謠言的力量絕不次於任何一個學生領袖和知識精英的宣言、演講。

王丹、陳子明、包遵信三人，基本上沒講什麼。我只看見陳子明和包遵信坐在一起不時地耳語。甘陽可能是因為他想維持會場秩序的提議落空了，顯得有些焦躁不安。王丹的表情是無可奈何。我一看他，他就苦苦地一笑。吾爾開希仍然生氣勃勃，盤腿坐在地上，不時地打斷別人的發言，他希望成為會議的中心，更希望成為力挽狂瀾於即倒的中堅。劉剛一言不發，只是有時和王軍濤耳語幾句。會議快結束時，王軍濤又做了總結性發言，具體講了些什麼，我現在已經記不清楚了。中午飯吃的是麵包、香腸、黃瓜和汽水。散會時，我臨走前對王軍濤說：「這會開得真無聊，什麼也決定不了，還不如去絕食。」王軍濤說：「絕食又能怎麼樣？」

發起絕食

一句無意中脫口而出的話，竟使我在回家的路上反覆思忖。在這種白色恐怖、群情低落的情況下，就應該有人站出來，而站出來的唯一方式就是去廣場絕食。

回到家中，我的主意已定，便坐下來寫絕食宣言。寫作途中，我感到一個人絕食分量太小，決定拉周舵和侯德健參加。不知為什麼，一想到他倆，我就激動，內心裡堅定地認為他倆會參加。即使他倆拒絕，我一個人也要去廣場絕食。晚上九點鐘左右，我給周舵打電話，告訴他我的決定，並希望他能參加。周舵不同意絕食，他認為現在絕食不會有什麼影響，達不到預期的效果，反而容易進一步激化矛盾。我力陳絕食的理由，希望能說服他。最後他說：「明天中午開聯席會時，我們見面詳談。你能說服我我就參加。」

妻子催我睡覺，我不情願地躺在床上，想著明天去說服周舵同意我的絕食之舉的理由，想著與在香港的侯德健通長途電話，徵求他的意見，一定要說服他支持我。那天夜裡，我幾乎沒合眼，瞪著天花板冥想，沉浸在自己的勇氣和魅力之中。良好的自我感覺確實是最有魄力的誘惑，彷彿我的眼前有一面鏡子，鏡中的我超凡脱俗，英俊得連自己也不忍離去。我想到自己在以前的演講中屢次重複的一段話：

生活和人生就是悲劇，任何人都無法擺脱。生命的意義既不是追求虛幻的永恆，更不是走向涅槃逃避悲劇，而是在正視這種無法迴避的悲劇的情境中，投身於其中，以不可爲而爲之的選擇去完成輝煌的一生，哪怕短暫、哪怕瞬間，也要投入。悲劇像一道望不見底的深淵，固然令人恐懼，但它是人類無法抵禦的致命誘惑，或者自願跳下去，或者被迫跳下去，結果都一樣——粉身碎骨。既然如此，何不主動跳下去，誰陷得深誰的生命就深刻而豐富，陷得越深越有意義。

對冒險以及對隨之而來的刺激、動盪、痛苦和恐懼的熱愛，令我想入非非，無法自持。我也想到了死，居然會如此平靜，沒有任何猶豫與恐懼，彷彿死亡提供了一種超凡的動力，在死亡中能夠完成一次驚天動地的創造。暗夜中，我看到一盞唯一的燈照耀著我走向死亡。世界是黑不透縫的大舞台，我處於舞台的正中，只有一束光照在我身上，所有人的目光都被這束光吸引。我忽然感到這世界上最美的傑作就是耶穌被釘在十字架上的形象，人類的苦難由他一肩擔起，他代表人類受到上帝的懲罰。但他的受難不是屈辱，而是榮耀；不是失敗，而是成功。從根本上講，人與人之間沒有強壯與瘦弱、聰明與愚蠢、文明與野蠻、偉大與渺小、高貴與低賤……之分，或者說，其他的一切區別都無足輕重，重要的僅僅在於：面對殉難的十字架，是否有勇氣走上去。毫無懼色地背起十字架者即聖人，退怯者即庸人。絕食也許會成為一次殉難，而且是千載難逢的殉難時機，我不下地獄誰下地獄！我不做殉難者誰做！大有孟子的「捨我其誰」的衝動。

然而，當我從殉難的自我陶醉中清醒過來後，又覺得自己的激動有點不著邊際。在運動處於低潮時走向十字架，僅僅就是經不住殉難衝動的誘惑嗎？民主呢？大眾呢？民族呢？如果離開了這些令人肅然起敬的辭彙，殉難又有什麼意義？耶穌殉難需要觀眾、需要信徒、需要人類世世代代的頂禮膜拜。而我呢？在中國這塊沒有任何宗教氣息和神聖價值的實用化的、功利化的土地上，我會有觀眾和信徒嗎？我曾在和朋友聊天時說過：「這個民族沒救，為它做任何努力都不值得。我的一切行為，都沒有微言大義，僅僅是為了證明我的與眾不同。」如果只是為了證明這一點，拿生命去冒險值得嗎？生命的寶貴超過任何主義、信仰和事業。想到此，我沸騰的血冷了下來，由幻覺製造的那道受世人矚目的光黯淡了。我像一隻迷途的野獸，對周圍的世界和自己的心靈並不理解，陌生而愚蠢的生活呈現出完全不同的景觀：令人不寒而慄，但又毫無意義。一種苦澀從嘴邊一直滲入心底。我感到做作的生命比庸俗更卑微。

猶豫、動搖、退縮，我又一步步從遙遙在望的十字架前退下來。我爬起來，抓起電話，撥通周舵家的號碼，想收回提議。但當接通的聲音響起時，我又恐懼地放下電話。這種退縮使我的自我評價於瞬間降到最低點。這不就等於承認自己是懦夫嗎？這不是徹底背叛了我為自己設計的形象嗎？周舵接到電話後會怎麼想。不，絕不！芸芸眾生的平庸不是我的命運，不論值不值得，也不論有無觀眾，唯有問心無愧。只有通過殉難，才能把自己從無個性、無坎坷的平庸生存中提升出來，才能與那些對苦難麻木不仁的、對危險萬分恐懼的人群徹底分離開來。絕食，即使不能拯救學運和民族，起碼能夠拯救自己。我應該以一種輕鬆而坦然的心境面對自己，把動機淨化得純而又純，不為別人，只為自己。看看我究竟能夠承受多大的苦難，我的生命能否在關鍵的時刻超越生命的極限——死亡。每次激動、每次痛苦、每次身處逆境，都會為一個人提供超越死亡的機會。抓住這機會就等於超越了死亡——不是死毀滅了生命，而是生命創造了死亡，創造死亡就是創造一種神聖的價值。這種動機即便是一種為出名而採取的鋌而走險的行為，是個人主義的登峰造極，但它絕不是那種斤斤計較於蠅頭小利、塵世功名的個人主義，而是超越性的、聖潔化的、接近絕對價值的個人主義，是一次掙脫平庸生活的個人嘗試。

對於我的個性來說，一旦決定就不會回頭，回頭沒有路。因為回頭意味著對自我靈魂的褻瀆和蹂躪，是在肢解一個完整的選擇。現在，回想起當時的心境（這種回想肯定是經過修正的），頗有些困惑。如果從功利的、現實的角度講，我絕食的動機都是與學運有關的。例如：絕食是為冷清的學運創造新的興奮點，以挽回日漸衰落的學運形象；通過絕食凝聚起廣場上的人心，重建廣場的秩序；通過絕食獲得發言權，以便在廣場宣揚我的政治主張，使之深入人心、擴大影響；通過絕食，既告訴政府白色恐怖是嚇不住人的，又對中國知識分子的軟骨症進行懺悔，以此結束幾千年來中國知識分子只動口而不動手的傳統。如果從超功利的角度看，我的絕食純粹是個人的自覺選擇，沒有任何人逼我非如此不可。我想通過這種選擇來提升自己的生存意義，即使不能成為神聖，也要努力接近神聖，把自己從芸芸眾生中分離出來，正如尼采所說，超人就是獨一無二。但是，這種個人性的超越動機是不是一種藉口或偽裝，以此來掩蓋更為現實的功名心，為了使自己在一種走向神聖的幻覺中容忍、甚至慫恿功利化的出名慾。否則的話，僅僅是赤裸裸的藉絕食而揚名，豈不是自我感覺太差了嗎？更重要的是，如果僅僅為了世俗的功名，絕不值得以生命為代價來冒險。當一個人準備以生命去冒險時，肯定要有意無意地尋找一種足以提升自我評價的理由。因而，為愛、為民族、為大眾、為事業、為走向上帝……之類的殉難，其自我實現的價值肯定要高於為錢、為世俗功名的價值。一旦抱定必死的信念，其動機和行為就在某種程度上超越了個體的意義。

正因為如此，那天晚上，當我經過複雜的內心掙扎而決定義無反顧地絕食之後，頓感一種生命的昇華。僅從此次運動的角度想，我的這一決定使我有了充足的理由去蔑視其他的知識分子，甚至蔑視五月十三日那次大規模的群體絕食，因為我是在戒嚴令發布之後的白色恐怖下採取行動的，而且不是以安全感極強的群體行為而是以風險極大的個人行為。從超現實的角度看，我的選擇頗有耶穌殉難的色彩，不僅是為民族，更是為人類，我彷彿看到十字架上的鮮血永遠呼喚著人類的良知。從自我實現的層次上看，我以絕食完成了自己的理論：沉入人類悲劇的最低層，獲得一次性的自我肯定，贖回我曾犯下的全部罪惡。死會使我的生命澄清、聖明，它是一道閃電，刺破由虛無構成的漫漫黑暗。

五月卅日中午，我和周舵同去文化書院開聯席會。我倆在會場只坐了一會兒，就出來商量絕食的事。我向周舵陳述了絕食的理由，而且態度非常堅決，即使只有我一個人也絕不後退。最後周舵說：「既然如此，我就捨命陪君子吧。」於是，我倆開始商量「絕食宣言」的內容，最後決定一起去他家起草「絕食宣言」。我倆返回聯席會上，向參加會議的人宣布了我們的絕食決定，在場的人只有陳小平和吾爾開希表示無條件支持，吾爾開希還要參加，被我拒絕了。

下午二點半左右，我和周舵到了他家。我們分工起草「絕食宣言」，由我寫正文，他寫附錄。我們計劃寫一、二千字的正文，寫近萬字的附錄，附錄將詳盡地闡述「絕食宣言」所提出的基本原則。現在，社會上見到的「六．二絕食宣言」儘管出自我的手筆，但它是我和周舵、後來還有侯德健共同完成的，它的基本內容是我和周舵共同商量的。

「六．二絕食宣言」只寫出了初稿，想等侯德健回來後徵求他的意見。晚上，我回到家中，與在香港的德健通了電話，他開玩笑地說：「我不能絕食，我太瘦，要餓壞的。但對你的行動我全力支持。」我說：「我希望你能參加，等你回北京再說。」晚上九點多鐘，高新來了。他勸我趕快辦出境手續，盡快離開中國。他認為學運已毫無希望，恢復不了生機。我向他講了絕食的想法。他堅決反對。他認為這是拿生命做無價值的冒險，我們救不了學運。高新臨走時勸我三思而後行，不要因一時衝動毀了自己和這個家。

五月卅一日下午，吾爾開希來電話問侯德健當晚到北京的航班，說他和劉燕想去接機，我沒有告訴他。我感到有些奇怪，吾爾開希與侯德健剛剛認識，他怎麼有那麼大的興趣與德健交往呢？而且，他是個目中無人的自大狂，學運使他的自我評價高到失去任何分寸的地步，他怎麼肯去機場接侯德健呢？是不是德健的那次慷慨解囊起了作用？

晚上六點半左右，高新、周舵和解雲鵬來到我家，我們一起去機場接侯德健。周舵去是為了商量絕食的事，高新是為了認識一下德健，解雲鵬是德健的朋友。去機場前，《時代周刊》的記者來採訪，由於時間倉促，我們沒談什麼就分手了。但我托他通知一些在京的外國記者，六月二日下午我們將在紀念碑上舉行新聞發布會。

到了北京機場，意外地碰到了吾爾開希和劉燕，我問他倆來幹嘛？劉燕說：「來接德健呀。我們已經等了將近兩個小時了。我和開希打電話給機場詢問處，查問香港到北京的班機，他們說只有晚上六點半有一班，我們就趕來了，沒想到是八點半的。」既然來了，就一起接吧。大約九點鐘左右，侯德健出了機場，看見有這麼多的人接他，他有點詫異。劉燕和開希在兩邊拉著德健的兩隻手說：「德健，你一定要坐我們的車，我們為了接你，等了近四個小時。」侯德健笑嘻嘻地說：「好、好，坐你們的車。」

出了機場，我們在東四附近的一家個體餐廳吃晚飯。吃飯時，我向德健陳述了絕食的理由，給他看了「絕食宣言」。他看過後，連聲叫好，並說：「如果為此而絕食，我參加。不過，三天不行。我六月初還要去香港錄帶子。我參加兩天，四十八小時吧。」德健的爽快令我興奮，我開始的設想終於實現了。

吃過飯，我們一起去薊門飯店，商量絕食的具體細節。德健非常興奮，想盡快趕出一首歌。這首歌就是後來完成於絕食棚中的《漂亮的中國人》。德健也對「絕食宣言」提出了建設性的補充意見，特別是他提到：「誰上台誰下台並不重要，重要的是要建立一套正常的罷免領導人的民主制度。沒有民主制度的保障，任何在台上的人都是獨裁者，在台下的人都想有一天成為獨裁者。」在我們討論絕食事宜時，高新提出要參加絕食，周舵、德健和我都表示反對，主要的原因是，高新知名度不高，危險性大。吾爾開希拍著胸脯保證：「六月二日下午等你們到廣場後，我一定為你們準備好帳篷，並組織一支第一流的糾察隊，全由學體育的學生組成。」最後，德健、周舵、小解、吾爾開希和劉燕都走了，留下我在薊門飯店為《六．二絕食宣言》定稿，並簡縮一份宣言的提要，找人譯成英文。高新也留了下來，因為他的家離這太遠，那時已是六月一號凌晨了。

我完成「絕食宣言」，想好好地睡一覺，想著明天是「六．一」兒童節，要給兒子買件禮物。高新再次提出要參加絕食，他說：「你們三個人中沒有黨員，雖然我沒有知名度，但我是黨員。黨員參加絕食有特殊的意義。」高新的真誠和理由打動了我。我想，即使他不參加絕食，也肯定會跟我上紀念碑，也一樣危險，索性還不如一起幹，更何況他的黨員身分具有特殊的意義呢。於是，我欣然同意他參加絕食，並在「絕食宣言」上簽上了高新的名字。

現在想來，這事應該與周舵和德健商量一下再決定，不應該我行我素，一人拍板。但我當時認為，作為絕食的發起人，我完全有權力確定參加者。

六月一日上午，我和妻子陶力一起去北師大幼兒園，和兒子一起過「六．一」兒童節，但我的心思根本不在過節上，時刻想著明天的絕食。妻子從不放過每一個機會勸我改變主意，但是處於高度亢奮狀態的我，像個越轉越快、接近瘋狂的陀螺，絕不會停下來。我當時也看出了妻子那無可奈何的焦慮，但是誰也無法改變我的決心。

中午，回到家中，周舵來了，他說：「萬潤南想找你談談。他堅決反對我參加絕食。我對他說，我已經答應了曉波，除非你能勸曉波停止絕食，否則的話我絕不會背叛對朋友的承諾。所以他要你去談談。」正巧吾爾開希來了，我就坐著他包的出租車去了四通公司。

見到萬潤南，他果然勸我放棄絕食，他的理由是：「一、從學運的角度看，大局已定，絕食不會改變什麼，更不會有新的起色。二、曉波你是搞學問的，多寫點文章比什麼作用都大，對你本人也更合適，而直接投入學潮，可能會為你的寫作帶來許多麻煩。」我向萬潤南陳述了絕食的理由，給他看了「六．二絕食宣言」，並表示不論有多大風險，我絕不回頭。可以說，這次談話挺不愉快。

離開四通公司後，我和周舵、吾爾開希又一起去文化書院的聯席會。周舵在車上說：

「我今天上午已經給軍濤他們看了宣言，他們認為寫得很好，全力支持我們。我們絕食的後勤工作由聯席會負責，軍濤已做了具體安排。」我聽後，很感激軍濤。從我提出絕食起，他一直反對，但是當他知道無法阻止時，又全力支持。

到了文化書院，參加聯席會的人一談起我們的絕食都挺興奮，並說柴玲、李錄、封從德也挺振奮，感到知識界不再在背後指手劃腳，終於走上前台，和學生們在一起了。聯席會又就絕食的具體安排議論了一會兒。看到眾人的熱情和興奮，我的自豪感油然而生，我知道我將為不景氣的學運注入新的刺激，我們的絕食肯定會引起全中國、乃至全世界的關注，成為戒嚴令發布後的頭號新聞。絕食也許真能重新激起人們對學運的熱情，再一次掀起高潮。絕食也許還能帶動和激勵一批知識分子走向運動的前台，形成中國知識界自一九四九年來最為壯觀的抗議運動，使知識分子成為運動的核心。更重要的是，這是一九四九年之後，中國知識分子為爭取民主、反對暴力而進行的第一次絕食，它將載入史冊，洗刷中國知識界俯首稱臣的恥辱。為此付出代價值得。人生在世，無論做什麼、怎麼做都要付出代價，不為冒險付代價，就要為委屈求全付代價。與其畏首畏尾地長命百歲，不如轟轟烈烈、敢作敢為地走向墳墓。生命短暫，機會難逢。

一九八九年六月一日下午四時，周舵、高新、侯德健和我來到王府飯店，接受美國國家廣播公司的採訪。在採訪中，侯德健用英文回答了提問，他說他之所以參加絕食，是基於對戒嚴令的憤怒，對民主運動的支持，他要盡一個公民的政治責任。周舵主要強調他的絕食與四通公司無關，純屬個人行為，一切後果由他自己負，他已經向四通公司總裁萬潤南遞交了辭職書。高新是第一次接受外國記者的採訪，有點緊張，但他講得還是有條有理。他表示：他既是黨員更是公民，而且首先是公民。他參加絕食，既是表示作為一個黨員對戒嚴令的反對，也是在履行一個公民的政治責任。我具體地解釋了《六‧二絕食宣言》。

晚上，我回到北師大，看到吾爾開希正在東門口演講。他講到了反對盲目的個人崇拜，特別提到人們對他的崇拜。他說：「有人高呼『吾爾開希萬歲！』這是違背這次民主運動的根本原則的。這次運動不是為了找個皇帝，樹立偶像，而是恰恰相反。」他同時還談到人們對學生領袖的指責。他說：「有些人認為我吾爾開希吃住高級賓館，坐高級轎車，任意揮霍捐款，生活腐化，罵我是學賊。在此，我以人格擔保，我沒有那樣。這次運動的宗旨之一就是反腐敗，作為運動的組織者和領袖，怎麼會腐敗呢？如果學運的領袖都腐敗了，運動豈不變質了嗎？那些指責我們的人是別有用心，是政府離間學運的陰謀。」

我聽了吾爾開希的「此地無銀三百兩」的演講，感到極為悲哀和可笑。他的確是吃住在飯店，全天包著出租車，抽菸、喝酒、買衣服的錢都來自捐款，雖然談不上揮金如土，但起碼花起錢來大手大腳，而且花得心安理得。面對自己的行為，他即使沒勇氣承認，起碼應保持沉默，這種眾目睽睽之下的撒謊太過分了。我分開人群，擠到吾爾開希身邊，提醒他不要再就此事講下去。他看看我，馬上把話筒塞到我手中，高聲向聽眾說：「他是我們最尊敬的老師，也是中國最勇敢的知識分子，他明天要去廣場絕食，抗議政府的軍管，現在請他給我們講幾句。」下面的一片歡呼聲和掌聲使我一下子忘記了來這裡的目的是為了阻止吾爾開希的謊言，我沒有絲毫猶豫，接過話筒，激動地講起來：

我是北師大中文系的教師劉曉波。我本來在美國哥倫比亞大學做訪問學者到明年四月一日。但是我受國內大學生的民主熱情的感召，今年四月廿七日回國。回國後，我就全身心地投入到了以大學生爲主體的全民民主運動，我在天安門廣場同大學生度過了十幾個非常難忘的日日夜夜。現在，政府一再強調極少數人、極少數人，是煽動動亂的一小撮，它的所指看來就是指類似我這種非學生身分的人。但是我想說，我只是一個有政治責任感的公民，我在盡一個公民應盡的義務，我所做的一切都是合理合法的。如果政府硬要把我當作「黑手」，我只能說：我不怕當「黑手」，反而以當民主運動的「黑手」爲自豪、爲驕傲、爲榮光。實際上，導致這次運動不斷升級的主要原因是政府的錯誤決策和全民的不滿情緒。

我今天向大家宣布一個消息，我明天下午要去天安門廣場絕食，是由我發起，有著名歌星侯德健參加，還有四通公司的周舵和北師大的高新。我發起的絕食不是針對政府的，我是想作爲一次呼籲，我的絕食宣言寫得非常清楚，七十二小時，三天。我們提出了四個口號：我們絕食、我們抗議、我們呼籲、我們懺悔。我們抗議以李鵬爲代表的政府用非理性的、專制的軍事管制去鎮壓學生的愛國民主運動！作爲中國的知識分子，我深深地懺悔，我希望通過這次絕食結束中國知識分子幾千年的只動口不動手的軟骨症！我想藉這次絕食告訴國內外的輿論，所謂的一小撮就是這樣一類人：他們不是學生，但他們是公民，他們有權利、有義務推動中國的民主進程！在今天，我希望全中國、全世界在理解中國政治問題的時候，換個思路。過去談起中國政局，總是從政府內、黨內的派系之爭來判斷中國政治的發展方向，來判斷中國前途的黑暗與光明。但是在今天，這次持續了五十多天的民主運動向全國人民顯示了這樣的希望，今天究竟誰在主宰中國，是人民還是不合理的政府！

人民應該相信自己，今天在白色恐怖之下，我們之所以站出來，是爲了重新喚起全北京市民的自信，我們有能力、有信心主宰中國！

在一片掌聲和歡呼聲中我放下了話筒，心中充滿了悲壯和自信。我彷彿看到絕食後的天安門廣場到處都是亢奮的人群，口號聲在每個角落響起，標語和旗幟又飄滿廣場。

晚上，我睡得很死，再也沒有決定絕食時的心裡掙扎。一覺醒來，已是早晨九點多了。我醒來後的第一個念頭是：今天的午飯要好好吃一頓。

中午，我的朋友崔銘山在山府飯店請我們吃朝鮮烤肉，除了我，高新和周舵外，還有吾爾開希和我的另一個朋友。崔銘山說：「多吃點烤肉挺的時間長。」吃過飯，崔銘山又開車到燕山大酒店給我們買了一堆巧克力。他想讓我們在絕食前多吃點兒，那勁頭兒恨不得我們在絕食前吃下足夠消化三天的食物。

下午二點鐘左右，周舵、高新、解雲鵬和我一起來到侯德健的家。他還在睡覺。程琳的母親說德健昨晚幾乎未睡，為了在絕食前趕寫出《漂亮的中國人》。德健起來，一副有氣無力的樣子。他胡亂吃了點兒東西，穿上有數名歌星簽名的汗衫。我勸德健多吃點，他撇撇嘴說：「我怕還沒到天安門廣場就撐死。」

一輛出租小麵包車載著我們向天安門廣場駛去。在車上，德健仍然是一副半睡半醒的樣子。似乎我們不是去絕食，而是去應付一次非去不可的禮節性宴會。

三、絕食在紀念碑上

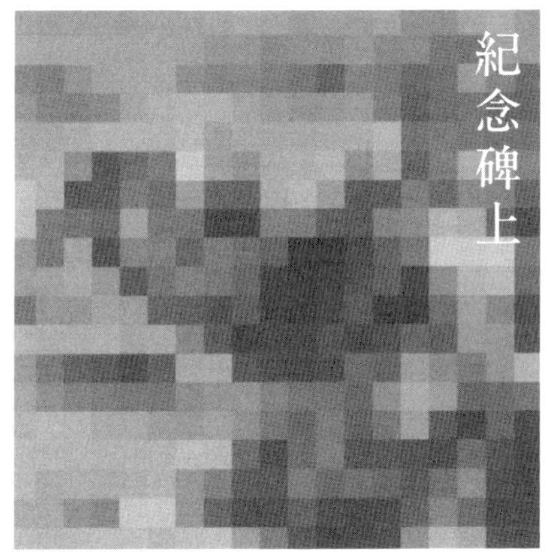

人群的誘惑

在去廣場的路上，我想著一些非常具體的事：他們把絕食棚搭在了什麼地方？新聞發布會安排好了嗎？會有人在廣場上歡迎我們嗎？維護秩序的糾察隊安排好了嗎？廣場指揮部的柴玲等人會讓我們去廣播站演講嗎？我們的絕食會產生怎樣的社會影響？

下午三點十五分左右，我們來到紀念碑上，沒有見到吾爾開希答應過的絕食帳篷，更沒有糾察隊。我們只見到了王軍濤、王丹、老木、李錄等。李錄對我說：「劉老師，我馬上找人給你們搭帳篷。到了廣場，你們聽我的沒錯。」

王丹和王軍濤找我們商量馬上召開新聞發布會的事。這時，吾爾開希才氣喘吁吁地趕到。在紀念碑頂層的東南角，我們被安置在由糾察隊員圍起的空間裡。看熱鬧的人越聚越多，許多記者舉著證件要進來採訪。老木讓糾察隊員開一個小口子，憑記者證進出。一會兒功夫，記者已經擠滿了這小小的地方。這時，我聽見有人叫我，回頭一看，原來是嚴家其，他向我要一份《六．二絕食宣言》，我叫他進來，他擺手拒絕，我給了他一份宣言，他就走了。

經過一番艱苦的努力，圍觀的人群終於安靜下來，記者們也半蹲在我們的對面，新聞發布會開始了。會議由王軍濤主持，他向記者們一一介紹了我們四個人。會議的程序是：先由我們四人就絕食問題回答提問，然後由王丹和吾爾開希談談學生們對知識分子絕食之舉的看法，最後王軍濤講一下對此次學運的未來發展的總體估計。

我們四人的發言和六月一日下午接受採訪時講的差不多。只是侯德健一開口，圍觀的人群就哄他唱歌，會議的秩序混亂起來，人群拚命地往圈裡擠，高新的發言還未結束，秩序已經無法維持。於是，王軍濤宣布明天上午在紀念碑上重新召開新聞發布會。我們四人在許多糾察隊員的連拉帶拽下，擠過圍觀的人群，進了李錄帶人搭好的絕食棚。絕食棚的周圍早已被人牆似的糾察隊員封住，除了我們四人和一些醫務人員外，其他的人進入絕食棚一定要經過我們四人的同意。

絕食棚布置得不錯。地上鋪著新棉被，有四張行軍床，床上有厚厚的鋪蓋，有嶄新的枕頭和毛毯，其條件比學生們絕食時不知要強多少倍。我突然感到自己變成了孩子或寵物，所有的人都在誇我、保護我、關心我、我的一舉一動似乎都有人過問。特別是那些醫務人員，完全拿出照顧病人的態度對待我們，就因為我和德健的抽菸，我倆費了太多的口舌才獲得醫務人員的批准。

我們四人的絕食轟動了北京，廣場上的人又多了起來，透過縫隙，可以看到所有的人都在注視著我們的絕食棚，期待、欣喜、敬佩、幸災樂禍、好奇……人們的臉上表現出不同的感情。不斷有糾察隊員遞進一張紙、一頂帽子、一件襯衫……要求我們四人簽名留念。簽名，的確是八九抗議運動的一大奇觀，我現在根本記不清為多少人簽過名了。趙紫陽和李鵬等人看望學生時，也有許多人要求他們簽名。一些人專門準備一個本子或一件襯衫，供簽名用。我給別人簽名，一開始是興奮的自我欣賞，每簽一次都有種名垂千古的感覺，只是我感覺自己的字寫得不好，恨不得能馬上學到草聖張懷素的瀟灑。繼而是對簽名的麻木，只要有人要求，想都不想地簽完了事。最後是厭惡，沒完沒了的簽名攪得一刻不得安寧。特別是在絕食棚中，平均幾分鐘就會遞進來某種東西要我們簽名。後來，我索性誰也不理。

也有一些人，特別是熟人要求加入我們的絕食，記憶尤深的是著名青年作家徐星，他來到絕食棚，三番五次地提出絕食要求，我對他說：「想絕食，你自己去組織。」他又通過我的一個好朋友求情，希望同意他參加我們的絕食。這真是八九運動的一大奇觀，挨餓還要托人情、走後門。而我呢？為什麼要拒絕別人的絕食要求呢？從道理上講，我沒有任何理由拒絕，因為絕食是為了抗議戒嚴、為了爭取民主，人越多越好。表面上，我的拒絕是基於這樣的理由：如果我們無限地擴大絕食隊伍，就將造成新的混亂，也很難保證絕食的純潔，因而不想擴大。但在骨子裡，由於絕食產生了巨大的社會影響，人們把在白色恐怖下的絕食視為英雄壯舉，因而，絕食成為一種崇高的榮譽，它與英雄夢、社會威望和知名度血肉相連。我的拒絕，是不願意有再多的人與我們四人共同分享這榮譽、這英雄的美名。

圍觀的人越來越多，他們不斷地往紀念碑上擠，高喊著：「出來！出來！」還有一些人高喊：「侯德健，唱個歌！」周舵說：「這些人，大多數是來看猴的。」侯德健靦腆地一笑說：「猴子屁股摸不得，猴子的臉太難看。」擁擠的人群把糾察隊員擠得站不住、坐不下，向後仰著身體，靠著絕食棚的支撐與人群搏鬥著。以致於帳篷開始劇烈地搖晃，隨時有倒塌的危險。一個糾察隊員探進頭來說：「四位老師，你們出來一下，我們實在挺不住了。」我們四個商量了一下，決定出去。外面的糾察隊員高聲說：「請大家自覺地維持秩序，向後退幾米，四位老師馬上出來與大家見面。」人群的騷動趨於平靜。

糾隊員掀開帳篷前面的布簾，對我們說：「四位老師，準備好了嗎？」我們點點頭。糾察隊員轉過身，對著人群高喊：「現在四位老師與大家見面。」

第一個走出絕食棚的自然是侯德健，人們最想見的人就是他，來廣場看絕食的人中，其動機之一就是看看侯德健。侯德健一出現在紀念碑上，廣場上的掌聲和叫喊聲驟然響起。「侯德健，好樣的！」「侯德健，真棒！」「侯德健，來一個！」喊聲中還夾雜著程琳的名字。如果程琳真的和德健一起來，廣場上就會更熱鬧。德健向公眾鞠了個躬，然後雙手抱拳致謝。我們三人也在歡呼聲中出現在紀念碑上。我們四人站成一排，舉起相互拉著的手臂，齊聲高喊：「謝謝大家的支持！北京市民，真棒！」

從我們所在的紀念碑的最高層向下俯視，可以看到一張張激動的面孔和黑壓壓的人群。人們喊著、叫著、歡呼著，揮舞著旗幟、標語和手臂，離我近一點兒的人伸出拿著本子的手，讓我們簽名。數不清的閃光燈在閃亮，幾架攝影機的鏡頭從各種角度對準我們，有些人手拿著錄音機，希望錄下我們的講話。

我從未見過、體驗過如此巨大的公眾場面，真可謂盛況空前。面對人群的狂熱歡呼，我竟失去了最拿手的演講技能，只是不斷地重複：「謝謝！謝謝！」這絕不是因為怯場，而是因為激動——一下子成為公眾矚目的中心而飄飄然。想想一九八六年底，我去北京大學演講，幾千人的大禮堂擠得水洩不通，我仍然口若懸河，滔滔不絕。而那時的場面，與現在比起來，真可謂小巫見大巫。人群是多麼可怕的力量，這分不出姓名和個性的巨大群體，僅憑其狂熱就能使人顛三倒四，分不清南北。在我和周舵討論絕食的細節時、在我與侯德健商量絕食宣言時、在我們四人接受記者的採訪時、在我們剛剛來到紀念碑上時，誰也沒有想到這次絕食會產生如此巨大的社會影響，會喚起如此廣泛而狂熱的社會動員。我不知道這狂熱的公眾中的大多數也許僅僅是出於看熱鬧的心理，不知道從某種意義上講，我們四人成了展覽品，人們像看一件新奇的事一樣而來到廣場。當我面對著遠遠超出我的想像能力的公眾場面時，我就把一切都理解為我的魅力和勇氣所致。我暗自得意：這次絕食太對了。運動又有了新的熱點，我也有了新的角色。如果我們的絕食能再次成為社會動員的能量，廣場上的人就會越聚越多，軍隊的清場計劃就不可能實施，瓦解戒嚴就大有希望。此時此刻，單純的殉難的激情轉化為一種引導運動的自信，我相信我們四人有能力把運動引向新的軌道，進入新的境界，使這場以學生為主體的運動轉變為以知識分子為主體的運動。我突然衝動地接過話筒，面對人群高喊：「跟李鵬死磕！」

這時，一名自稱是長春市來的記者拚命地擠到我跟前，把手中的話筒對準我說：「劉先生，我是吉林電視台的，我為有你這樣的老鄉而自豪，你為咱長春人、吉林人、東北人爭了光，希望你能為家鄉的人們說幾句話，你的聲音對長春、吉林、整個東北的民主運動都是莫大的鼓勵！」那人的話還未講完，就被幾個糾察隊員拉走了，而我的感覺竟是無動於衷。也許，我當時認為自己是屬於全中國、乃至全世界吧，故鄉對我是個非常陌生而遙遠的概念。

回到絕食棚中，幾名醫生嚴肅地對我們說：「你們難道不知道這不是演戲，不是接見紅衛兵，而是絕食嗎？還有七十個小時呢，這樣下去身體要完蛋。我是醫生，有責任請你們克制一下。群眾想見名人的慾望是無止境的，而你們的體力有限，經不住群眾歡呼的誘惑只能自食惡果。希望你們能聽醫囑。以後想出絕食棚，必須經過我們的批准。」從醫生說話的語氣和表情中，我能感到他們的不滿和焦慮，從心裡感激他們的勸告。但我又說：「總待在絕食棚中對不起公眾，不見公眾，我們來這兒幹嘛？」我的一個好朋友說：「曉波，有沒有當年毛老頭兒接見紅衛兵的快感。老於世道的毛老頭兒都經不住誘惑，你們初試雲雨，可以理解。」

這時，李錄來了，他代表廣場指揮部邀請我們四人去廣播站演講。為了避免公眾的圍觀，我們四人分別行動，每個人都由幾名糾察隊員保護。這次運動就是如此具有反諷意味，不管你是否願意，一旦進入某種角色就身不由己，完全遵守運動本身所特有的規則。以前，我看不慣王丹、柴玲、吾爾開希等人走到哪兒都帶著貼身保鏢的行為，更討厭進入廣場指揮部的層層設防，糾察隊員們的蠻橫令人寒心，常常使熱心的支持者灰心喪氣。但是，當我成為公眾注意的中心之後，也就自然而然地接受了這種「優待」，儘管沒有貼身保鏢，但每次離開絕食棚時都有糾察隊員跟隨。我待在被糾察隊員們嚴密封鎖的絕食棚中，誰想進來也要通過層層糾察防線，先遞進一張要求看我們的條子，由我們四人簽字後才能放行。有一次，吾爾開希在絕食棚後面的開口處，看著我沮喪地說：「曉波，連我想進去也要你們簽字同意。我吾爾開希都進不了你們的絕食棚。」那個攔住吾爾開希的醫生說：「這是規定，規定不論是誰。」我在絕食棚中看著吾爾開希，心中暗自高興，這回他也嘗到了受屈辱的滋味。這說明，從內心深處，我也喜歡成為受人保護的特殊人物。層層設防是一種身分的標誌。

一九九一年三月我從大連回到北京後，許多朋友和熟人都向我談起過他們去廣場看我，但就是進不了絕食棚，糾察隊員們那種高高在上的態度使他們非常反感。我的一個朋友為了上紀念碑看我，居然在廣場周圍轉了七個小時，幾次要上紀念碑都被攔住了。糾察隊員對他說：「如果像你這樣的人都要見劉曉波老師，他就甭絕食了。」還有王培公夫婦也去過廣場，說破了嘴糾察隊員也不讓他倆上去。王培公拿出他的所有證件也不算用。他說：「曉波，那時你真成難以接近的神了。」

從絕食棚到廣播站只有幾十米的距離，但是我們四人神秘得如同去完成一項重大的使命。糾察隊員把我們圍在中間，專找人少的地方走，繞了好些冤枉路才到了廣播站。我曾多次在「學運之聲」廣播站發表演講，但是只有這次走進昏暗的小帳篷的感覺是底蘊充足的。前幾次總有一種心中無底，沒有資格在這裡發表演講的感覺。因為此次運動的主體是大學生，我僅僅是支持者、吹鼓手和出點兒小主意的人。但這次不同了。絕食使我們四人成為運動的中心了，我們以無所畏懼的行動贏得了學生們的認可和信任，我們有資格在這裡宣揚我們的政治主張，有資格和學生們、特別是學生領袖們平起平坐地面對公眾。我們也成為運動的主角，不必再通過學生領袖來表達我們的主張。這種主角意識，既使我興奮，又有幾分擔心。興奮的是自己的勇氣，擔心的是自己的安全。這就等於把當黑手的把柄交給了官方。

在「學運之聲」廣播站，我再一次重申了這次運動的和平非暴力，再次呼籲學生和政府都以大局為重，互相妥協，坐下來對話。在指責政府同時也批評了學生們的弱點。我說：「民主對人類的一大貢獻就是避免了在解決政治問題上的暴力和流血。學生們要求民主，政府也強調民主，只要在民主這點上達到共識，就可以防止流血。誰主張流血，誰製造流血，誰就是中華民族的千古罪人。」高新和周舵都宣讀了我們的《六．二絕食宣言》。侯德健自有歌星的風格。他沒有談政治，而是講了他去香港參加「民主歌聲獻中華」的義演時的感覺。他說：「參加義演的人幾十萬，坐滿了香港的跑馬場。演出持續了十二個小時，會場的秩序良好。演出結束時，跑馬場的綠草地上，連一個紙屑、一個菸頭、一個食品盒都沒有。這說明了香港人的道德修養。再看看我們的廣場，遍地狼籍，不忍目睹，就憑這種道德素質，怎麼能搞真正的民主。我希望同學們從現在起向香港人學習，整頓並保持廣場的秩序，一塵不染的廣場會使全世界對中國人刮目相看，這才是運動的純潔。」侯德健講話時，不斷有人哄他唱歌。他就帶領全場的人唱《龍的傳人》。開唱前，他還就歌詞的修改做了說明。這使我想起了與德健的第一次見面。我們胡吹海侃，自然要談到他的歌。我直率地批評了《龍的傳人》所表現的狹隘的民族主義，大中華帝國意識和對中國人的命運的宿命式的解釋。我說：「為什麼願意與否都只能是龍的傳人，而且永遠永遠。假如這條龍邪惡又痴呆呢？假如這條龍已經沒有生命力了呢？難道中國人就沒有選擇做人的自由，只能別無選擇做龍的傳人嗎？現在，大陸上到處都是俗不可耐的龍，文化界的尋根者們也哭著喊著地找龍。龍，這個被中國人頂禮膜拜的封建圖騰和皇權的象徵，還要再次成為現代中國人的偶像嗎？」德健平靜地聽著我尖刻的指責，一點兒沒有吃驚和坐不住，他平和地接受了我的指責，並告訴我，他早就想改一改這首歌的詞。

六月二日晚上，我在絕食棚中激動得難以入睡，絕食棚外的吶喊聲、歡呼聲從未中斷，來看望我們的朋友進進出出。許多記者到絕食棚中採訪。侯德健在接受台灣電視台的採訪時，抱著吉他，唱了他剛剛寫完的歌曲《漂亮的中國人》。德健非常興奮，他說：「我不去香港了，和你們一直絕他七十二小時。絕食完了我也不離開紀念碑。真過癮，真刺激，這種場面比上台唱歌有意思。」我說：「德健，我拉你絕食對了吧。」高新在絕食棚中待不住，一會兒就出去看看，回來後講講外面的情況。周舵倒顯得平靜，大部分時間躺在床上養神。他說他胃不好，身體虛，要為堅持三天養精蓄銳。

六月三日，中央台廣播了我們四人絕食的消息，廣場上的人越聚越多，大有學生絕食時的氣勢。上午九點鐘，由陳小平主持在紀念碑上召開新聞發布會，但是，會議剛剛開始就被圍觀的人擠散了，只好改在下午一點鐘開。糾察隊員們在自由女神像附近圍起了一塊空間，我們四人又分別在糾察隊員的保護下來到開會地點。

發布會由陳小平主持，圍觀的人哄著侯德健講話。德健不愧是歌星，在這種場合也用歌星的風格來滿足公眾的好奇心。他穿著那件簽有數名歌星名字的汗衫，向公眾喊：「你們知不知道鄧麗君？」圍觀的人群中發出：「知道！」的喊音。德健便開始在他的汗衫上找鄧麗君的名字，找到後，用手指點著鄧麗君的名字說：「瞧，鄧麗君就在這兒。」圍觀的人群發出歡呼和各種怪叫。如法炮製，德健點了幾個著名歌星的名字，激起了公眾的情緒後說：「這些著名歌星都參加了『民主歌聲獻中華』的義演，為支持我們的民主運動而奉獻。鄧麗君在演唱會上聲淚俱下，感人至深。」這時，人群中有人高喊：「侯德健，你能把鄧麗君請來唱歌嗎？」德健笑吟吟地回答：「再去香港時，我試試看。」人群發出狂熱的歡呼，德健開始帶領大家唱《龍的傳人》。

這時，幾個學生把吾爾開希舉起來，在公眾中邊走邊發表演講。會場的秩序開始混亂，人群使勁往裡擠，糾察圈漸漸縮小。幾分鐘之後，會場的秩序徹底混亂了，我們四人只好又在糾察隊員的保護下狼狽地回到絕食棚。回到絕食棚，陳小平問我新聞發布會還在哪兒開，我說：「從我們來紀念碑，已經開過三次了，每次都半途被迫中止，最好別開了。我看在廣場上，只能待在絕食棚中，其他的事什麼也幹不成。」

下午三點多鐘，廣場指揮部的廣播站中突然響起柴玲嘶啞的聲音，她說：「現在，形勢非常緊張，充滿血腥味，大流血即在眼前。戒嚴部隊開始強行向廣場推進，各路口已經在不斷地發生流血事件，一個女學生被打死了。同學們、市民們，最嚴峻的時刻到了，我們一定與廣場共存亡。為了自衛，我們要準備好一些武器。」接著，一個在攔軍車的路口被打傷的人現身說法，敍述了他所目睹的令人恐怖的場面：戒嚴部隊先是施放催淚彈驅趕人群，如果再遇阻攔，就用槍托、皮帶、大棒子在人群中亂打，許多人被打傷，有些人生死不明。再接下來，一位自稱是老軍人的老者向廣場上的人介紹怎樣防止催淚彈、毒瓦斯，怎樣破壞坦克，怎樣自製汽油燃燒彈。

兩位學生陪著一個頭上纏有浸血的白紗布的外國記者來到紀念碑上，向公眾控訴戒嚴部隊的暴行。這位記者是在人群中拍攝戒嚴部隊與學生們發生徒手衝突時被打傷的。防暴警察用棍棒擊中了記者的頭部。多虧幾個學生奮力相助，記者才得以脱險。同時，不斷有人把拾到了的彈殼、鋼盔、軍用羅盤拿到絕食棚中給我們看，有的鋼盔上粘著血跡。糾察隊員還給我們拿來毛巾、口罩，以防受到催淚彈和毒氣的襲擊。

驟然緊張的氣氛中充滿了血腥味。有幾個學生勸我們站出來，組織廣場上的人和戒嚴部隊拚個你死我活。還有人勸我們去戒嚴部隊，以我們的威望和感召力説服戒嚴部隊停止暴行。我們四人商量了一下，一致認為硬拚不是辦法，我們手無寸鐵，拚不過戒嚴部隊。更重要的是，硬拚既違反了我們絕食的宗旨，又要給政府以進行更殘暴屠殺的藉口。只能呼籲雙方的理性、克制，特別是學生和市民的克制。我們四人商定後，快速地起草了一份《呼籲書》，我們認為，當對方是全副武裝的軍隊而我們手無寸鐵時，最有力的武器不是暴力反抗，而是堅持非暴力的和平方式。我們呼籲廣場指揮部盡快派人與戒嚴部隊談判，只要有一線希望，就爭取協商解決問題。

我帶著《呼籲書》來到學運之聲廣播站，向柴玲等人説明了來意，廣場指揮部的人都默不做聲。費了些口舌他們才勉強同意我通過廣播站向全體堅守在廣場上的人發出呼籲。沒想到，我剛剛唸了幾句，就有一個學生對我大喝道：「劉曉波，讀你的文章時就非常佩服你，你毅然絕食，更令人肅然起敬。但是，關鍵時刻到了，你卻害怕了，來這兒瓦解軍心，渙散鬥志，居心何在？我懷疑你絕食只是為投機。」這個學生的話還未說完，廣播站裡就響起了亂哄哄的指責聲。「膽小鬼！」「懦夫！」「學賊！」「你是政府派來的吧？」「你別想腐蝕學生運動！」「沒膽量就別硬充好漢，想走就走吧！」「你們這幫知識分子，只想下山摘桃子。」「滾出去！」

我氣得全身發抖，再也唸不下去了，剛剛來絕食的良好的自我感覺一掃而光，我把《呼籲書》揉成一團，扔到李錄面前，說了聲：「你們會後悔的。」便氣憤地走出廣播站。

回到絕食棚，正巧碰上一個學生在講述戒嚴部隊向廣場推進的情景，他的頭上纏一條白毛巾，臉上是一道道汗跡，衣服髒兮兮的。我讓他坐下，喝口水，慢慢講，並掏出一包菸打開，遞給他一支，為他點著。他吸了一口菸後，毫不在乎地把手伸進我的上衣口袋，掏走了那包菸，揣在兜裡，扭頭便要走。我一把抓住他，氣憤地說：「你以為這是共產主義的大鍋飯，是打土豪、分田地嗎？你以為革命了就可以白吃、白拿、白抽嗎？你把菸給我掏出來！」說著，我又劈手搶下他叨在嘴上的那支菸：「就你這號人，我的菸扔了也不給你抽。看你那一副苦大仇深、流氓無產者的樣兒！要共產回你自己家裡去。你給我滾！」幾個醫生上來勸我別動怒，為這點兒小事不值得。剛才在廣播站的受辱和這個不懂起碼的做人原則的學生，使我的心情灰暗到極點，我忽然又不知道自己發起這次絕食究竟是為什麼，不知道自己是在獻身於民主還是在撈取功利。

我正在氣頭上，一個頂多十八歲的小姑娘出現在絕食棚中，她手捧一束鮮花，含淚獻給我們，侯德健接過花，感動得一時竟不知說什麼好，只是溫柔地請小姑娘坐在他的床上，聽著她含淚地敍說：「我一聽說你們絕食，當晚就準備了一束花，今天一早兒就來廣場，想把花獻給你們。但是糾察隊員不讓我進來。我在下面等了差不多十個小時。我下決心一定要當面把花獻給你們，不論發生什麼我也要來，你們是在為中國、為人民、為我們挨餓、冒險。希望你們多保重。」說完，她掏出一塊潔白的手帕，請我們四人為她簽名留念。侯德健第一個簽名，他一筆一劃地寫，像個完成楷書作業的小學生一樣認真；高新簽名時先沉思了一會兒，然後飛快地寫下分不出東西南北的兩個字；我簽名時手有些顫抖，字寫得糟透了。周舵也是工工整整地簽上名，又在手帕的空白處寫上「謝謝。」獻花的小姑娘含淚的眼睛晶瑩閃亮，羞澀地一笑，鞠了個躬，走了。我們四人相互對望，默默無語。一名醫生建議把花束掛在絕食棚外的最高處。

六月三日一整天，來絕食棚看望我們四人的親人和朋友絡繹不絕，絕食棚幾乎成了接待站。我的妻子支撐著虛弱的病體來看我，她一見我就哭，什麼也不說，一個多小時，她是在淚水中度過的，我也手足無措，不知道用什麼能夠安慰她，她臨走前，緊緊地抱住我，彷彿要讓我跟她回家。周舵的女友來到後就一直陪著他，幫他搧涼，給他按摩，直到天快黑了才走。高新的未婚妻和前妻都來看他，兩個女人見面雖有些尷尬，但對高新的共同關心化解了女人之間的嫉恨。我的朋友也來了，一直陪我到深夜十一點半左右，在我的反覆勸說下她才離開，臨走前再三叮囑我不要冒險。我們四人中，唯有德健親人沒來看他。我知道他與程琳已經鬧得必須分手，但我覺得他還是希望程琳來看他。儘管絕食棚中很熱鬧，來的人進進出出，一刻未停過，但我還是看得出德健的寂寞。當我和女人依偎在一起互敍情話時，德健突然說：「曉波，你個混小子，你是拉我絕食還是想故意刺激我。我真想把你小子一腳踹到床下去。」德健的話使我清醒過來，感到是在犯罪。

王丹、吾爾開希、王軍濤、閔琦、趙渝等許多積極投入八九抗議運動的人都來絕食棚看望我們。趙渝還告訴我，「聯席會」已經決定搞接力絕食。我們四人的絕食結束後，就有人來接替我們，他說出了一大串名字，都是有名氣的知識分子，如果一直搞下去，堅持一個月沒問題。還有一位熟人對我說：「曉波，戒嚴沒戲了。我去各路口和廣場四周轉了轉，到處都是支持絕食和攔軍車的人群，而且一個個情緒激昂。戒嚴部隊根本無法清場。他們不可能向這麼多人開槍，除非瘋了。」我的一個極富於幽默感的好朋友，對什麼都要開開玩笑，當我對他說：「發起絕食時沒找到你，要是找到你，我一定拉你參加」時，他雙手擋住我的視線，後退一步說：「別、別、別，我可不是扛大旗衝鋒陷陣的種，打娘胎裡一出來就不是棟樑之材。黨的教育和雷鋒精神也沒把我改造過來。我這人心眼多，喜歡鑽空子，最愛看表現咱地下工作者智取匪巢的電影和小說。我最適於穿長褂、戴禮帽、鼻上架一副墨鏡，說起話來陰陽怪氣，對上暗號兩眼賊溜溜。總能甩掉跟蹤的尾巴，練就一身化險為夷的本領。你是八路的正規軍，迎頭痛擊敵人，壯烈地戰死沙場。我是陰暗角落裡的地下工作者，機智非凡，巧妙地瓦解敵人的鬥志。革命嘛，總有前方和後方之分，總要講個必要的犧牲和保存實力。我和你一起絕食，保不準被一網打盡。從革命的長遠利益看，我從小就被劃入保存實力那部分了。我躲在樹後窺視敵人的動向，隨時向地下黨組織匯報，一遇危險就顛兒。等革命勝利了，雖然沒有氣壯山河的業績，但也有一堆戰鬥故事給子孫們講。」開過玩笑，他認真地說：「曉波，等你絕完食，我請你撮一頓，北京的飯店任你挑。」他沒有食言，一直記著這事。兩年後，我倆在北京相見時，他請我吃了一頓，雖然不是最高檔的地方，但是這份朋友之情勝過一切。

下午，一個中國人民大學的女教師，叫于碩，她來到絕食棚，拿出一份要求罷免李錫銘、陳希同的呼籲書請我們簽名，在我們之前她已經徵集到了不少人的簽名，其中有包遵信、嚴家其、蘇曉康等。我們四人傳看了《呼籲書》，便在上面簽了名。後來，在六月四日清晨撤離天安門廣場的最後時刻，我還見過于碩。她聽說我的護照忘在絕食棚中，還要上前與戒嚴的士兵商量，幫我取回。但是，面對她的是黑森森的槍口。

天快黑時，「學運之聲」廣播站播放雄壯的《國際歌》，廣場上頓時一片肅穆。自從五月十三日以來，《國際歌》聲天天在廣場響起，但從未像此時這樣具有震撼力和感召力。嘈雜的人聲安靜下來，我們的絕食棚中的談話也戛然停止。大家沉默了一會兒，當其中的一個跟著唱起來時，我們就一起跟著唱。侯德健從小長在台灣，根本不知道《國際歌》的歌詞，他只好跟著哼曲子。在一片《國際歌》聲中，柴玲嘶啞的聲音顯得格外莊嚴、神聖：「同學們！市民們！今晚將是廣場最嚴峻的時刻，是這次偉大的愛國民主運動成敗的決定性時刻，我們別無選擇，只能堅持。堅持就是勝利！我以保衛天安門廣場指揮部的名義號召，凡是決心堅守廣場的人，請站起來，舉起右手，面向紀念碑，跟我宣誓。」聽到柴玲的聲音，我們四人走出絕食棚，心情沉重地舉起右手。我看見廣場上黑壓壓的人群都神情嚴肅地舉起右手，面向紀念碑。

我宣誓：我要用我的生命捍衛人民的廣場！我與天安門廣場共存亡！

我宣誓：頭可斷，血可流，自由民主不可丟！

宣誓結束後，我感到了危險的緊逼，從心底裡產生一種獻身的衝動。回到絕食棚中，我對他們三人說：「無論有什麼危險，我們四人都不能提前離開。既然已經上了祭壇，就只能別無選擇。」

過了一會兒，王丹和吾爾開希來了，他倆想讓我跟他們一起去廣場指揮部，說服柴玲，讓她同意他倆進入廣場指揮部，和柴玲等人共同分擔嚴峻時刻的領導責任。我讓他倆自己去，開誠相見，把過去的矛盾全部公開化，我想柴玲在此刻是會理解的，危險會把他們重新團結起來。而我去，只會加重柴玲等人的猜忌，好像是我在背後出主意，讓王丹和吾爾開希去奪廣場的指揮權，效果肯定不好。他倆同意了我的想法，自己去廣場指揮部了。望著他倆離去的背影，我很感動。王丹剛剛十九歲，吾爾開希也不過二十一歲，他們的年齡和經驗都不足以擔負起如此重大的責任。但是，在我們這些長鬍子的、有經驗的人都不願或不敢公開站出來承擔責任的時候，他們畢竟站出來，一直走在最前面，用他們不成熟的聲音和行動發起了一場中國現代史上規模空前的抗議運動，使在強權壓制下沉默了幾十年的中國民眾，運用上街遊行的民主權利，表達了對現政府和某些最高層領導人的不滿，形成一種來自民間的社會政治動員。從這個意義上說，王丹、柴玲、吾爾開希、封從德等學生領袖是了不起的。

想到此，我忽然覺得我對這些青年學生的指責過於苛刻，其中夾雜著中國知識分子特有的自負和自我標榜。退一步講，即使我能夠從一開始就站出來領袖運動，也未必比他們強多少。搞民主、組織民眾運動，對於我們來說都是陌生的。書本上學來的民主常識、人權觀念和現實中的具體實施、政治運作太不同了。實際運作中有太多的未知的偶然因素，民眾的熱情常常是盲目的、難以把握的。再說，我們面對的是一個強大的專制政府，它有著長期的政治運作的經驗，有著無孔不入的組織，有雄厚的經濟實力、有全副武裝的軍隊。這個政府是善於搞群眾運動的，而我們所受的教育和影響都是黨的意識形態，因此，我們搞運動的參照係主要來自中國當代歷史上的群眾運動，特別是「文革」，這就必然使一場旨在推進中國民主化的民眾運動變成共產黨式的反抗運動。

我又想起了開希的無知和狂妄，這些弱點是與他的天真、透明相連的，他沒有任何政客的城府和圓滑，簡直就像個完全自我中心的，有時想騙騙大人卻又總被一眼看穿的兒童。同時，他的勇氣、口才、外在形象、特別是他天生的在公眾場合的表演才能，要超過其他學生領袖，他插著輸氧管出現在電視上的形象，打動過眾多的人。一場大規模的民眾運動確實需要開希這樣的人。他既不像人們捧他時那樣偉大、傑出，也不像人們貶他時那樣渺小、平庸。社會輿論的放大效果使他暈眩，不知自己的真實分量。他的不知天高地厚的自我膨脹既是他自身的弱點所致，也有公眾的狂熱崇拜和媒介的過分吹捧的原因。二十一歲的大學生，一夜之間成了世界性的新聞人物，要求他很有分寸地把握住自己的行為是不現實的。

與開希相比，我更喜歡王丹。無論從待人處事上看，還是從學識經驗上看，王丹都強於開希。開希是靠勇敢和公眾魅力突然崛起的，其無法自持不可避免。王丹卻是踏實地、一步步地靠他的智慧而成為學運的核心人物之一的。王丹更理智、更清醒，知道自己的界限，肯於聽取不同的意見，一旦意識到自己的無能為力，就會主動請求別人來代替他。他曾多次談過學生領袖的弱點，談過學生不適於領導這麼大規模的民眾運動，希望有威望的知識界出面。但他的努力因知識界的怯懦而徒勞無功。與開希比，王丹缺乏在公眾場合的表演才能，而一個投身於政治的人必須有表演才能。我曾扼腕嘆息，如果王丹和開希都明白各自的長處和弱點，默契配合，肯定是一對不錯的搭檔。

天黑了下來，廣場上仍是人山人海，喧鬧鼎沸。「學運之聲」廣播站不斷地播出駭人聽聞的消息。外面的沸騰和絕食棚中的寧靜形成了鮮明的對比。我們四人絕食的時間已經超過三十小時，雖然沒有饑餓感，但是旋風式的行動和一直處於亢奮狀態的神經使我有些累了。我躺在床上，閉目養神，腦子裡居然一片空白。這是從我四月廿七號回國後，第一次什麼也不想。

迷迷糊糊地正要睡去，有人叫醒我。這是北師大的學生，他帶來了港支聯的一個小伙子和三個澳門來的老人。港支聯的小伙子問我們需要什麼，並囑咐我們如有危險，可以去北京飯店找他聯繫，我托他幫助買條菸。澳門來的三個老人帶來了一些捐款，當即要交給我，並提出參加我們的絕食。我很驚訝，也很感動。我對他們說：「有你們這片心意就夠了。至於錢，先請你們帶回飯店去，等我絕完食，我會找你們具體商量這錢用在什麼地方。」其中的一位老人執意要把錢交給我。我說：「我們需要錢，有許多事沒錢辦不成。但是，現在我正絕食，形勢又很緊張，隨時會遇危險，錢放在我身上太不安全，搞不好最後都落在共產黨手中。請你們放心，絕完食我一定去找你們，一起商量這筆錢怎麼用。」三位老人無可奈何地走了。現在，我已經記不住他們的長相和名字了。

撤離廣場

大概是晚上十一點鐘左右，「學運之聲」廣播站宣布在廣場進行民主大學的開學典禮，名譽校長嚴家其發表演講。他講話的中心內容是要求李鵬必須辭職，如果李鵬還繼續與人民為敵，必將要接受人民的審判。他最後說：「如果政府用暴力鎮壓民主運動，我們將以鮮血和生命來捍衛、來鑄造中國的民主事業。」嚴家其講完後，廣場指揮部宣布了民主大學校委會的成員名單。我覺得現在還成立什麼民主大學有點兒滑稽。更荒謬的是我的名字也進了校委會。我在這之前從未聽說過要成立民主大學的事，更沒有人徵求過我是否同意進入民主大學，民主大學的辦學宗旨我一點兒也不知道。

民主大學的開學典禮結束之後，「學運之聲」廣播站宣布：據可靠的消息，戒嚴部隊將於凌晨至四點鐘之間進入廣場。號召人們「血戰到底」。大概是六月四日一點鐘左右，廣場已經被戒嚴部隊圍住，官方的廣播開始播放北京市人民政府和戒嚴部隊聯合發出的「緊急通告」，大意是：現在，首都發生了反革命暴亂，為了保衛社會主義的人民共和國和共和國的首都，戒嚴部隊將於今晚採取行動平息反革命暴亂。為了保障廣大市民的人身安全，特緊急通告如下：市民們不要上街，更不要去天安門廣場，凡是滯留在天安門廣場的人必須立即離開。……不聽從勸告者，我們將無法保證其人身安全，一切後果由本人負責。

「緊急通告」一遍遍地反覆播放，危嚴的語氣和不容爭辯的措詞令人生畏。廣場的四周不斷地響起零星的槍聲。我走出絕食棚，看見密集的人群正以最快的速度向廣場的四面八方疏散。客觀的時間起碼有十幾分鐘，但在我的主觀感覺中彷彿僅僅是一瞬，偌大的天安門廣場變得空空蕩蕩，只剩下紀念碑附近的幾千人。「看來真要動手了。」我在心裡重複著這句話，第一次真切地感到可能隨時面對全副武裝的軍人，面對棍棒、刺刀、催淚彈和槍口。可是，也許由於突然逼近的危險使我僵呆了，也許因為亢奮的大腦還沒有轉過彎，我當時並沒有感到恐懼，也不想找他們三人商量一下，看看究竟怎麼辦。我呆呆地站了足有十分鐘，毫無感覺地回到絕食棚中。

周舵和侯德健也沒有表現出任何驚慌失措的感覺，似乎我們是處在一場血腥大戰的最安全地帶。但是，不斷地有人進來，描述著外面令人恐懼的氣氛。我聽了這些感到應該做點什麼，但又的確不知道要做什麼。索性躺在床上，閉目養神。但是，一躺下又覺得危機四伏，很不安全。絕食棚附近的糾察線已經沒有了，絕食棚也再不是難以接近的「聖地」，人們進進出出，傳遞著各種消息。幾個一直守在門口的糾察隊員像宣誓似地對我們說：「四位老師，萬一發生危險，我們一定保證你們的安全。要是死也死在一起。」

六月四日二時左右，「學運之聲」廣播站傳出了吾爾開希的聲音，他號召人們堅持到底，並發誓說：「只要我吾爾開希還有一口氣，就要堅守廣場。我與廣場共存亡……」突然，他的聲音中斷了，我猜想可能又是心肌炎犯了。他經常在公眾場合犯病，講著講著便突然語塞，手搗胸口做快要暈倒狀，於是馬上有人攙扶他，踉踉蹌蹌地被扶上擔架抬走。果然，十幾分鐘後，吾爾開希躺在擔架上，被抬到我們的絕食棚的東側。劉燕來到絕食棚中，貼在我耳邊說：「開希來廣場，本想在危險的時刻肩負起領導學運的重任，可是他絕食後身體一直不好，又犯病了。他讓我來叫你和德健，他有話跟你們說。」我說：「劉燕，你我都知道開希的犯病是怎麼回事，我也知道他想說什麼。現在我沒什麼要說的。開希病了，你快找人帶他去醫院吧。」大約過了半個小時，吾爾開希被抬上一輛救護車，離開了廣場。此時，離戒嚴部隊進入廣場還有兩個小時左右。

這時，廣場上靠近天安門的西南側的長安街上，有坦克和軍車被點燃，火光映紅了大半個天安門，不斷地聽到一陣陣槍聲，戒嚴部隊的「緊急通告」仍然在一遍遍地播放，廣場上的人越來越少。凌晨兩點多鐘，幾個糾察隊員拿來飲料、麵包、蘋果、香腸、油餅等食品，勸我們吃一點兒。顯然，今晚的清場確定無疑，再絕食已毫無意義。高新、周舵和德健都吃了些東西，我沒吃。不是因為要繼續絕食，而是吃不下，沒心情吃。但是，我們四人並沒有商量一下究竟怎麼辦。有幾個學生勸我們盡快撤走，他們的理由是：你們四個人不是學生，而是被官方指責為「黑手」式的人物，一旦被抓住，肯定倒楣。而且，紀念碑肯定是清場的主要目標，絕食棚裡太危險。我說：「來了就要堅持到底。要撤也只能與學生一起走。」

凌晨二點半左右。邵江全身顫抖地找到周舵，向他詳細敍述了廣場外發生的令人恐懼的場面。他說：「周老師，你們想像不出有多可怕。求求你們想想辦法，救救廣場上的學生們。現在，只有你們四位老師能做到。」邵江邊說邊流淚。時至今日，我們四人仍然感謝邵江，是他的請求打動了我們，之後才有組織學生撤離廣場的行動。從這個意義上講，「六．四」那天晚上的天安門廣場的倖存者都應該感謝他。同時，一名醫生也找到了侯德健，建議由我們組織學生撤出廣場。

邵江的親身經歷和懇求使周舵感到了局勢的危機，全副武裝的軍隊進入廣場所可能造成的流血，使周舵下決心組織留在廣場上的人和平撤離。周舵知道我易衝動、脾氣倔，難以被說服。所以他先找到高新和德健，說服他倆同意組織和平撤離。他倆被說服後，他們三人一起來說服我。開始，我堅決反對。我有些結巴地說：「都什麼時候了，還要撤？撤得成嗎？」我還陳述了不撤的三個理由：①廣場已經被戒嚴部隊死死圍住，根本無路可撤。撤離並不能減少危險，還不如留下來等待戒嚴部隊清場。②那些害怕的人早走了，現在留在廣場上的人都是準備以死相拚的人，要說服他們主動撤出廣場極為困難，甚至就是不可能的。③我們四人不是學生領袖，更不是天安門廣場指揮部的成員，由我們四人提出撤離、組織撤離，既不名正言順，又要被指責為懦夫。要組織撤離也應該由廣場指揮部出面。他們三個人都反對我的主張，認為無論如何要以幾千人的生命為重，有一線希望就要做一百倍的努力，即使承擔懦夫的惡名也要組織撤離。

儘管他們沒有完全說服我，但我覺得他們說得有一定道理。更重要的是，絕食是我們四個人的集體行為，不管我贊成與否，都應該尊重他們三個人的意見，少數服從多數。所以我同意撤離。

接下來是商量怎樣才能使和平撤離成功，怎樣做最安全、最有實效。十幾分鐘後，我們四人就統一了看法：一方面派人找戒嚴部隊談判，讓他們為撤離開出一條通道，可能的話，讓他們延遲清場的時間。另一方面，動員廣場上的堅守者交出手中的槍、棍棒、刀、酒瓶和自製燃燒彈等可能導致暴力對抗的武器，說服學生和市民撤離廣場。正在商量時，「學運之聲」廣播站傳出柴玲的聲音：「……現在，已經到了最嚴峻的時刻。願意離開廣場的人可以離開，不願意離開的人就和我們一起留下來，堅持到最後，用生命保衛廣場，保衛這次民主運動。」聽到柴玲的講話，我感到組織撤離必須要說服廣場指揮部，如果他們不配合，撤離是不可能的。我們商量決定去廣場指揮部。

我們四人到了廣場指揮部，向柴玲、李錄、封從德說明了來意。他們同意撤離，但不同意和我們一起去找戒嚴部隊談判。我們只能自己去。我們通過「學運之聲」廣播站向全體堅守天安門廣場的人和戒嚴部隊發出和平呼籲，希望馬上進行談判。幸運的，我獲得自由回到北京後，得到一盤當時的現場錄音帶，上面記錄了當時的情況。

錄音者：廣場指揮部發布最後一道命令，讓同學們全部聚集到紀念碑上，全部聚集到紀念碑上。

學運之聲主持人：同學們不要放鞭炮了，不要放鞭炮了。不要製造混亂，不要製造混亂。

柴玲：工人可以撤下、市民可以撤下、同學們絕不撤下。同學們不要再留市民，不要再留市民。

學運之聲主持人：同學們迅速聚集到紀念碑上。在最後一刻，我們將作為人民英雄永垂於中華民族的歷史上。

柴玲：願意撤離的同學，你們可以去發動，有組織地有秩序地往一個方向撤離。不願意撤離的同學，你們可以繼續堅守廣場。不願意撤離的同學，可以堅守廣場（錄音者插話：這是天安門廣場指揮部）。

香港人：我們的任務是艱鉅的。我們的敵人不是軍隊，而是我們政府。我希望大家要謹慎（錄音者插話：這是香港同學在講話）。我們香港同學謝謝你們。一起守護著天安門，一直到勝利，我們香港同學支持你們。

柴玲：（保衛天安門）廣場統一指揮部發布第五號最嚴厲的命令：請所有的手中有棍棒、瓶子、磚頭、甚至燃燒彈的同學立即放下這些徒有虛名的武器。你們知道嗎？在西長安街上，已經是屍體遍地，血流成河，被殺的、被打的都是那些投擲東西的人。你可以、你可以扔東西，作為你個人，而你想到（沒有）只要你一扔，所有的同學都要犧牲。

周舵：呼籲你們立即派代表到天安門廣場，到紀念碑下，到我們的營地來舉行談判。我們負責說服全體同學立即撤離廣場。請你們立即派代表來舉行和平談判，我們負責動員全體同學撤離廣場，以避免大規模的流血。請迅速傳達我們這個緊急呼籲。由我們四個人去和你們進行談判也完全可以。

劉曉波：我呼籲你們馬上派代表到紀念碑上進行談判。必要的話，我們四人可以前往軍營，前往戒嚴部隊指揮部進行談判，進行談判，謝謝！（錄音者插話：剛才是劉曉波代表絕食的四個人侯德健、周舵、高新來就廣場的形勢講話）。

學運之聲主持人：廣大的市民們、同學們，下面請一位市民的見證人給大家講幾句話。

一位市民：廣大市民們，我作為一個北京市民向廣大市民們講幾句話。我向廣大市民呼籲。剛才我從永定門來到天安門廣場，從這條街來講哇，已經死亡了十幾個人。我作為一個倖存者，手已經劃傷了。希望廣大市民們放下手中的東西。如果廣大市民們放下手中的東西，在街上靜坐。我估計、我認為吧，士兵們也不會向廣大市民開槍。不要再有過激的行動。謝謝！

上面的錄音基本上能夠反映出當時廣場上的人的情緒。我們四人還呼籲大學生馬上行動起來，各學校組織好隊伍，市民們可以插在各學校的隊伍中，準備撤離。如果談判成功，廣場上的人就可以馬上撤離。但是，從內心深處講，我感到和平撤離希望不大，因為我們四人還沒有完全說服廣場指揮部的人。「學運之聲」的基調不是撤離，而是堅守。在我們呼籲時，不斷有人罵我們是懦夫、膽小鬼。

在派誰去談判的問題上，我們四人爭執起來。我提出：「絕食由我發起，我必須去。另外，德健一定要去。他知名度高，安全係數大。」他們三人堅決不同意我去，主張讓周舵去。因為周舵的長相和為人都比較平和，處理問題比我冷靜、理性，而我去則容易激化事態。最後是周舵說服了我。他說：「曉波，我們四人中，你和德健的知名度最高，而你在青年大學生中的威望更高。我和德健去談判，可以增加安全感和成功率。你留下來和高新一起勸學生，效果肯定比我留下來好。」就這樣，周舵和德健去談判，我和高新留在紀念碑上勸學生。

周舵和德健穿上醫務人員的白色衣服，在兩名醫生的陪伴下，打著一面紅十字會的旗向天安門方向的戒嚴部隊走去。望著他倆一階階走下紀念碑的背影，我的心一陣陣揪痛，我不知道他倆這一去能否活著或完整地回來，戒嚴部隊的槍口是無情的。如果他倆遭到不幸，我就會背一輩子負疚的十字架。因為是我把他倆帶入危險之中，沒有我的發起絕食，他倆無論如何不會置身於這麼危險的情境之中。我突然後悔發起這次絕食，更後悔不該讓周舵去談判。「萬一、萬一、萬一……」我在心中反覆重複著這個詞，呆呆地站了好長時間，直到他倆的背影消逝。

淚水已經浸滿了我的雙眼。能夠減少他倆危險的和能夠緩解廣場上的緊張氣氛的唯一行動，就是盡全力說服留下來的學生和市民。我和高新拎著手提式擴音器，在幾名糾察隊員的保護下圍著紀念碑轉，聲淚俱下地說服學生和市民交出手中的「武器」，按校組織起來，準備撤離。我沒想到，說服的效果很好。學生們紛紛把手中的「武器」放到一起，集中在紀念碑的最上層，再由幾名糾察隊員將這些「武器」送到安全的地方。但是，在我和高新說服學生時，人群中也不時地傳出「不撤！」「我不怕死！」「懦夫！」「學賊！」的叫喊。還有人哭著嚷我「混蛋。」

學生們手中的「武器」收得差不多了，但市民手中的「武器」繳上來的不多。兩個學生急匆匆地找到我，對我說：「那邊有兩個人架一挺機槍，準備和戒嚴部隊拚命，誰也勸不動他們，誰靠近機槍，他們就要誰的命。劉老師，只有你去勸了。」我跟著兩個學生來到紀念碑最上層的西南角。果然見兩個市民模樣的人，分坐在一挺重機槍的兩邊，機槍上蒙著一副棉被，槍口和槍把露在外面。他倆每人手拿一根鐵棍，交叉著放在槍上。我向他倆走去，大約離他倆兩米左右，兩人同時舉起鐵棍，向我喝道：「你再靠近一步，我們就叫你腦袋開花。」我停住，對他們說：「我是北師大的教師劉曉波。」他們一聽到我的名字，便放下鐵棍站起來，其中的一個說：「劉先生，我們正想跟你談談。」另一個人衝上來，一把抱住我，邊哭邊說：「劉先生，你們沒看見，在廣場外面，他們殺了多少人。這群野獸，我們跟他們拚了，打死一個夠本，打死兩個就撈一個。劉先生，你能帶頭和他們幹到底嗎？反正我們是豁出去了。」

我們：「你們的心情我理解，但是你們想過沒有，這槍一響，天安門廣場將血流成河。你們拚了命能打死幾個戒嚴部隊的人，而廣場上是幾千人的生命。要報仇，這也不是時候。再說，這次運動一直採取和平的方式，面對殘暴的政府，我們最有力的武器和自衛方法，只能是和平。就算紀念碑上再有幾把槍，也擋不住坦克和全副武裝的軍人。」

他倆說：「和平，還他媽的哪來的和平。他們已經殺人了，不要和平了，我們為什麼還守著和平挨打。劉先生，我們應該好好談談。」

我說：「沒時間談了。要嘛你倆打死我，要嘛你倆把槍撤下來。」我說著痛哭失聲，跪在他倆面前說：「求求你們，為了廣場上幾千個年輕的生命，為了你們自己，我求你們把槍撤下來。」他倆一起跪下抱住我，失聲痛哭，答應了我的請求。我永遠感謝這兩位我既不知道姓名也記不住面容的市民，他倆也為和平撤離立了功。但是，他倆的命運比我悲慘，也許現在還在獄中。我知道他倆肯定是作為暴徒處理的。一九九一年一月分開庭審判我時，法庭宣讀過他倆關於如何交出機槍的全過程的供詞。他倆的供詞對減輕我的處罰非常有利。我今天的自由確實是用許多人的苦難換來的。我衷心地祈禱他倆能早日獲釋。

他倆交出槍後，我和幾個糾察隊員把槍抬到位於紀念碑東南角的廣場指揮部，把槍交給了李錄，叮囑他一定儘快處理。李錄開始想把槍藏在一頂帳篷下面，我堅決反對。李錄只好叫來幾個學生。把槍扔到紀念堂附近的樹叢中。

我要過封從德手中的話筒，動員學生和市民準備撤離。正講話時，一個市民模樣的人大喊著「學賊」衝過來，舉起手中的鐵棒向我砸下來。多虧身邊的糾察隊員用身體保護了我，鐵棒落在一個糾察隊員的肩上。幾個學生一湧而上，死死地抓住那個人。那人哭著高聲說：「你們撤了，我們怎麼辦？你們都是有身分、有名望的人，我們呢？要是被抓住，最慘的就是我們。反正好不了，還不如拚命。」儘管那人對我發洩著怨恨，但我還是能夠理解他的心情。進秦城監獄後就更理解他當時的情緒。在處罰參與「八九抗議運動」的人時，學生從輕，知識分子從輕，市民從重，大多數被處罰的市民都是作為暴徒。提審的公安人員在勸我悔罪時也說：「你是有文化的人，和那些暴徒不一樣。」在「八九抗議運動」中，最悲慘的是北京市民。「六．四」血案中的死傷者大多數是市民，因此而被槍斃、被判重刑的大多數還是市民。王軍濤和陳子明被判十三年，得到了世界和國人的關注，而那些被作為暴徒判重刑的市民則默默無聞。更令人痛心的是，參加此次運動的北京市民大都動機純正，毫無個人功利的考慮，而我們這些有名有姓的知識分子則滿肚子花花腸，疑慮重重，私心很重。與市民們的單純和勇敢相比，知識界顯得混濁而怯懦，但他們卻得到了國際聲譽和大量的資助，還一個個地自視為英雄。

我正在繼續動員學生和市民準備撤離時，又有一個學生來叫我，說紀念碑北面有一個人拿著一把半自動步槍。我馬上趕到，在兩名糾察隊員的幫助下奪下了那把槍。我一時不知道往哪扔，交給別人又不放心。靈機一動：「砸掉槍！」我高高舉起槍，在紀念碑的石欄上使勁摔，邊摔邊喊：「我正在砸槍，想以此來證明我們的和平的非暴力的宗旨，也證明政府的暴力鎮壓是法西斯行為。」槍很結實，震得我虎口和雙臂發麻，連續摔了不知多少下，槍才彎曲。這時，兩名糾察隊員從我手中接過槍繼續摔，直到摔碎。在我摔槍時，我的正面有一個外國記者拍照，刺眼的白光照亮了紀念碑，我感到自己的成熟和力量。

摔完槍，幾個同學又抬下來一箱自製燃燒彈問我怎麼辦。我說：「馬上銷燬，千萬不能落在激進的同學和戒嚴部隊手中。」正忙著，侯德健和周舵談判歸來。他倆說：「戒嚴部隊同意我們和平撤離，讓出廣場的東南角。」我們四人馬上去廣場指揮部向大家宣布談判結果，並做最後的呼籲。下面的情況也是根據現場的錄音整理的。

錄音人：現在時間是六月四日凌晨四點，現在廣場上的華燈全部關閉，只有長安街上的華燈依然亮著。

侯德健：我是侯德健，我們剛剛到了紀念碑的北側，天安門前面的部隊裡邊，我們找到了部隊的領導同志。我們希望不要再流血。他的番號是多少？團政委叫季興國，五一〇四部隊。團政委和我們接觸了之後，他請示了戒嚴總指揮部，同意全場的所有的中華人民共和國的公民們全部撤出天安門廣場。剛才是周老師和我一起去的，請周老師也說幾句。

周舵：同學們，我們現在少流一滴血，將來我們的民主、我們的民主化進程就多一分希望。我們在座的、在天安門廣場的全體同學、全體市民都是我們民族的精英。

侯德健：請大家安靜。

周舵：沒關係。

錄音者：在侯德健講話的時候有兩輛裝甲車從歷史博物館由南向北開來。

周舵：我們已經答應戒嚴部隊回來盡力說服同學們儘快撤離廣場。我們建議現在以各學校為單位，馬上組織撤離工作。我們有秩序地、安靜地從南面撤離。現在是從我們自身開始民主建設的時候了，少數要服從多數。

廣場上的嘈雜聲、掌聲，有人高喊：「不撤！不撤！」

錄音者：很多人對撤離廣場還有爭議。

劉曉波：我叫劉曉波。同學們，現在我們堅持的一貫原則是和平的非暴力，我們希望用最少的代價換取最大的民主，最大的民主。現在再多流一滴血都是對中華民族的犯罪。剛才，侯德健、周舵已經向大家談了，他們和戒嚴部隊的談判所達成的協議與承諾。現在如果我們想爭取民主，就像周舵老師所說的那樣必須從我們每一個人自身開始，從我們的自身開始。少數服從多數，少數服從多數，這是最民主的原則，這是最民主的原則。希望、希望過激的市民們，你們能夠冷靜下來，你們冷靜下來。這次學生運動離不開你們的支持、你們的參與。你們今天留在廣場，證明了你們的勇敢、你們的信心。我希望你們冷靜下來。你們已經為學生做出了巨大的犧牲，你們再犧牲我們於心不忍。你們能夠保存下來就是對中國民主的最大貢獻。市民同志們，希望你們冷靜下來，在天安門廣場的這最後的關鍵性時刻，能夠做一件具體的民主事情，少數服從多數，少數服從多數。最後，我們呼籲，全體市民和學生們，不要再燒垃圾，不要再加強廣場的混亂。現在我們必須有秩序地、安全地、各校組織起來撤離廣場。任何犧牲在現在都是不必要的。特別是市民同志們，我希望你們冷靜、冷靜、少數服從多數。你們今天如果能夠做到少數服從多數，全體大學生、全首都的公民們、全中國人民會感謝你們，會感謝你們！

封從德：大家安靜一下。我們、我們現在把廣場的決定權交給在廣場的所有同學。但是我們目前已經沒有時間、沒有時間來統計、來統計票數。我們現在就用大家的呼聲來表達我們是留還是撤的決定。這一次廣場指揮部。……下面我們將說撤離或者說、然後說留守。我說撤離的時候，大家就喊……我數三下，我說撤離的時候大家同意撤離的就喊撤離。再數三下，喊留守，同意留守的就喊留守。好，現在就準備由這個呼聲來判斷我們是撤還是留。這個表決過後，我們必須少數服從多數。同意撤離的喊撤離，一、二、三。

廣場上的人群中發出「撤離」的呼喊。

封從德：同意堅持的喊堅持，一、二、三。

廣場上的人群中發出「堅持」的呼喊。

封從德：我們認為撤離的聲音更大。現在我們逐步、準備有組織地、把大旗打在前面，逐步有秩序地撤離。外校的同學和市民、工人、市民糾察隊和工人、市民、外校的同學都同北京的同學一道撤到海淀區去。

錄音者：現在一位英國公民，英國路透社的記者正在錄相。

廣場上的人齊聲高喊「法西斯！法西斯！法西斯！」

從封從德主持廣場上的人就撤留問題表決時，柴玲趴在我的身上，不住地抽泣。她最後趴在我耳邊說：「劉老師，吾爾開希真是個王八蛋。」

廣場上的秩序很亂，還有些人堅持不撤。一位台灣記者正在採訪侯德健。我對德健說：「現在還有些人不願撤，特別是那些過激的市民。我們四人再分分工，分頭去勸。」德健說：「好吧。」我說：「你和周舵去紀念碑北邊勸，我和高新留在紀念碑南邊勸。無論如何，我們四人一定要最後一批離開廣場。」

德健和周舵去了紀念碑北面。高新下紀念碑組織學生。紀念碑南面的人已經排好了隊，準備撤離。突然，廣場上的華燈又亮起來，緊接著紀念碑附近響起了一陣密集的槍聲，子彈打在紀念碑上的大喇叭上，發出火花。三輛坦克車從人民大會堂由西向東一直向紀念碑南側駛來。槍聲一陣緊、一陣稀，紀念碑上的喇叭被打啞了。排成隊伍的人群正在向廣場的東南角緩緩地移動。學生們不斷地回過頭，衝著坦克高喊：「劊子手！」「法西斯！」

在我毫無感覺的情況，七、八個士兵向空中鳴著槍衝上了紀念碑南側，紀念碑上的人已經沒有了。我站在「學運之聲」廣播站旁邊，想看看柴玲等人是否撤了，我彎下身，把頭探進帳篷，已經空了。我剛剛直起腰，冰涼的、硬硬的槍口頂住了我的後腰。我的身後響起了略帶焦急的聲音：「你還不快走，沒時間了。」我被槍口猛地推了一下，踉踉蹌蹌地下了紀念碑。由於沒有心理準備，我下到最後一個台階時，差點兒摔倒。多虧我的學生王越紅抱住了我。這時，我看見高新揮舞著雙手，高喊道：「大家不要亂，手拉手一起走。」紀念碑南面的三輛坦克車離我大概只有二十幾米，坦克上的士兵探出半個身子，頭戴鋼盔，手裡拿著槍不斷擺動，示意讓學生們快走。坦克前面有排成一隊的士兵，他們揮著槍向學生們步步逼近，有的士兵高喊：「快！快點兒！」

不知為什麼，我呆呆地站在原地，看著撤離的學生和用槍逼學生們快走的士兵。有的學生還往士兵這邊吐吐沫。當三個士兵端著槍向我吆喝時，我才意識到必須走了。這時，中國人民大學的于碩跑過來，拉起我的手說：「還不快走。」我剛剛走了幾步，猛地想起我的手提包忘在了絕食棚中，那裡邊有我的護照和其他證件，還有兩本記錄朋友們的電話和地址的本子。我轉過身，飛快地走上紀念碑，剛上到一半，紀念碑上的一個士兵居高臨下把槍口對準我說：「下去！」我說：「我的護照忘在絕食棚中了，請你允許我上去取。」士兵厲聲地說：「都什麼時候了，還要什麼護照。下去，再往前走我就不客氣了。」面對槍口，我感到涼氣襲心，本能地向下退。我的學生王越紅和于碩又要上去和士兵交涉，那士兵大吼一聲：「不要命了。」我趕緊拉住王越紅和于碩。下了紀念碑，我勸她倆先走，我要去紀念碑北側找德健和周舵。我已經看見高新跟著撤離的隊伍走了。于碩走了。王越紅死活不肯走，一定要留下來跟我在一起。

我和王越紅沒有跟向東南角撤的隊伍走，而是逆著撤離的人流向紀念碑南側走。當我倆走到紀念碑的東北角時，最後一批從紀念碑北側撤離的學生打著旗迎面走來。圍著紀念碑的鐵欄柵和松樹牆全部被踩倒，有的人也隨之倒下。在紛亂的人眾中，我一眼看見了侯德健，兩個學生攙扶著他。我拉著王越紅奔了過去。由於饑餓、由於疲勞和緊張，德健休克了。我和王越紅代替了攙著德健的兩個學生，因為其中的一個學生的腳已經負傷，連自己走路都非常困難。我和王越紅攙著失去知覺的德健，想儘快撤出廣場。但是，通向紀念碑東南角的所有空地都被戒嚴部隊封死了。士兵們端著槍，把企圖向東南角走的人趕回來。我和王越紅只好扶著德健，跟隨著留在廣場上的一百多個人向歷史博物館前的紅十字救護站走去。

到了歷史博物館前，看見許多人躺在擔架上，他們都受了傷，最重的腹部中了二顆子彈。我向醫生們講了德健的情況。醫生們馬上把德健安置在一個擔架上，用毛毯蓋住了德健。在歷史博物館前大概能有二、三百人左右，所有的人都或坐或蹲在地上，有兩個中年的醫生在和戒嚴部隊的軍官進行交涉。有一人站起來，醫生就用手勢示意讓他坐下。醫生還勸學生們不要喊口號。我半蹲在人群中，儘量使視線不被其他人擋住。但我很擔心，不知道周舵和高新是否安全撤離，中途會不會出事。更不知道我們這些仍然留在廣場上的人將是怎樣的命運。

天完全亮了，一片狼籍的天安門廣場上，除了戒嚴部隊的坦克、裝甲車和士兵之外，已經沒有其他的人了。士兵們用刺刀挑起各種廢棄物堆起來燒掉，廣場的上空瀰漫著煙霧，一些自行車也被投入火堆。紀念碑上和紀念碑的四周站滿了全副武裝的士兵，幾個肩扛錄影機的軍人錄下廣場四周和紀念碑上的情況。有一個站在紀念碑最上層的士兵打著「V」形手勢。一輛坦克由北向南開來，輾過已成碎塊的自由女神像，向紀念碑的台階上衝去，鋼鐵的履帶砸在石階上，發出巨大的聲響。一個軍官衝著坦克喊了幾句，坦克退下了紀念碑石階。

我們這些聚集在紅十字救護站的人被團團圍住，一共三層包圍線。第一層是手持棍棒、沒戴帽子和領章、穿著綠軍裝的士兵，這些人表情呆滯，有人低著頭，有人側著頭，似乎不敢正視我們。第二層是戴著透明面罩的防暴部隊，第三層是荷槍實彈的士兵。被包圍在中間的人，都盯著正在和軍官交涉的兩位中年醫生，誰也不說話，再也沒有人企圖反抗了，只能等待戒嚴部隊的安排。

我點燃一支菸，狠狠地吸了幾口。內心的恐懼使我無法平靜。剛才，在組織廣場上的人撤離時，從未多想過。即使在槍響之後也沒有恐懼，一心只想著怎樣使學生和市民盡快離開廣場。但是現在，天亮了，槍聲停了，面對那些面容毫無表情的士兵，我忽然感到恐懼，既對未來的命運，也對剛剛在紀念碑上的滯留感到恐懼。萬一有顆子彈打中自己，不就玩完了嗎？如果被打死又是為了什麼呢？現在，如果醫生和部隊的交涉失敗，我們這些人肯定要作為反革命暴徒被押走，等待我們的不是死亡就是監獄。還不如跟著那些學生們一起撤走。

正在胡思亂想，一位醫生讓大家站起來，四人一排，向廣場的東南角走。剛走出二十多米，前面忽然響起了一陣激烈的槍聲。隊伍立即停止前進，所有的人都蹲在地上。這場槍戰持續了十分鐘左右，是居民樓中的人在和北京公安局門前的戒嚴部隊相互對射，能清楚地聽到玻璃的破碎聲。

槍聲停止後，我們又在原地待了一會兒，才繼續向東南角走。我們的兩邊是近在咫尺的士兵。我的上身只穿一件半截袖的青白色襯衣，感到從頭到腳的冷，禁不住顫抖。我身邊的王越紅問：「劉老師，你在發抖？是不是病了？」我沒有回答她，繼續朝前走。我們這最後一批撤離廣場的人，一邁出戒嚴部隊的包圍圈，上了前門東大街，就開始喊口號，唱國際歌。路過北京市公安局前，許多人含著淚衝著戒嚴部隊喊：「劊子手！法西斯！血債要用血來還。」一個頭纏白紗布的醫生大聲說：「你們這群野獸，連我們醫生都打呀！」馬路的南側，擠滿了圍觀的市民，有青年人、老人，有婦女和孩子，他們哭著說：「你們沒失敗，你們是好樣的。」「留得青山在，不怕沒柴燒！」還有人舉起雙手，打出象徵著勝利的「V」型手勢。激憤、嘶啞的口號聲、《國際歌》聲和沉痛、揪心、絕望的嘆聲混合在一起，給人以一種失敗的悲壯感。

避難在外交公寓

侯德健躺在擔架上，由四個協和醫院的醫生抬著。他的一隻手垂下來，隨擔架晃來晃去。我走在擔架邊上，拉住侯德健的手，希望他能清醒過來，和我說點什麼。但是，德健一點兒反應也沒有，那隻手像死人的手，或像剛剛打過麻醉藥完全失去知覺的手，任人擺佈而沒有一點兒感覺。我對抬擔架的一位醫生說：「德健是不是不行了？」醫生把手伸進毛毯裡，摸了一會兒說：「問題不大。」我說：「能快點走嗎？我來幫你們抬。換換會快點兒。」那位醫生說：「劉先生，你身體也很虛弱，還是我們抬吧。」說完，他又叫來四名醫生，替換正在抬擔架的四個人，加快了腳步。就這樣，八位醫生交替著把侯德健從廣場一直抬到協和醫院。

在路過通向王府井大街的十字路中時，一輛公共汽車正在長安街上燃燒。車身傾斜，黑乎乎的濃煙飄向空中，油漆被燒焦後散著刺鼻的氣味。被燒得發黑變形的鐵皮，在火中不斷扭曲，發出一種奇怪的聲響，就像有什麼東西被強行撕裂似的。王府井大街上空空蕩蕩，見不到一個行人，只有幾名外國記者跟著我們拍照、錄影。突然，一輛救護車停在侯德健躺著的擔架旁。駕駛室裡探出一個頭問：「有垂危的傷員嗎？擔架上的是什麼人，乾脆上車，我們負責搶救。」抬擔架的四個人停住了，面面相覷，誰也不說話。一個醫生問我：「劉先生，怎麼辦？」我說：「還是抬著走保險。上了車，德健就不知道被拉到哪兒去了。反而更危險。」醫生點點頭，示意抬擔架的人繼續走。

協和醫院的大門口圍著幾十人，這些人都是來探聽自己的親人、朋友、同學的下落的。醫院的人勸他們不要急，查對也要慢慢來。我和王越紅跟隨著德健的擔架進了協和醫院。德健被抬去檢查身體，我和王越紅在外面等著。我再次勸王越紅回家，她仍然不肯。一會兒，德健在兩位年輕醫生的攙扶下出來了，雖然看上去臉色不好，但也沒有太大的問題。

醫生把我們三個人領進一間小屋中，屋裡有二層床和一張桌子，看來是供醫生值夜班用的。醫生們拿來麵包、香腸、汽水、西瓜給我和德健吃。吃了些東西後，德健的氣色逐漸恢復了正常。醫生們勸我倆好好休息一下。王越紅回家了。我和德健一頭栽到床上，竟死死地睡了過去。

一陣敲門聲把我驚醒，原來是王越紅。她回家安排了一下又回來了。這時，已經是下午一點多鐘了。我叫醒德健，商量怎麼辦。我說：「這裡不能長待。我想回家。」德健說：「現在絕不能回家。一來街上太危險，二來你的家肯定被監視了，我們最好還是躲一躲。」我問：「去哪兒？」德健說：「外交公寓。」我說：「現在家裡的人不知道我們的死活，一定要讓家人知道我們的安全的。」德健說：「可以打電話通知家裡人。」王越紅插話：「你們倆出去打電話太危險，還是由我去。」我倆把家裡的電話和一個外國朋友的電話告訴了王越紅。一會兒，王越紅回來了，她說：「已經告訴陶力和程琳你倆很安全，請她們放心。那個外國朋友說，三點半他開車來協和醫院接我們。」

我們三人在那間不足十平方米的小屋裡焦急地等著，胡亂猜著周舵和高新的下落。兩個醫生一直陪著我們。下午三點二十五分，兩個醫生帶我們走出了醫院的大門。由於怕德健被人認出來，醫生給他稍稍化了妝，穿上白大褂，戴上白帽子。醫院的門口仍然聚集著許多人，從他們臉上的表情中可以看出他們尋找親人的焦慮。

我們三個人在協和醫院門口站了大概有十分鐘左右，一輛掛著黑色牌照的紅色轎車神奇地出現在我們身邊。車門開了。我們立即上車。開車的人對德健講著不太流利的漢語。這時，一群人圍了上來，人群中突然有人喊：「侯德健！」汽車飛快地啟動，甩開所有的人。

我們的車上了朝陽門立交橋，德健才笑著對開車的外國朋友說：「你是北京最勇敢的司機。」開車的人沒有回答，表情嚴肅地盯著前方。東二環路上，幾乎排滿了軍車，只有我們一輛載客的民用小轎車。我望著車窗外向後飛掠而過的軍車，真為司機捏把汗。我一直在想：如果被截住怎麼辦？如果戒嚴部隊向我們開槍怎麼辦。十幾分鐘後，我們的車駛進建國門外交公寓的院子，一顆提著的心才放下來。

在等電梯時，那個外國朋友囑咐我們不要說話。電梯的門開了，開電梯的中年婦女上下打量著我們三人。我頓時又緊張起來。以前就聽說過：「在外交公寓為外國人服務的工作人員大都負有監視住戶的使命」，「六．四」期間，這種監視肯定要加強。六月六日深夜，我離開外交公寓後，在街上被綁架式地抓住，就證明了從我進入外交公寓就已經被盯住了。

一進朋友家，我和德健就緊緊地抱住為我們開車的朋友，連聲道謝，他的確是北京最勇敢的司機。我們避難的寓所還是我前些天見白杰明的地方，屋裡的一切依然如故，同樣是寬敞明亮的客廳，同樣是色澤舒適的地毯和沙發，同樣的酒、菜，同樣的音樂……好像這裡的一切與昨晚的血雨腥風無關。但是，在我的眼中，這裡的一切都有種異樣的感覺，站也好，坐也罷，總感到心中空空，一點兒也不踏實，隨時可能有厄運降臨。唯一可以使自己鎮靜下來的方法就是洗澡。淋浴的噴頭向我赤裸的身體上噴灑著密集的水珠，我毫無感覺地揉搓著自己的皮膚，彷彿不是在洗去幾天來積滿身上的污垢，而是在清除滲入心底的恐懼。我手下的肌體似乎是個遠離我而去的無生命體，它感覺不到水滴，感覺不到溫度，感覺不到有兩隻手輕輕地揉搓。儘管洗手間中很熱，但我仍然不住地顫抖。我始終懷疑自己是否真的離開了那層層把守的士兵，離開了那些毫無表情的目光，離開閃亮的槍口。

從洗手間出來，走進客廳。我叫了一聲，「德健，洗澡吧。」德健一動不動，好像沒有聽見我的聲音，他蜷縮在一把靠窗的椅子裡，呆呆地看著窗外。我走過去，站在他的背後，順著他的視線向窗外望去。下面是建國門立交橋，橋上是排列整齊的軍車和來回走動的士兵。

突然，門鎖響起來，我和德健頓時緊張起來，不約而同地向門口望去。門開了，進來的是這個家的主人周思和琳達。他倆都是我們的朋友。四人相見，既驚且喜，他倆萬萬沒想到我和德健能如此安全地來到這裡。我們四人緊緊擁抱，琳達哭了，淚水表達了她的擔心、焦慮和意外的欣喜。

房間裡的人一多，緊張的氣氛自然就有所緩解。當只有我和德健時，我倆都不掩飾我們的恐懼，但是有了周思和琳達，我倆又毫無感覺地變得瀟灑、超脫起來，好像我們不曾身處層層戒嚴部隊的包圍之中，不曾聽到過槍聲，不曾被士兵用槍口逼下紀念碑，我們只是聽別人說過廣場的情況，現在只不過在向周思和琳達轉述。儘管我的心還在劇烈地跳，我在講述撤離的經過時盡力保持平靜，偶爾還要玩點兒小幽默。德健更是一副超然於生死之外的神情，他講到躺在擔架上的感覺時說：「我已經死過一次了，葬禮都舉行完了。」

吃過豐盛的晚餐，琳達坐在我和德健的對面，商量以後怎麼辦？琳達讓我進澳大利亞使館，我不同意；德健要我馬上去廣州，他在廣州有一套房子，可以供我使用，我也沒有同意。我說：「在我沒有見到高新和周舵之前，我絕不離開北京。」反過來，我力勸德健馬上離開北京去香港，因為對於德健來說，只買機票就行了，不存在護照和簽證的問題。琳達也極力勸說德健去香港。德健開始時不同意，但到最後，還是我的話起了作用：「德健，我們四個人必須出去一個人，把六月四日的真相告訴全世界。這是我們的責任。而你出去的條件最充分。如果你也留在北京，也許人們一輩子也不會知道清場的事實。」德健同意了。

接下來琳達分別給陶力和程琳打了電話，告訴我和德健正在一個安全的地方；並囑程琳準備好德健的護照，我們會派人去取。我又分別給高新和周舵打電話，想讓他倆也來外交公寓。周舵家裡的電話沒人接。高新的未婚妻張曉梅接了電話。我告訴她：讓高新待在家中不要出門，明天會有人開車去接他。

那天晚上，我們根本沒睡。白杰明從澳大利亞打來長途，敍述了他在電視中見到的北京大屠殺的血腥場面。當琳達向我們轉述時，我和德健都感到慶幸，當時的北京城，風暴之眼的紀念碑附近是最安全的。同時，我又隱約地感到不安，有一種道義上的犯罪感，總覺得死於戒嚴部隊槍口下的人與我發起的絕食有關。一種揮之不去的推論總是跟隨著我，直到我被抓進秦城監獄，直到我獲得自由，直到我走進墳墓：「如果我不發起絕食，就不會有新的運動高潮；如果沒有新的高潮，政府也許會等待著學運的自我瓦解，不會進行強硬的清場；如果沒有強硬清場，北京市民就不會與軍隊發生正面的暴力衝突；也就不會有現在的屠殺。」當我從秦城監獄出來後，多次向朋友和熟人談到過這種想法，儘管他們都眾口一辭地說清場早已決定，與我們的絕食無關，但我仍然放不下這心靈的重負。每每想起，都感到自己不自覺地和共產黨一起策劃了「六．四」大屠殺。

至今令我百思不得其解的是，晚上九點多鐘，我的學生程真不知從哪打來了電話，問我是否安全，是否想儘快離開北京躲一躲，她說她可以安排一切。我告訴她我現在在一個非常安全的地方，謝謝她想著我。程真打來的電話使琳達非常緊張，她反覆告訴我不要再使用周思家的電話，她說外交公寓的電話在這種非常時期肯定有人監聽，說不定已經有人知道了我的下落。萬一出現意外，對我和德健、對周思都沒有好處。

晚上，窗外不時地傳來槍聲，有時密集，有時零星，有時近在幾十米之內，有時好像從北京城的某個角落裡響起。我們幾個人的大部分時間都是在窗前度過的。一陣槍聲過後，我們總要拉開窗帘的一角，小心翼翼地向外張望。六月五日凌晨二點多鐘，我們看見有五十多輛坦克駛過建國門立交橋，向天安門方向開去。我們邊聽外電的廣播，邊議論著、猜測著北京的局勢。英國BBC的華語節目，播放了對著名翻譯家楊憲益的採訪，楊老憤怒地說：「在中國的首都北京，用坦克、裝甲車和全副武裝的軍隊對付手無寸鐵的老百姓和青年學生，是北洋軍閥不敢為的，國民黨不敢幹的，連日本人也沒有幹過，但是今天共產黨卻幹了。這樣的政府，天理難容。」楊老的仗義直言令我們感動不已，因為我、琳達、德健都是楊老的朋友，曾多次去他家聊天、吃飯。我們的《六·二絕食宣言》的英譯稿還請楊老幫過忙。「六·四」後，由於他堅持自己的反對戒嚴和屠殺的立場，他被開除出黨。

六月五日，又有幾位澳大利亞在北京的公民避難於周思家中，準備乘六月七日的飛機回國，周思家成了一座難民營，但是一座生活條件優裕的難民營。除了睡覺不太方便外，其他的條件還是滿不錯的。而且，高度的緊張和恐懼很難使人成眠，所以人多反而成了一件好事。六月五日一整天，琳達都在為從德健的家中取回德健的護照忙碌，打了無數次電話，托了無數多門路，結果還是沒希望。琳達一閒下來就勸我進澳大利亞使館，並且當即寫了邀請信，以備在必要時得到澳大利亞的簽證。但是，我執意不肯去。我的理由是：絕食由我發起，至今不知道周舵的死活，也不知道高新的情況，如果我進使館尋求政治避難或逃亡國外，而周舵和高新被捕，那我將在國外或使館中背一輩子道德的十字架。琳達氣憤地說：

「到什麼時候了，還講哥們義氣。現在是能逃一個算一個。」我反問道：「那你為什麼不先回國，非要和德健一起去香港幹嘛？你不也是出於對朋友的忠實嗎？」琳達無言以對。後來，在監獄裡，提審人員都對我有條件逃亡而沒有逃表示敬佩，出獄後，也有一些朋友誇我這樣做的勇氣。但我以為，我這樣做實在不值得誇耀。我之所以留在北京，沒有進使館避難或逃亡，完全不是出於留下來為「六．四」、為八九抗議運動、為死難者承擔責任，而是為了狹隘的哥們義氣，為了自我良心的解脫。如果當時我、周舵、高新、德健四人都有條件逃亡國外，我想我就不會考慮留下來承擔責任，肯定和他們三人一起逃亡海外，或避難於使館。不是「六．四」中死難者的鮮血和生命留住了我，而是狹隘的私情留住了我。寧願不負朋友之誼而冒險，不願為自己深深捲入其中的、結局悲慘的運動承擔責任，這難道有什麼正義、道義、高尚可言嗎？絕對沒有。

從外交公寓的窗戶向下望，可以清楚地看到建國門立交橋上的軍車和頭戴鋼盔、手持武器的士兵。中午十二點左右，十幾輛軍用卡車載著一車車士兵駛過立交橋，有的車上的士兵不斷地向天空鳴槍。有一輛軍車駛到立交橋引橋的一半便停住了。司機下車和車上的士兵說了些什麼，士兵們跳下車，截住後面開過來的軍車上去了。顯然，那輛停下來的軍車出了毛病，孤零零地停在橋上。半個小時以後，幾個市民來到軍車旁，看看駕駛棚和車廂。他們用鐵器砸開油箱，把汽油灑向駕駛室、車頭和車廂。然後劃著火柴，扔進駕駛室。頓時，火舌驀然升起，從駕駛室的窗口向上升騰。過了一會兒，整個車身都開始燃燒。那幾個燒車的人站在幾十米外欣賞著他們的傑作。令我和德健奇怪的是，在這幾個人燒車的全部過程中，立交橋上的戒嚴部隊離他們只有二十來米的距離，眼睜睜地看著他們燒車。而那幾個燒車的人一點兒恐懼感都沒有，一切都幹得從容、自信、毫不慌張。一開始，當我和德健看到他們在士兵的槍口下燒車，確實替他們捏了一把汗。但是，直到這輛車燒黑燒焦，也沒有一個戒嚴部隊的人出來干涉。這是不是戒嚴部隊有意為之？是不是政府為了證明「反革命暴亂」而精心策劃的陰謀。我被捕後，看官方的平暴錄影，也見過類似的場面。在歷史博物館前的馬路上，一排軍車開過，其中的一輛被一群人截住，砸毀、點燃，但後面的軍車好像沒看見一樣，匆匆開過。據官方報導，燒毀軍車是所謂的「反革命暴亂」的證據之一，是不是官方有意拿出一些早該淘汰的破車讓市民們燒，燒得越多越好？

同時，戒嚴部隊的士兵卻對外交公寓的動靜警惕萬分。他們不讓外國人站在陽台上錄影、拍照，甚至不讓外國人看。只要一發現有人站在陽台上，戒嚴部隊就鳴槍警告。從窗口，我看見幾個士兵追趕一個小伙子，一邊追一邊開槍。這時，有一個外國人站在陽台上錄影，大概是想錄下戒嚴部隊開槍抓人的場面。那個外國人一出現在陽台上，幾十個士兵一起跑過來，槍口對準那個外國人，大喊道：「不準錄影！」「趕快回去！」「再不回去，我們就不客氣了！」過一會兒，一個當官的拿著手提式擴音器，衝著外交公寓的窗口反覆喊話：「請你們不要錄影，不要站在陽台上。不聽勸告者，我們無法保護其人身安全，一切後果由自己負責。」

五日下午五點多，高新隨周思來到外交公寓。一見到高新完整地站在我面前，我無法抑制地抱住他哭了，高新也掉下了眼淚。德健沒有哭，但從他的表情中能看出他的激動。高新說：「我和程真、梁兆二一起走的，在六部口看見坦克輾死學生。有的士兵一邊笑一邊開槍，他們打紅眼了。中午到了北師大，去陶力家，安慰了她一陣，吃過午飯，就回家了。陶力讓你在外面躲一躲，能出國就出國，不要考慮她和孩子。這是陶力托我帶給你的三千元錢。真沒想到我們還能見面。」高新還說：「昨天晚上槍聲一響，陶力就到北師大東門前等你，從半夜十一點半一直等到天亮，等到從廣場撤下來的學生全部返校。她沒有找到你，以為你非死即傷，她哭得眼病又犯了。」

陶力，我的前妻，我兒子劉陶的母親，無論是在我們沒有離婚時，還是在我們離婚時，我都對不起她。除了我放蕩的生活給予她心靈上、身體上的痛苦和絕望之外，我參與「八九抗議運動」的風風雨雨，也始終令她懸著心；在驚嚇中度過了我回國後的日日夜夜。不管

「八九抗議運動」的結果多麼慘厲，不管我因此受了多少磨難，統統與陶力無關，一切都是我咎由自取。是我自己要回國、要投入、要絕食。我在外面風風火火，有刺激、有觀眾、有名聲，即使受難也不會白付代價，即使死了也只能自己負責。而她呢？她得到的是什麼呢？除了痛苦、驚嚇、焦慮、揪心，除了疾病的折磨、撫養孩子的艱辛、臥床兩年和病魔搏鬥之外，她一無所得。當我在「八九抗議運動」中面對歡呼的人群時，我從未想到過她和孩子；當我面對成群記者、閃光燈，自我感覺良好地縱論時事時，我從未感到過她的痛苦；當我在廣場上和其他女人調情時，更沒有想到過她那受過多次傷害心靈還在滴血。因此，陶力與我離婚，無論在什麼時候、什麼情況下都是理由充足的。像我這樣生性放蕩而又貪戀社會功名的人，根本就不配有家庭、不配做一個負責的丈夫和父親，不配得到陶力的愛。接到離婚協議書時我所經受的痛苦完全是應該的，而且它遠遠不能與陶力所承受的痛苦的深度相比。

在周思家吃過晚飯，除了一種沒有任何目的的等待之外，我們無事可幹。德健出於道義上的激憤，提出由我們四人聯名寫一份面向世界的緊急呼籲，呼籲全世界主持正義的政府和公民在物質上、道義上譴責中國政府的法西斯暴行，支持「八九抗議運動」。德健說：「這個呼籲錄成磁帶，如果我能出去，就帶到海外。如果我走不成，就交給琳達或其他人帶出去。」我和高新開始時都有些猶豫。我覺得周舵不在場，不知他會怎麼想。德健說：「沒問題。我們四人在廣場組織撤離時的一致是超個人的，現在仍然如此。更重要的是，人權是國際性的，受到聯合國的保護，我們的呼籲完全合法。」在德健的說服下，我和高新同意了。

呼籲書的起草自然由我執筆。草稿出來後，大家都覺得不夠簡練，太長。德健進行了刪改，加上了楊憲益在接受BBC採訪時說的那段話，最後由我定稿。《呼籲書》的大致內容如下：

由胡耀邦逝世所引發出的、以大學生爲主體的全民民主運動，是完全符合憲法的。此次運動一直遵循著理性、和平、非暴力的原則。但是，李鵬政府居然動用坦克、裝甲車、軍用卡車、飛機和全副武裝的軍隊來鎮壓手無寸鐵的學生和市民，完全是法西斯行爲，是八〇年代世界歷史上罕見的暴行。

現在，大屠殺已經血染整個北京城，學生和市民仍然堅守著和平的非暴力的原則，它顯示了中國人民的民主意識的大覺醒。這種覺醒絕不是靠血腥的暴力所能鎮壓的。

在中國現代史上，如此大規模地血染北京城還是第一次。北洋軍閥沒有幹過，國民黨政府沒有幹過，就連日本法西斯也沒有幹過，今天卻由共產黨幹了，這樣的政府，天理難容。

爲此，我們向全世界一切維護人權和民主的政府呼籲，向全球一切主持正義、維護和平、反對暴力的良知呼籲，給中國的法西斯政府以經濟上、政治上、外交上、道義上的制裁，給中國人民的民主事業和「六．四」的受難者以一切形式的支持與聲援。

呼籲人：天安門廣場的絕食者

侯德健、高新、劉曉波、周舵

一九八九年六月五日於北京

周舵的簽名由我代筆。《呼籲書》寫完後，由侯德健和高新分別對著錄音機唸一遍。琳達當時把《呼籲書》翻成了英文。我們商定，如果德健能出去，公開發表由四人簽名的呼籲要視我們三個留在北京的人的情況而定。如果我們三人被抓，就只以德健一個人的名譽發表；如果我們安全，就以我們四人的名譽發表。後來，由於六月六日的忙亂，《呼籲書》的原稿和錄音帶是否被帶出國境，是否全文發表，我就不得而知了。

六月六日差不多一整天，大家都在為德健的護照和飛機票奔忙。上午九點多鐘，高新冒險騎自行車去雙榆樹的德健家中取護照。從建國門到雙榆樹，幾乎橫穿了大半個北京城，我真為高新捏一把汗。一個小時後，高新從德健家打來電話，說程琳已帶著護照開車走了，肯定是她去了建國門外交公寓。果然，過了一會兒程琳打來電話，說她在國際大廈門口，帶來了德健的護照。我們幾個人商量了一下，是否讓程琳上來。但是我們最後一致認為不能讓程琳再捲進來了，少牽連一個人是一個人。於是，琳達和另一個澳大利亞的女孩兒下樓取回了護照。程琳想見德健而沒能如願，我想她肯定非常痛苦。六月六日的北京城還充滿著恐怖的氣氛，人走在街上隨時都有危險，程琳能夠孤身一人給德健送護照，已經是忘我的勇敢之舉了，確實讓人感動。我想，不管程琳和德健的關係到了多麼不可挽回的地步，但是在當時或在以後，德健都應該感謝程琳能夠冒著風險給他送護照。

高新從德健家裡出來，就直接去崑崙飯店附近的一個民航售票處給德健取去香港的飛機票。這邊桑曄和王越紅帶著護照和錢去和高新見面。我、德健、琳達和其他幾個人在焦急地等待著。下午四點半左右，高新打來電話，說一切都辦妥，約定在澳大利亞使館的門口見面，一會兒，周思從使館回來，接在他家的幾個澳大利亞人去使館。德健又找到一個外國朋友的車一起去澳大利亞使館。德健的飛機票是六月七號的，他必須在使館住一夜，第二天和琳達一起飛往香港。在周思家中避難的所有的人，特別是琳達都勸我和他們一起走，躲進大使館肯定更安全。但我執意不肯。我一定要等到高新和王越紅回來，再商量怎麼辦。另外，我一直為不明下落的周舵懸著半顆心。

我看見他們忙碌著收拾東西。德健的行李最簡單，只有一個小挎包。他把我叫過去，拿出他身上所有的人民幣，共一千七百元交給我，他說：「我一出境，這錢也沒用了。你們留在北京的人也許用得著。」

一陣忙亂過後，房間裡一下安靜下來，要走的人都聚到了門口，所有的目光都集中到我的身上，我知道，分手的時刻到了。德健走過來，彷彿特別不情願地和我擁抱，他對我說：「曉波，這次分手很難說什麼時候再見，你多保重。如能見到周舵，代我問候。如果你想開了，等高新回來，你們也一起來吧。」琳達哭著和我做最後的吻別，她的嘴唇貼在我臉上時，我感到一陣徹骨涼氣，那是一種冰冷的悲哀，渺茫的離別，儘管她在不住地顫抖。直到門已經打開，其他的人都走向電梯時，琳達還在說：「曉波，跟我們一起走吧。」我固執地搖搖頭。琳達的眼中掠過一種無可奈何的淒涼。我送他們到電梯門口，又和所有的人一一告別，最後我對他們說：「放心吧。我知道怎樣保護自己。如果高新和王越紅也能進大使館，就代我勸他們進去。如果不行，請你們開車把他倆送到這兒。」電梯的門開了，他們動作緩慢地上了電梯，當電梯的門緩緩地關上時，我看見德健負疚似地看著我，撇了撇嘴。

電梯開走了，我呆呆地站在走廊中，盯著那個閃著紅光的倒三角，那垂直向下的形狀讓我想起一個大頭朝下的人，正在被從無限的高處推下來，一頭栽入無底的深淵。真不知道德健此去，是入天堂還是下地獄。

我幾乎是下意識地回到周思家，關上門。忽然感到從未有過的冷颼颼的失落，彷彿在生死攸關之時我被最好的朋友們拋棄了。儘管我心裡清楚，誰也沒有拋棄我，完全是我自己決定留下來，但是我的意識的清醒已經無法控制那種浸透整個身心的失落感。偌大的房間，剛才還到處是人，是各種混合的氣味，是各種嘈雜的聲音，但是僅僅幾分鐘後，它空了，空得如此迅速、突然，如此不留餘地：它靜了，靜得毫無道理、毫無感情。彷彿在我沒有任何心理準備的情況下，挨了猝不及防的一擊，還沒等我有所反應，攻擊者早已不見蹤影。我的確懵了。

頭腦裡空空落落，外界無聲音，內心裡也沒有竊竊私語，沒有獨白的語詞，甚至沒有任何可以稱之為動的痕跡。唯一能做的就是雙腳機械地移動，走遍周思家的角角落落。經過一大段可怕的空白之後，自己對自己說的第一句話是：「我不能就這麼待著，必須幹點什麼。」我的目光在房間裡東游西蕩，像輕飄飄的敗葉沒有著落。我坐在沙發上，拿起一本雜誌，又放下。起身倒了一杯水，拿到嘴邊又不想喝。我走進洗手間，想解手，但又什麼都尿不出來。我擰開水龍頭，洗了把臉，想讓自己清醒一下。擦臉時，偶爾在鏡中看見自己，彷彿在看一個髒兮兮的陌生人，總也洗不乾淨。我又去洗臉，一連打了三次香皂，毛巾把臉皮搓得火辣辣的。突然，我想起了德健的眼睛，那目光似乎是在做永久的告別。我猛地意識到，也許不會有任何人再走進這套公寓，我將一個人長期地生活在這裡。不行，我一定要出去。我快步走向門口，但是恐怖逼迫我沒有勇氣開門。只要跨出去，我將無法回來。門是一條界限，門外的世界彷彿殺機四伏，到處都是陷阱，猙獰而狠毒。

猶豫了幾分鐘，我退了回來。走進廚房，打開冰箱，看看有多少吃的東西。冰箱幾乎是空的，只有冷凍室裡有些生的肉、魚。我又打開冰櫃，裡邊差不多有半櫃各種肉食。我感到有點餓，又想到高新和王越紅可能回來，乾脆開始做飯吧，為他倆做一頓燒牛肉。我拿出一塊牛肉，放在案板上化凍。

一走進客廳，看見了放在一角的電話，我這才意識到我最應該幹的是給周舵撥電話，撥通了周舵的電話，萬萬沒有想到他居然在家，我叫他想辦法過來，他說：「我們單獨行動更安全，更方便。現在我白天回來看看，晚上躲出去。」我說：「我們最好見一面，看看以後怎麼辦。」周舵說：「哥們兒，以後怎麼辦。先老老實實地待上一陣子，現在不能做任何事。」我說：「一會兒高新也許會來，我倆一起去找你。」周舵說：「太危險。找到了安全的地方就待著吧。我馬上就要出去。德健怎麼樣？」我說：「德健已經去澳大利亞使館了。他明天飛香港。」周舵問：「你為什麼不和他一起走？你比他危險。」我說：「你和高新都沒走，我幹嘛走。」周舵說：「這不是講義氣的時候，能逃一個算一個。」我說：「我們要逃一起逃，什麼時候見面？」周舵說：「這幾天恐怕不行，看情況吧。」我說：「反正知道你安全我就放心了。你要是能走就一個人走吧。我和高新再想辦法。」周舵說：「就這樣吧。多保重。」電話斷了，我一怔，感到自己很累很累，真想躺下睡一覺。

大約七點多鐘。有人敲門。我的心怦怦地跳著打開門，原來是高新和王越紅。他倆在使館門口把飛機票交給了德健，坐一個外國朋友的車回來了。我和高新坐下來商量怎麼辦，想來想去想不出好辦法。大概到晚上九點鐘左右，周思回來了。他說：「我回來取東西，還要接兩個澳大利亞的人去使館，明天回國。」我說：「我們三個馬上就走。」周思說：「去哪？」高新說：「先到我家去吧。」周思說：「曉波，你坐我的車，安全些。」我說：「我還是和他倆一起走吧。」高新說：「我和王越紅騎自行車，你就坐周思的車吧。澳大利亞使館就在我家對面。」

周思收拾好行裝，我們一起下樓。我坐進周思的車。開車後，周思問我：「曉波，你想進使館嗎？」我說：「不想。」周思問：「為什麼？」我說：「周舵和高新怎麼辦？」周思搖搖頭，不再說話了。車到大使館門前，周思又一次問我：「曉波，你想進去嗎？這是最後的機會。」我說：「不。謝謝。」我拿起自己的東西，下了車。

兩個小時後，當我騎著自行車被攔路搶劫式地抓上公安局的警車之後，我的第一個念頭就是後悔，痛心疾首地後悔：我為什麼沒有進使館？

BCV0245

末日倖存者的獨白

劉曉波的「六四」回憶錄

作　者—劉曉波
主　編—王瑤君
封面設計—時報文化出版製作設計部

董事長—趙政岷
出版者—時報文化出版企業股份有限公司
108019台北市和平西路三段二四〇號一至七樓
發行專線—（〇二）二三〇六六八四二
讀者服務專線—〇八〇〇二三一七〇五
（〇二）二三〇四七一〇三
讀者服務傳真—（〇二）二三〇四六八五八
郵撥—一九三四四七二四時報文化出版公司
信箱—10899台北華江橋郵局第九十九信箱
時報悅讀網—http://www.readingtimes.com.tw
法律顧問—理律法律事務所　陳長文律師、李念祖律師
印　刷—盈昌印刷有限公司
初版一刷—一九九二年九月十日
二版一刷—二〇一七年八月十一日
二版七刷—二〇二二年八月二十四日
定　價—新台幣三五〇元

時報文化出版公司成立於一九七五年，
並於一九九九年股票上櫃公開發行，於二〇〇八年脫離中時集團非屬旺中，
以「尊重智慧與創意的文化事業」為信念。

末日倖存者的獨白：劉曉波的「六四」回憶錄 / 劉曉波作. -- 二版. -- 臺北市：時報文化，2017.08
面；　公分. -- (歷史與現場；245)

ISBN 978-957-13-7096-5(平裝)

1. 天安門事件 2. 中國史

628.766　　106012768

ISBN 978-957-13-7096-5
Printed in Taiwan